81卷 第2辑（2015年6月）
Volume 81 Number 2 june 2015

International Review of Administrative Sciences

# 国际行政科学评论

国际行政科学学会
中国人事科学研究院
编

中国人事出版社

**图书在版编目(CIP)数据**

国际行政科学评论. 81卷. 第2辑/国际行政科学学会，中国人事科学研究院编. —北京：中国人事出版社，2015

ISBN 978-7-5129-0999-1

Ⅰ.①国… Ⅱ.①国… ②中… Ⅲ.①行政学-文集 Ⅳ.①D035-53

中国版本图书馆 CIP 数据核字(2015)第310321号

**中国人事出版社出版发行**

(北京市惠新东街1号 邮政编码：100029)

*

保定市中画美凯印刷有限公司印刷装订 新华书店经销

787毫米×1092毫米 16开本 12.75印张 216千字

2015年12月第1版 2015年12月第1次印刷

**定价：45.00元**

读者服务部电话：(010) 64929211/64921644/84626437

营销部电话：(010) 64961894

出版社网址：http://www.class.com.cn

# 《国际行政科学评论(中文版)》学术委员会

**International Review of Administrative Sciences** (IRAS) is published in four different language editions – English, French, Spanish and Chinese.

IRAS first appeared in 1927. It is the oldest public administration journal specifically focused on comparative and international topics. It is the offi cial journal of the International Institute of Administrative Sciences (IIAS), the European Group of Public Administration (EGPA), the International Association of Schools and Institutes of Administration (IASIA).



**Editorial Address:** Books for review, should be submitted to the Managing Editor, Catherine Humblet, IIAS, rue Defacqz 1, Box 11, B-1000 Brussels, Belgium. (email:catherine.humblet@gmail.com). The opinions expressed in the Review are those of the individual author or authors, and not necessarily those of the International Institute of Administrative Sciences. French edition (same contents as the English edition) published by the IIAS, rue Defacqz 1, Box 11, B-1000 Brussels, Belgium. All queries about subscriptions to the French edition should be addressed to the IIAS. For manuscript submission information see htttp://iras.sagepub.com

The English edition of *International Review of Administrative Sciences* (ISSN 0020 8523; 1461 7226 [online]) is published by SAGE Publications, Los Angeles, London, New Delhi and Singapore, quarterly in March, June, September and December. Annual subscription (2015): Individual Rate (print only) £76/US$141; Combined Institutional Rate (print and electronic) £750/US$1390; Electronic only and print only subscriptions are available for institutions at a discounted rate. Note VAT is applicable at the appropriate local rate. Visit http://iras.sagepub.com for more details. To access your electronic subscription (institutional only) simply visit http://online.sagepub.com and activate your subscription. Abstracts, table of contents and contents alerts are available on this site free of charge for all. SAGE Publications is a member of CrossRef. Student discounts, single issue rates are available from SAGE Publications, 1 Oliver's Yard, 55 City Road, London EC1Y 1SP, UK. Tel: +44(0)20 7324 8500; Fax: +44(0)20 7324 8600 [email: subscription@sagepub.co.uk]; and in North America from SAGE Publications, 2455 Teller Road, Thousand Oaks, CA 91359, USA. Advertising rates may be obtained from advertising@sagepub.co.uk. Periodicals postage is paid at Rahway, NJ. POSTMASTER, send address corrections to *International Review of Administrative Sciences*, c/o Mercury Airfreight International Ltd, 365 Blair Road, Avenel, New Jersey 07001, USA.
Printed by Page Bros (Norwich) Ltd.



Abstracting and Indexing: Please visit http://iras.sagepub.com and click on the Abstracting/Indexing link to view a full list of databases in which this journal is indexed.

# 目　　录

## IRAS

Volume 81，Number 2（June 2015）

国际行政科学评论

# 价值实践与公共管理

韦罗尼克·夏尼　荷芙·肖米耶纳　席琳·代马雷
Véronique Chanut　Hervé Chomienne　Céline Desmarais
翻译：吕梓健　曹海军　　审校：张锐昕　张　敏

涂尔干(Durkheim,1893)和韦伯(Weber,1905)认为,在社会与个体之间,价值是理解组织与变化的关键。这一观念可以扩展至管理当中:没有价值观就没有管理(Barnard,1938)! 这在公共领域尤为正确,并且,在传统公共服务价值观与新公共管理(NPM)所宣扬的效率理念之间,价值观对于公共管理的重要性问题比以往任何时候都更有意义并处于中心位置。

在过去的30年间,新公共管理在公共组织改革框架中成为主导性概念(Pollitt and Bouckaert,2004)。在全球范围内,政府赤字比以往任何时候都受到政治界和媒体关注,在这样的背景下,新公共管理致力于散播和提升公共组织内部绩效,尤其是效率相关的价值观。然而,新公共管理的主题有着许多变化,且学界对这一变化趋势做过诸多尝试,研究者们认为,新公共管理的维度是围绕绩效概念建立起来的(Pollitt,2003)。但是,针对这一模式及其理念的批评越来越多。这些批评主要针对公共组织会因只考虑经济和财政维度而丧失行动目的,从而在公共服务质量(Diefenbach,2009)和公共部门工作条件(Abord de Chatillon and Desmarais,2012)上产生负面影响。人们对这一运动及其推崇的管理实践提出了诸多批评,批评的核心是其使用纯管理的方法去解决本质上的政治问题(Bao et al.,2013)。相反地,公共利益(Chevallier,2008)、官僚作风(Du Gay,2000)或

**通信作者:**
Céline Desmarais Centre St-Roch,Arenue des sports 20. CH-1401 Yverden-les-Bains,France
E-mail:celine.desmarais@heig-vd.ch

者公共服务动机(Perry and Wise,1990)概念的复兴成为在目标和价值观方面的回归,这样的目标和价值不能简单理解成将追求效率作为定义公共行动合法性的主要标准。

因此,公共部门价值观的重要性,无论传统与否,都正大行其道:这一问题是新公共治理的核心(Osborne,2006),主张公共行动的使命在于提升公共利益,而不仅仅以效率和问责为目标。例如,约根森和博兹曼(Jorgensen and Bozeman,2007:355)认为,在管理中,没有比公共价值观更重要的问题了。因此,与新公共管理有关的实践推动了对传统公共服务价值观与市场价值观间对抗的讨论。在理解公共部门的新兴管理实践与管理模式的传播局限性时,价值主题被广泛地应用。例如,英国独立智囊机构公民(DEMOS)和工作基金会(Work Foundation)或者德国的理论研究室(Theorie Büro)都对公共价值观问题显示出日益浓厚的兴趣。公共管理研究文献中也出现了同样的情况。例如,克纳汉(Kernaghan,2003:712)认为,我们正在见证公共服务价值观史无前例地崛起。

在这一语境下,公共行动(就本质而言,是以一系列不同的价值观和目的为特征的)越来越多地被归于两类价值观当中:一是保持基本的效能和效率的价值观,甚至通过重压于政府预算之上的财政紧缩而得到加强;二是对公共政策目标的核心——公共利益的追求。因此,本质上具有定性和规范性的公共价值观与效率价值观之间形成了紧张关系,当代公共管理似乎就被这样的关系撕裂,政府官员每天也都需要在这两者间进行抉择。

因此,核心问题是理解公共组织内,价值观之间的紧张关系是如何表达与调节的,以及管理在这种紧张关系的出现与调和中起到了什么样的作用。在试图去理解价值观与公共管理之间复杂关系的过程中,首先必须清晰地描述这两个概念。

公共管理的概念并非只有一种界定方式。它的多学科起源(公共行政、公共法学、公共管理和经济学、公共财政学等)使它的定义很难被界定。那么,公共管理到底是一种应用于特殊语境、公共部门中具有通用形式的管理,还是一种真正的、特定的管理?在这一方面,有两种主要界定方法正面交锋。第一种认为公共管理的特殊性在本质上归因于利益的产生和管理,以及对目的的寻求。因此,考虑到公共行动的目标根本上是模糊且复杂的,公共管理外部多变的目的使其管理更为具体(Allison,1983)。第二种方法认为公私之间从本质上讲并没有不同。这样看来,的确有许多私有主体,无论其是否以营利为目的,进行着支持公共服务(或一般意义上的)活动或考虑其社会与环境方面的责任。因此,公与私、营利与非营利、个人责任与集体责任之间日益相互渗透、交织,界限在这一过程中越来越模糊,从而促进了它们基础价值观的杂糅。在这样的背景下,劳弗和比洛(Laufer and Burlaud,1980)建议通过考量私人管理与公共管理的目的,在两者之间作一个区分:私人管理行动以营利为目的,而公共管理讲求的是管理的合法性。照此,公共管理同时适用于公共组织和私人组织,但是涉及政治利益的组织需格外注意。这一公共管理概念基于规范的公共性理念(Bozeman,2007):公众(因此政治上的)维度及其管理不是既定,而是应需产生的,这意味着要坚持对组织形成支撑的价值观。

价值的概念由"博兹曼"(Bozeman,2007:117)定义为:

价值是对一个或一系列对象(对象可能是具体的、心理的、社会建构的,抑或是三者的结合)复杂的、基础广泛的评价,这种经过深思熟虑得出的评价,同时具有理性认识和感性认识的特点,另外,因为价值也是个人自我认知的一部分,它有着不易改变和行为诱因的属性。

"价值"这一概念,它用作单数(value,价值)还是复数(values,价值观念),用于个人还是集体层面,以及是否与"公共"的这个词结合使用,其含义是不同的。因此,"公共价值"的概念(Moore,1995)来自对造福大众的公共行动所产生的"价值"的评价(Nabatchi,2012)。公共管理的关键在于为公众创造价值而不仅仅是降低公共行动的成本(Lorino,1999)。这一概念与居于我们现在讨论中心的"价值"不同。当涉及组织内部和相关领域时,"价值"涉及一系列更广泛的界定方法。事实上,我们发现不仅可以扩展价值观的界定,即将其定义为对一个社会影响深远的定位和信仰的表达(Galland and Lemel,2006),而且发现其概念核心集中于个体。因此,施华兹和比尔斯基(Schwartz and Bilsky,1987)将个人价值观定义为与所追求的目标或行为有关的观念或信仰,其定义超越了固有情境并反映出为达成特定目标而形成的动机。它们支配着选择,允许对人们和事件的行为作出评价,并且按照其相对重要性进行排序。然后,价值观可以从不同的分析层次来理解,或宏观或微观。但是,价值观的概念需要不同分析层次间的互动,个人价值观与其所属的不同的社会群体的价值观相关联。相反地,不同的社会群体在构成其各自的基础价值观方面是不同质的:在给定的社会环境下始终存在着相互冲突的价值观。许多研究者从这个角度将"价值"与"关于……的价值概念"联系起来。尽管以价值观为主题的研究多种多样,但或许可以依照吉曼、特维诺和嘉鲁达(Gehman,Treviño and Garud,2013)的观点,用两种主要手段将它们链接起来:认知分析法和文化探究法。

从认知分析法的角度入手,价值观是对什么值得追求的抽象看法,不论从个人、组织或是集体角度。关于这点,我们可以对价值观的类型加以区分:施华兹(Schwartz,1992)提出的个体价值观分析方法与此非常匹配。尽管有观点提出,同样存在着集体价值观,而且这一观点也有很大发展,但是施华兹(Schwartz,1999)表明了集体价值观与个人价值观在结构上有着根本性的差异。这种价值观的认知性概念,主要是通过其内涵来考虑的,这正是约根森和博兹曼(Jorgensen and Bozeman,2007)所演绎的公共价值观类型的核心。实际上,该类型具有去除公共价值观概念周遭的模糊性、辨清公共价值观所属范畴的功能。更一般地说,公共价值观的概念与对价值观的认知分析法是相关的。

文化探究法并不专注于各类型价值观的内涵,而是通过人为现象、仪式及符号,关注组织内价值观的分布(Schein,2010)。在价值观的形成与传播中,领导者的作用受到普遍强调,这呼应了塞尔兹尼克(Selznick,1957)提出的观点,他认为价值观创造是领导者的首要任务之一。这种方法强调,价值观形成会有不同来源(领导者、管理者、雇员、利益相关人等),并通过话语及其他各种人为方式进行传播。因此,公共价值观的概念,是一个没有明确边界的广义概念,也属于人文传统的一部分:公共价值观并非起源于公共机构,而是深深地植根于人类社会及人类文明当中(Jorgensen and Bozeman,2007)。

因此,公共价值观的概念并没有从模糊中解脱出来。这个词汇中的"公共"到底指什么?我们现在是在谈论公共部门中官员的价值观,还是组织中行动和决策所秉承的基本原则的价值观(即组织价值观)?是指公民应享有的权利,还是指以社会或国家整体名义声明的政治行为和基本原则?这些不同层面间相互关联,但每个层面的问题却又有很大不同。

这就是为什么本期专刊并没有论述公共价值,而是聚焦于与公共管理相关联的个人与组织层面的价值观。于是这一路径的选择促使我们使用吉曼、特维诺和嘉鲁达的方法来替代旧有方法去重新考量价值观(Gehman,Treviño and Garud,2013)。的确,根据这些学者的观点,尽管认知分析法和文化探究法仍占据着主导地位,但其局限性在于将价值观阐释为稳定、持久且可辨识的特定现象。他们主要关注价值观自上而下的传播方式及其线性共享过程。因此这些学者提议研究价值实践,并应关注价值观形成与应用的流程维度(流程构面),聚焦于它们受到的争议与非线性发展过程。价值实践这一理念重点强调了这样一种事实,即价值观是非稳定、非持久的,但会通过参与者的交互行为所表达出的利害关系而不断变化。

既已定义价值观,下一步便是根据在用户、公民与公共组织雇员之间正在进行的合法化的公共行动,来重点强调价值观在公共管理实践中的核心作用。这对价值观的研究意味着价值观的运用和对抗,属于不同的论域,且与相关人所遇之冲突问题相关。这是公共组织正在经历的管理实践混合发展过程的内在形态(Emery and Giauque,2014)。

本辑特刊选定的文章重点展现了价值观研究的复杂性和模糊性,阐明了价值观的非线性发展、间或出现的流程冲突以及管理实践合法化的形成。

蕾蒂莎·卢克斯(Laetitia Roux)的文章以法国家庭津贴基金(CAF)为例,分析了电子政府在模糊不清且存在潜在冲突的发展过程中的价值观结构化特征。这一发展能够推动这方面交流讨论,家庭津贴基金的管理者可以就冲突的价值观展开交流,为他们转变工作表现和行为方式提供机会。然而,公共组织中高层的审议结果,并不能保证新兴的公共价值观被其他管理层级及官员共享,而这些层级的官员在电子政府运用中发挥着重要作用。

欧梅品·达昂(Aubépine Dahan)的文章以法国硕士研究生培养改革为背景,精准地讨论了公共专业组织中价值观、实践与改革之间的结合。被视为经常用作公共改革时的管理杠杆的领导者的"话语价值观",如今遇到了以构造实践和决定其采纳与否的"专业价值观"。政策制定者更青睐增量的、内生性的变化,而不是期望出现冒着被实践抵消的风险对专业价值形成冲击性的变化。

玛琳·科隆和拉提蒂娅·盖琳·施耐德(Marine Colon and Lætitia Guérin-Schneider)合著的文章,通过分析 20 年来乌干达和柬埔寨两个国家的水资源公共服务工作,提出新公共管理(NPM)与公共价值观之间是兼容的,似乎实现了财政稳定与保证更多人享有公共水资源服务之间的平衡。这两个案例研究说明,追求效率与创造价值观这两者间未必是不相容的,在上述案例中,水资源的获取渠道得以改善,雇员的工作环境被良好营造。然而,正是这两个条件保证了这种兼容性得以长期维持:战略部署和保证运行效率的条件(如城市集聚)以及承载社会目标的管理意愿。起初,当新公共管理原则的实施能够提升组织的运转能力时,那么组织自身所获得合法性与回旋余地就足以抵消社会活动的负面影响。然而,由于正规化与优先权不足,上述事例中公共价值观的创建才刚刚形成并且十分脆弱。

劳伦特·梅里亚戴和李毅强(Laurent Mériade and Li YiQiang)对中国的公共价值观在特定的管理工具内——公务员录用考试传播的情况进行文化分析。为此,他们对公务员录用考试进行了历史与文化分析,以勾勒出所评估的精神与道德价值观以及未来的政府官员所追求的价值观轮廓。研究发现,源自传统中国哲学的公共价值观和个人价值观间存在大量重叠,这至少在理论上赋予公共行为强烈的合法性。这些集体价值观和个人价值观被广大公民与官员认同,并且更关注公共行为的实施过程而不是获取的结果。然而,由于社会环境等原因,中国部分官员的职业实践可能与既有的公共价值观严重背离,有时易导致腐败与社会控制,这也使得两位作者的研究结论具有相对性。但事实仍然是,用文化方法分析公共管理,将能够更好地理解既有价值观的起源和建构及其对政府官员职业实践的影响,尽管这种影响有时比较有限。

穆里尔·米歇尔·克鲁珀特和瑟奇·鲁奥特(Muriel Michel-Clupot and Serge Rouot)的文章探索了地方政府评级方法作为沟通与立法工具的使用情况。这篇文章关注了"劫持"私人领域工具对社群间财政交流所传递出的公共价值观产生的影响。由此,两位作者分析了活动报告、关于预算的网络通信(实时沟通)以及代表政府政治意图与未来规划的财政政策辩论。他们还分析了评级机构的报告。对以上这些资料的分析显示,参考了评级机构报告的政府机构在沟通部署上更加关注与市场有关的限制,同时也促进了对广泛的公共价值观的引用。没有参考评级机构报告的政府部门,反而更加特别地强调与社会凝聚、人类尊严以及民主相关的价值观。至于说评级机构生成的报告,则一反常态地具有高度的公共性,比它们评定的政府之间的沟通率都要高。因此,通过其沟通文件,地方政府的行动者调动起了可以证明其行动的多层面的价值观。

科琳·罗切特(Corinne Rochette)的文章关注在新公共管理运动(NPM)发展带来的公共组织身份及其价值观特殊性问题的背景下,公共组织的"品牌"的出现。实证研究在已调查的品牌这一范围内,通过突出客户的重要性,强调了市场取向的重要性,而传统上与公共部门有关的价值观则几乎没有调动起来。因此,品牌更多地被用来加强外部的合法性,而不是加强公共组织之间内部的凝聚力。与一个真正的"品牌导向"应诱发的事物相反,研究中的品牌并没有将员工凝聚在共享公共价值观周围,所以不能看作是支撑存有问题的组织的管理工具。

由此,本辑特刊表明价值观可以通过临时措施动员起来作为支撑管理的工具,但这些临时措施经常会引发质疑。上述文章揭示了价值观的纳入与排除的争议、协商、解释及过程不断地使公共行动和管理得以合法化,且总是会暂时提升实践的可接受性。

**韦罗尼克·夏尼(Véronique Chanut)**是巴黎第二大学(University of Paris II Panthéon-Assas)人力资源管理及 LARGEPA 管理研究实验室的教授。她的研究领域是公共管理、人力资源、公共政策评估分析及组织理论。

**荷芙·肖米耶纳(Hervé Chomienne)**是凡尔赛大学(University of Versailles Saint-Quentin-en-Yvelines)高等管理学院及 LAREQUOI 管理研究实验室的讲师。他的研究领域是公共组织管理与演变,以及公共政策管理。

**席琳·代马雷(Céline Desmarais)**是瑞士西部高等专业学院(University of Applied Sciences Western Switzerland)沃州工程师管理学院 IDE 研究所的教授,同时也是 IDE 研究所人力系统工程专业进修硕士点的主任。她的研究关注公共领域中的人力资源管理,公共服务价值及动机,以及管理者角色和管理发展。

## 参考文献


Abord de Chatillon E and Desmarais C (2012) Le nouveau management public est-il pathogène? *Management International* 16(3): 10–24.

Allison G (1983) Public and private management: Are they fundamentally alike in all unimportant respects? In: Perry KL and Kraemer JL (eds) *Public Management*. Palo Alto, CA: Mayfield, pp. 72–93.

Bao G, Wang X, Larsen G and Morgan DF (2013) Beyond New Public Governance: A value-based global framework for performance management, governance, and leadership. *Administration and Society* 45(4): 443–467.

Barnard C (1938/1974) *The Functions of the Executive*. Harvard University Press.

Bozeman B (2007) *Public Values and Public Interest: Counterbalancing Economic Individualism*. Washington, DC: Georgetown University Press.

Chevallier J (2008) *L'État postmoderne* (3rd edn), Paris, LGD.

Diefenbach T (2009) New public management in public sector organizations: the darksides of managerialistic 'enlightenment'. *Public Administration* 87(4): 892–909.

Du Gay P (2000) *In Praise of Bureaucracy*. London: Sage.

Durkheim E (1893/2007) *De la division du travail social*, 7th edn. Paris: Presses Universitaires de France.

Emery Y and Giauque D (2014) The hybrid universe of public administration in the 21st century. *International Review of Administrative Sciences* 80(1): 23–32.

Galland O and Lemel Y (2006) Présentation. *Revue française de sociologie* 47(4): 683–685.

Gehman J, Treviño LK and Garud R (2013) Values work: A process study of the emergence and performance of organizational values practices. *Academy of Management Journal* 56(1): 84–112.

Jørgensen TB and Bozeman B (2007) Public values: An inventory. *Administration and Society* 39(3): 354–381.

Kernaghan K (2003) Integrating values into public service: The values statement as centerpiece. *Public Administration Review* 63(6): 711–719.

Laufer R and Burlaud A (1980) *Management public: gestion et légitimité*. Dalloz Gestion.

Lorino P (1999) A la recherche de la valeur perdue: construire les processus créateurs de valeur dans le secteur public. *Politiques et Management Public* 17(2): 21–34.

Moore MH (1995) *Creating Public Value. Strategic Management in Government*. Harvard University Press.

Nabatchi T (2012) Putting the 'public' back in public values research: Designing participation to identify and respond to values. *Public Administration Review* 72(5): 699–708.

Osborne S (2006) The New Public Governance? *Public Administration Review* 8(3): 377–387.

Perry JL and Wise LR (1990) The motivational bases of public service. *Public Administration Review* 50(3): 367–373.

Pollitt C (2003) *The Essential Public Manager*. Maidenhead and Philadelphia, PA: Open University Press and McGraw Hill.

Pollitt C and Bouckaert G (2004) *Public Management Reform: A Comparative Analysis*. Oxford: Oxford University Press.

Schein EH (2010) *Organizational Culture and Leadership* (4th edn). John Wiley& Sons.

Schwartz SH (1992) Universals in the content and structure of values: Theory and empirical tests in 20 countries. In: Zanna M (ed.) *Advances in Experimental Social Psychology*, Vol 25. New York: Academic Press, pp. 1–65.

Schwartz SH (1999) A theory of cultural values and some implications for work. *Applied Psychology* 48: 23–47.

Schwartz SH and Bilsky W (1987) Toward a universal psychological structure of human values. *Journal of Personality and Social Psychology* 53: 550–562.

Selznick P (1957) *Leadership in Administration*. University of California Press.

Weber M (1905) *L'éthique protestante et l'esprit du capitalisme*, Galimard, Paris (édition 2004).

国际行政科学评论

# 公共服务价值观和电子行政:一种爆发性混合?——基于法国家庭津贴基金的案例研究[1]

蕾蒂莎·卢克斯
Laetitia Roux
翻译:沈桂花　　审校:庞　诗　陈叶盛

【摘　要】 虽然信息和通信技术(ICT)被认为是重要的国家现代化工具,但对变革的抵触仍然可见。为什么会如此?本研究运用法国社会保障体系家庭子系统的5个不同资料库,在这项长达8年的干预研究基础上我们提出价值观能够成为模糊不清的电子行政发展动态中的一种(加速或阻碍)结构性元素。换句话说,在为实现公共服务现代化而引入或启动技术的过程中,面对由于引入新管理工具而产生的或加剧的价值观冲突,管理者的意义建构对于理解变革过程是非常关键的。基于这个研究结果,本文为管理者提出了行动建议,应在讨论中阐明这些价值观冲突,即使这要付出一定的成本。

## 对实践工作者的启示

本文表明,电子行政的发展动力部分依赖于公共服务管理者对技术的意义建构。的确,这些技术加剧或产生了价值观冲突。特别是互

**通信作者:**
Laetitia Roux,Université de Lille 1 104 avenue du peuple belge Lille,59043 France
E-mail:laetitia.roux@iae.univ-lille1.fr

动性(为了公共服务的适应性必须重视的信息和通信技术的内在属性)可能与公共部门的公平性价值观相冲突。这至少是我们在法国社会保障体系家庭子系统中实施了近8年的研究所观察到的结果。由此引发了在论坛中阐明这些价值观对于推动电子行政发展的有效性问题。

【关键词】 模糊性;讨论论坛;电子行政;法律制定;信息和通信技术;公共服务现代化;价值观

## 一、引言

电子政府虽然不能宣称拥有一个真正明确的身份(Hu et al.,2010),但该领域被认为是“公共行政在过去十年来所见证的重大发展之一”(Brown,2005)。本文中,我们将更具体地聚焦于电子政府的一个组成部分,即电子行政。[2]在经济合作与发展组织(OECD)的定义中,电子行政指“利用信息和通信技术尤其是互联网,作为建设更高质量的行政管理的工具”(OECD,2003)。它面临很多挑战:改善对用户的服务质量,转换或重置提高生产率的程序等。然而,在经历了20世纪90年代后期一定程度的繁荣发展后,对这些技术潜力的开发有时成为“过热”或减缓的主题(Maisl and Du Marais,2004)。2002年至2003年的法国社会保障体系家庭子系统正是这种情况的具体案例。因此,本研究的实践目的在于,理解由向法国超过100万用户提供社会和家庭福利的123个家庭津贴基金所构成的网络(the Caisses d'Allocations Familiales,CAFs)中电子行政发展动态的减速。

我们将在本文第一部分中指出,本研究是反映公共服务中使用和接受技术的动力的一个机会,由此提出针对这些问题的一个重要理论模型——结构化理论。根据奥里科夫斯基(Orlikowski,2000),技术不仅是一个技术性的加工品,而且是一种“实践中的技术”。它由行动者“制定”,亦即分阶段或激活。[3]在公共管理研究中也可以发现这一观念:引起变革的是围绕技术的社会互动而非技术本身。例如,Suk Kim(2005:113)指出,“技术只是一个催化剂,从来不是万能药……在合理性方面技术并不提供决定性的改进。我们可以从巧妙利用技术中期望的是,发展学科,以及发现更多相关问题的机遇和机会”。

在确定概念和研究方法的分析框架和研究内容之后,本文第二部分将用来形成其主要的理论结果,也就是价值观在技术实施过程中具有核心作用。这一观点在已有的研究中很少被提及。因此,本研究的主要贡献在于,分析了价值观在面临模糊不清的电子行政动态的公共服务管理者意义建构过程中的作用。

由于选择了干预研究,该分析最直接的管理启示在于创造了一个对这些价值观进行讨论的论坛,这个方面我们将在本文第三和最后一部分予以阐述。作为我们实地调查工作的一部分,这种讨论在本研究开始之前就已经进行了。事实上,在那时,一个新的战略行动计划正在家庭子系统铺开,明确将电子服务的发展作为接下来4年里12个优先项目之一。在这个项目开始前的阶段,从家庭子系统信息与通信技术未来利用模型的意义建构和实施的角度,讨论管理者的个人价值观和家庭津贴基金网络的集体价值观是可能的(Weick,1979)。因此,我们将在本文结尾部分对这一建议进行讨论(家庭津贴基金产生的结果、局限性和可能的普遍化)。

## 二、公共服务现代化中技术实施分析:基于法国家庭津贴基金的例证

### (一)采用的概念性框架:技术和组织之间关系的结构主义视角

无论在公共还是私人领域,当前普遍认为需要从一种相互作用的视角分析信息和通信技术在组织机构变革中的角色。技术和组织之间的关系实际上产生于不可完全预测的互动过程。在用来描述技术使用和接受过程的信息系统领域的研究中,有一种研究潮流在当前尤为热门,即结构主义潮流(Orlikowski,1992;Rose and Lewis,2001)。

在这种潮流中,技术和组织之间的互动可总结如图1所示。

因此,技术在被建构的同时也在结构化,可用"技术二元性"来归纳这一特性。技术在结构化,因为它们构成了一套客观规则,并且预设了资源,由此导致环境的转变。首先,这一特性并不被认为是非常活跃的。换言之,负责它们的管理的应用和结构都只是现有社会和技术结构的复制,但是经过一段时间都是如此,激发技术潜在结构特性的新惯例就会出现。

技术同时也被建构,因为其:

- 由既定环境中的行动者根据理解的灵活性的特性进行物理性建构;
- 由行动者根据他们附加在技术上的不同含义进行社会性建构。

在这一动态中,变化是"不可预测的,依赖于解释、感觉、行动者与技术或行动者之间的复杂互动"(De Vaujany,2009:169)。为了更好地理解这一无法完全预测的互动过程,有必要回顾一下结构化理论(Giddens,1984)

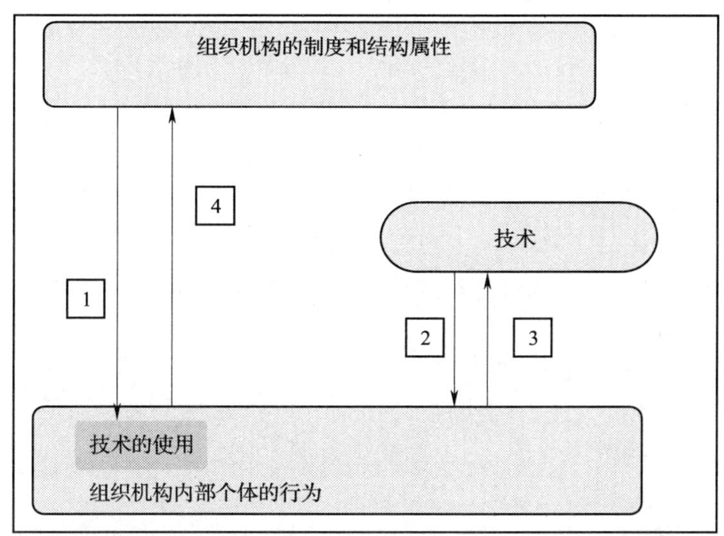


**图 1 根据奥里科夫斯基(Orlikowski,1992),目前使用的技术结构化过程**

的基础性原则,即行动的反身控制性。一方面,行动者控制和引导行为;另一方面,这一导向性的行为为行动者提供要考虑在内的新信息资源。因此,行动者的解释以及他们赋予自身行为的意义对于理解围绕技术展开的结构化过程是很重要的(Rose and Lewis,2001)。

用 Orlikowski(2000)的话来说,技术不仅是人工制品,而且是一种“实践中的技术”。它由行动者“制定”,也就是,分阶段或激活。行动者围绕技术展开的“意义建构”过程(Weick,1990)依赖于行动者的经验和先前目睹的情形,由携带个人感知的数据选择构成。本研究关注这一技术实施的过程。这一过程的描述需要呈现组织架构即家庭津贴基金,我们将家庭津贴基金作为本研究的支撑。

### (二)研究对象介绍:家庭津贴基金架构内的电子行政发展动态

2002 年,家庭津贴基金的 123 个分散化组织构成了法国社会保障体系的“家庭子系统”。该网络旨在通过提供与家庭、住房和贫穷相关的特定津贴,帮助超过 1 000 万用户的日常生活。

除了传统的联系和接待方式(柜台、电话和邮件),自 1999 年起,家庭津贴基金开发了一种电子服务,通俗地说也就是网络、终端、语音服务,以实现津贴接受者不受地理和工作时间的限制获得信息并且与家庭津贴基金官员(称为“工作人员”)取得联系。为了确保全国范围内服务的同质性以及实现规模效益,这些电子通信工具由国家层面的国家家庭津贴基金会(CNAF)设计。

一些被认为是对所提供服务必不可少的技术(例如 www. caf. fr 网站

的建立)被强加给了地方机构。然而,另一些技术则由家庭津贴基金管理者决定。这些技术包括在网站上开辟一个界面(称为"对话框"),允许津贴接受者通过邮件与家庭津贴基金工作人员取得联系。

2002年,本研究启动之时,国家家庭津贴基金会的信息系统部门观察到电子行政发展动态出现"过热"或"减缓"的情况。具体来说,这一过热情况表现为:

- 嵌入到每一个家庭津贴基金中的信息和通信技术数量缺乏同质性(在5～18之间);
- 使用率和对组织机构的影响水平在组织之间有很大不同,即使嵌入技术的数量相同(例如,全国性的申请允许津贴接受者申报在家庭津贴基金网站收到的资源数量,但是无纸化资源申报比例有所不同,例如2004年家庭津贴基金网络内这一比例在5%～43%);
- 前台和后台的整合较弱,特别是津贴接受者发送的邮件必须先打印然后扫描,才能被包含在电子文件管理和流程系统(Electronic Document Management and Circulation System,CGOL)中。

我们最关心的"创新"数字服务是在网页(www. caf. fr)上引进远程服务或程序,诸如用户通过邮件与回答他们问题的工作人员沟通。这两项技术实际上是电子行政发展动态从用户信息阶段向用户交易阶段转变的特征(Saint Amant and Renard,2004)。

### (三)研究方法

为了研究作为公共服务现代化的一部分的信息和通信技术利用过程的动态,我们采用干预研究(David,2000;Moisdon,1984)。[4]

本研究重点关注变革的内容和过程。因此,在分析中必须考虑许多相关变量(与情境、内容、过程相关)。此外,电子行政是一个受到意识形态主导的问题。其中之一认为新技术只需嵌入到有待现代化的公共服务中。但是这些论述不仅与最广泛认可的理论框架(见前部分),而且与实践步调不一致,因为与此相反,我们注意到出现了一种过热的情形。最后,这种过热的情形让该领域里的行动者和研究者都感到相当迷惑。所有这些原因使我们难以从外部把握电子行政发展动态。量化方法和更为具体的干预研究法因此似乎适合用于本研究。根据选择的方法,我们必须在实地调查和理论工作之间形成一个重复和循环的流程。我们基于这一考虑,更好地理解了研究背景,并对理论框架进行了优化。

通过交叉运用多种信息采集方法,实地调查数据库得以建立。换言之,由于同时运用了定性和定量数据以及数据处理方法,本干预研究符合多元主义方法论(Martinet,1990)。

具体而言，这里呈现的研究结果基于：

• 在国家层面的干预研究引导我们在国家家庭津贴基金会连续整合电子行政的两种管理结构。在这两种结构中，我们的工作由一个管理协助任务确定。

• 在地方层面，对 4 个家庭津贴基金（被挑选出来作为一种混合样本的代表，这种样本极可能重现国家情境的多样性[5]）进行了 4 年的月度参与性观察。

• 与这 4 个家庭津贴基金的管理团队进行 7 次半结构化的集中访谈，平均每次访谈持续 1 小时 30 分钟。访谈内容都记录在案，并且使用 N* Vivo 软件对其进行主题内容分析。

• 用于调查问卷发送给所有家庭津贴基金管理者，回收率达 71%。实施该邮寄调查的目的在于“提高理性”。实际目的在于通过检验整个网络中产生于 4 个家庭津贴基金关键案例的访谈和观察的假设，来强化现实（功能紊乱的主要因素）的代表性模式。

• 二手数据分析（内部报告、技术使用统计、每个家庭津贴基金中执行服务的成效统计等）。

结合以上 5 种数据收集方法，我们可以深入理解家庭津贴基金中信息和通信技术实施的过程，也可以执行与服务现代化信息和通信技术有效管理模式相关的建议行动。因为在任何干预研究中，管理变化是该研究机制中的关键因素。的确，研究过程中会产生一定量的反馈（Chanal el al., 1997）。我们提出的行动实施建议不仅为我们将分析延伸到项目管理领域提供了机会，而且通过检验不同行动者之间的相关性，我们对围绕技术的结构化建模也进行了调整。

本研究进展到了支持管理模型部署的阶段，该模型被协调设计来促进电子行政的发展动态（我们的行动建议被家庭子系统接受，我们将在下文中予以展开）。我们在他们执行 4 年之后返回实地，检查他们的接受情况，并由此检验我们研究的相关性。

## 三、模糊不清的电子行政发展动态中主要的价值观冲突

### （一）公共服务中的价值观和管理变革

本研究提出的主要命题是，价值观是家庭津贴基金内部电子行政发展动态的一个结构化（加速或阻碍）要素。已有的研究（Brown，2005）显示，公共服务价值观（包括一致性和连贯性）已经在信息和通信技术（在特定的网络技术中，例如电子邮件和数据库）的影响下焕然一新，但我们的研究同样聚焦于相反关系，即价值观在通过信息和通信技术使公共服务现代化的过

程中所发挥的作用。因此,价值观和电子行政之间的互动分析是动态的。

在呈现我们实证分析的结果之前,首先有必要澄清价值的概念。正如多斯(Dose,1997)所指出的,尽管大量的文章中使用“价值”一词,但很少有研究(Clare and Sanford,1979)对该词进行任何精确的定义。价值观往往依次与信仰、态度、需求、兴趣、个性品质或标准、条件相比较。

本文“价值观”的概念与克拉克洪(Kluckhohn,1952)给出的一般定义相似。他认为,“价值观是一个关于合意的人或事物的理念,它是显性的或隐性的个人特点或群体特征,影响人们对于行为方式、手段和目的的选择”(Kluckhohn,1952:403)。让我们仔细审视价值观的这一定义的关键词以更好地理解它。

价值观是一种理念,因为首先并且最重要的是其抽象性。价值观不能被直接观察。人们从道德的视角出发,通过“推理”或根据“审美”的判断,进行价值观偏好选择。以价值观为基础的关于什么是合意的理念,不仅与个人而且与个人所处的社会系统相关。的确,价值观不仅是心理需求的转化,而且是一个社会和制度需求的反射。它是心理的和社会的现实表现。价值观既是一种过滤器,允许每个人在面对同样的外部刺激时根据个人特定的需求或激励作出差别回应,同时也表达一种特定的社会愿望。换言之,价值观同时反映出个人和集体的信息,主要目标是履行将个人与其所工作的组织机构紧密联系在一起的承诺。

价值观显性或隐性的属性源自其往往无法被清晰地解释。通常,人们不会用言语表达促使他们采取行动的价值观的内容。然而,根据克拉克洪(Kluckhohn,1952:408)所言,“没有它们(价值观),社会生活将成为不可能。在实现集体目标时,社会系统作为一个整体的功能将会被击败;个人无法从同事身上得到他们需要得到的东西,在个人或情感方面……”因此,价值观和社会行动是相关联的。由于价值观引发行动,因此,价值观是社会发挥作用的基本因素。

最后,在厘清定义后我们可以看出,个人选择的行为并不由一种理性意识形态所支配。有时它是有意识的、深思熟虑的选择;有时它是一种强加的补救,在表现出的行为中没有任何明显的选择迹象。这时,个人是在他们自身所持有的价值观基础上作出选择。

价值观对于公共行动来说很重要。不仅因为公共价值观并非不容置疑,而且因为随着新公共管理的出现,传统公共服务价值观往往与来自私人部门的价值观和谐相适应(Chappoz and Pupion,2013;Chevallier,2012;Emery and Martin,2008;Salminen,2006)。通常,“当向传统价值观增添与结果要求(效率、效能、质量等)相关的新价值观时,新旧价值观之间的矛盾调和是比较困难的”(Chappoz and Pupion,2013:2)。这些矛盾“每时每刻影响着公共服务”（Pollitt，2009：416），有时，甚至“文化混合和公共与私人管理实践导致基准的潜在冲突……它还能导致价值观的冲突”（Emery and Martin，2008：561）。

在实地调查中我们发现了这些特征。在管理者谈话和家庭津贴基金的行动导向中，价值观的概念非常重要。例如 2003 年，管理者俱乐部利用一次会议的全部时间讨论这一问题。它显示出家庭津贴基金结合了如下价值观：

- 公共服务价值观：中立、平等、团结、持久、力量、凝聚；
- 尊重个人的价值观：公平、人道、可用性、信任、用户服务、透明；
- 现代性价值观：效率、适应性、改变或应变的能力、韧性；
- 没有提及偿付能力的财务价值观。

一些价值观对家庭津贴基金尤其重要，因为它们的意义和实践含义是具体的，并且包含在 2005/2008 家庭子系统战略行动计划中——这些价值观是公平、凝聚、参与、亲近、绩效和透明。但是我们的研究显示，在一个模糊不清的电子行政发展动态中，这些价值观之间存在冲突。

### （二）在不确定的结构化过程中价值观的重要性

我们分析的变化动态，是“新”信息和通信技术的引入。在技术的结构化过程中，允许负责社会工作的官员通过电子邮件与津贴接受者取得互动的机会对于管理者来说尤为重要。一个问题可以总结 2002 年家庭子系统管理者在面对这一技术时的困境：与公共服务应变（适应性）原则相一致的家庭津贴基金，是否能够促进差异化的服务供给，因为更快和优先仅局限于具备一定经济和文化资本的公众（因为他们能使用计算机和取得网络连接）？

面对这一问题，家庭津贴基金管理者的反身性被考虑进来，行动者围绕这些新技术的意义建构被认为是多样的，我们还观察了一系列态度表现。[6]

部分认为公平对待是公共服务职责之一的管理者（根据我们在家庭津贴基金进行的关于管理者的调查，该网络中比例达到 28%）没有在他们的网站上开设对话框。实际上，法国国家家庭补助局（CAISSE NATIONALE）指出，与之前用信件需要 21 天相比，家庭津贴基金实施这一技术应当在 3 天内回复邮件。用两个引述来阐明这类行动者的动机。“坦诚地讲，我对于或多或少由国家层面主导的新发展表示怀疑，即使在公开场合我也会毫不犹豫地这么说”（地方对国家基金的抵触态度）；或“当我知道使用这一媒介的津贴接受者并不是情况最糟糕的人时，我为什么要给他们发送邮件的机会……此外，如果我想实现服务承诺，我必须在三天内回复他们的信息。但是不要忘了家庭津贴基金是一种社会公共服务！我有其他更重要的事情要做”（对电子行政特点更为具体的反对态度）。

一个“断裂的”反应链（A‘broken’reflexivity）（De Vaujany，2009）也在

其他管理者之间显现出来,因为他们开放了网页对话框,而“技术人员”被指示要在收到津贴接受者邮件三日之内发送一个简单的接收确认,并且在三天之内处理好。这些管理者表现出了惰性(Orlikowski,2000)。我们无法计算家庭子系统此类事情的规模,因为国家基金认为这一反应属违规行为。我们在介入观察的四位家庭津贴基金管理者中的其中一位身上发现了这种反应,但其在访谈中明确提及其他同事也有相同的反应。对于这些管理者来说,他们的行为被看作是游走于现实情况(大量需要处理的申请和津贴受益人的需求)和国家方针之间。

最后,其他管理者明确地拥护变革。考虑到他们的职责更多地由公平而非平等掌控,他们要求工作人员在三天之内回复邮件。这些管理者还指出网站的部分特征(包括自动输入与住房补贴申请相关的数据)使得他们可以节省时间,由此这一新的通信技术(及其所有特征)应当予以推广,从而使得工作人员可以花更多的时间在柜台上处理更多复杂申请(以在家庭津贴基金网络中推崇的效率价值观的名义)。邮件技术最终受到部分津贴接受者的欢迎,正如国家满意度调查所证实的,它使得启用这些新技术变得非常有必要(以公共服务应变性和适应性价值观为名)。如果我们以获得基金(与受益者的数量相关)的邮件数量来评估采取了这一行为的组织数量,这些管理者占到了 42%。对这一组行动者的访谈分析揭示出与“创新者”类似的特征(Alter,1985)。这些管理者表现出了采用新工具的持续愿望,以此杜绝要么被工具、要么被他们的社会环境(即被他人)所控制的局面。通过这个适应的过程,他们的目标是使他们的工作有意义,并且对家庭津贴基金绩效的改进做出突出贡献。

对相同目标回应的不同意义建构显示,一方面,每个人对公共服务价值观的接受程度是有差异的[平等价值观是法国公共服务的支柱之一(Crozier,1964),应对其采取什么样的定义?];另一方面,公共服务价值观的优先次序在官员之间也呈现高度的差异(个体差异和/或职业化价值观)。

让我们来考察由于在家庭津贴基金中推广信息和通信技术产生或者加剧的价值观冲突的其他例子来支持我们的研究结果。

组织机构的网络化得益于这些技术。面对其潜力,组织机构应当采取何种立场?为了提供高品质的服务(价值的易变性),他们是否应该在由其他公共服务(或私人服务)发送的信息或生活事件的基础上决定潜在授权,或者还是在研究用户的潜在权利之前,通过持续请求他们报告信息的方式来赋予其权利更好?这是家庭津贴基金管理者在电子行政发展中面临的另一价值观冲突。类似地,由于关于用户的数据库可在全国范围内访问,是否只有分散化的机构官员能够处理在他们管辖范围内(邻近原则)的用户申请,或是在组织结构间成立一个协助机构,处理拥塞以改进申请处理时间（适应性和绩效价值观）？由于电子行政发展动态产生和引发的价值观引发了许多问题并且仍然比较突出。

从理论的角度来看，本研究的贡献是双重的。第一，在构建理论越来越多地被用作分析组织机构内部技术接受过程的分析框架时，这一理论框架同样被认为是复杂的，涉及高度抽象的概念和一般性命题。由此，似乎很难经验性地使用该方法。并且，我们提及社会变化的“元理论”（Autissier and Wacheux，2000）。因此，本研究的最大贡献在于通过对电子行政发展过程的深度描述，使结构理论的概念可操作化。[7]

这种过程分析因而有助于我们强调技术实施过程中价值观（个人的、职业的和公共服务）的重要性。不能说这些方面在之前的研究中完全没有涉及。但并不是非常明确。例如，圣阿芒和勒纳尔（Saint-Amant and Renard）在他们关于电子行政的组织能力（Saint-Amant and Renard，2004）的文章中，只是利用变革管理的重要性来解释电子行政发展动态的速度，但是关于进程中价值观的作用却被忽略了。类似地，在结构主义者的研究中，价值观在结构化过程中所起的作用已得到证明，尤其是由德桑蒂斯和普尔（DeSanctis and Poole，1994）提出的关于“技术的精神”这一概念。但在他们看来，“技术的精神”代表“一套内在于技术很好地被定义的结构装置中潜在的一组价值观、意图和目标”（DeSanctis and Poole，1994：126）。这使得技术的精神成为一种“一般动因”，概括出一个使技术利用规范化和合法化的框架。我们的分析与之相反，我们发现意义建构的一般动因在于：是什么使家庭津贴基金网络以一种前瞻性的视野开始使用这些技术？因此，技术的精神并不潜在或内在于技术，而是在行动者意义建构的行动中建立。

由于不明确的电子行政发展动态和不一致的价值观，在由 123 个家庭津贴基金构成的网络中，没有清晰的行动路线，而这是一个简单和同质性管理理性的一部分。首先，与津贴接受者的沟通电子流被限制，而且地方操纵空间是家庭子系统组织机构的一个构成原则，这类必不可少的态度和价值观多样性是规制的一种随机而又连贯的方法（因为家庭子系统网络的运营以及在制度设计中对这一问题的重视），而且不会令人深感不安。然而，它逐渐成为国家基金所促使并受到大部分津贴接受者所欢迎的动态变化的障碍。这引发了对在公共服务现代化中鼓励利用信息和通信技术的合适管理方式的反思，正如我们将在第四和最后一部分中所详述的那样。

## 四、创立公共服务价值观论坛与推进电子行政动态之间的相关性

### （一）对法国社会保障体系家庭子系统项目早期阶段的不确定性进行管理

2005 年年底，国家家庭津贴基金会总局通过其新的制度行动计划制定

了12个优先项目。在这12个项目中,其中一个意图“简化访问和管理权利,便利电子行政的发展”。这一新的管理结构在我们关于公共服务现代化中利用信息和通信技术的模糊性属性的研究接近尾声的时候开始实施。但是关于模糊性的研究对行动系统并非没有产生影响,这一行动系统似乎适于确保家庭津贴基金中技术的有效利用。确实,如果承认态度的多样性阻碍了为实现家庭津贴基金现代化的信息和通信技术利用的发展,那么这一研究的直接含义为,应当在论坛中解释和讨论行动者的意义建构(Detchessahar,2003)。[8]在我们的组织机构中,这些论坛在项目早期阶段作为新的管理结构(一个新的项目群体)被建立起来,以鼓励在家庭津贴基金现代化中更多地利用信息和通信技术。

第一步,我们提议将项目成员(35名来自家庭子系统的执行管理者)集中在两个研讨会。围绕公平和平等价值观的讨论标志着在这一项目开展早期阶段辩论的出现,值得对它们作进一步的解释。分段如前文所述,一定数量的管理者(35名执行管理者中的6名,或17%的管理者)并不希望在他们的网页上发展数字化服务,因为他们认为这一举动将增加社会分化。然而,其他管理者(研讨会上67%的参与者)以可变性原则的名义,明确地支持电子行政的发展;这些电子服务是部分津贴接受者的期望,因此作为分配正义逻辑(人人平等考虑多样性的需求/期望)的一部分,有必要发展这些服务。项目管理者引导这些论坛,从而鼓励管理者进一步澄清蕴含在他们行动中的价值观。很快,易变性和公平价值观之间的不协调就出现了。项目管理者随之回顾家庭子系统过去的行为——家庭子系统在过去发展了特定的服务(公共信息服务端、语音服务器等),尽管其仅针对部分群体并且并不一定是最贫困的。此外,研究中心实施的一项调查——该调查研究和观察网络使用者的生活条件,与家庭子系统研究部门进行的一项内部分析一起呈现出来——该分析对数字化领域的群体分化进行了相关性分析。将这些因素考虑在内,家庭津贴基金管理者得出结论,在电子行政的发展和公平与易变价值观的联合推广之间并不存在对立。

这一前期阶段导致了在家庭津贴基金现代化中信息和通信技术使用“指南”(doctrine)的起草。该“指南”自2006年12月被国家家庭津贴基金会总局批准后随之成为家庭子系统的参考性文件。“指南”揭示了为家庭子系统改进绩效的战略行动计划中委派给电子行政的角色:“多年来服务质量一直居于家庭子系统战略方法的核心,电子行政的发展使服务关系的观念向顾客关系管理的观念转变,甚至是要求这一转变。我们的任务不再仅仅是快速和高效处理所赋予的各种权利,而是认知公共需求并且予以满足。存在多样化的新需求……这些强大的价值观将塑造我们未来在顾客心目中的形象。”

2011 年 11 月，所有管理者和家庭津贴基金主席会面并就“电子行政时代的服务质量”这一主题进行讨论。对涉及一些分支行动者的研讨会的观察和对 7 个研讨会报告内容的分析表明，行动者完全明了关于他们价值观的讨论以及建立网络“指南”记录推动了其组织内部电子行政的发展。引用一种意味深长的说法：“我们必须采取这条途径。当电子行政出现时，有太多的未知、迥然不同的立场。通过澄清眼前的问题，并且就家庭子系统的价值观交换意见——受这些工具影响的价值观——战略途径对我们每一个人来说会变得越来越清晰。”

总而言之，在家庭子系统的案例中，创立关于价值观的论坛成为促使在家庭津贴基金现代化进程中增加对信息和通信技术利用的手段。然而，这一结论来自对一个具体案例的分析（尽管鉴于其对其他公共服务问题的相似性，这个案例被认为具有代表性），不能够被一般化，除非它是对这些初始条件的一个批判性分析以及一个理论探讨的主题。因此，接下来部分着手讨论对我们的行动建议的分析归纳。

## （二）讨论：价值观的讨论对促进变革有多大作用？

电子行政的发展能产生或加剧价值观的冲突，对这些冲突进行讨论形成的论坛是表征行为逐渐发生变化的必要条件。的确，“讨论中产生的澄清和对质起着调整谈话，获取集体性基准和语言惯例发展的作用。从哈贝马斯（Habermasian）的视角来看，‘真正的辩论’旨在互相理解，主观性的调整以及达成共识”（Detchessahar，1999：18）。

然而，作为一般规则，它并不是一个充分条件，主要有两个理由。一方面，不能完全确定行动者真实地参与到交换机制中来。根据费里（J.-M. Ferry，1987），讨论基于两个基础性原则：信息和个人主张的公开，以及接受更好的争论作为决策动力的规则。但是实现这些原则显然是有问题的。的确，参与优先项目的成员是执行管理者，他们被选择参与到这一项目中，并且因此刺激了他们的积极性，对他们自身参与由项目会议形成的讨论很感兴趣。然而，他们参与到项目中主要产生了四种类型的成本（Detchessahar2003：75）：认知的、政治成本、讨论的责任和社会成本。

在我们的研究中，这些成本并不显著。交换的质量和强度表明，与之相反，这些困难很快被克服。但是这不必然让我们认为其是普遍的，主要有两个原因：一方面，我们所研究过的论坛并非是由对不确定情景作出回应的中层管理者构成，而是由挑选出来的具备主题相关知识的管理者构成。然而当一个公共的和集体的决议总体上需要一个较强的反射行为，由此对官员形成潜在的高成本时，一个公共管理者更习惯于解释其在政治化空间的理由，讨论其他人的主张并且可能在检验之后对其表征进行修改。

另一方面,除了与讨论相关的成本的存在——该成本可能会减少利益相关者在未来的参与,管理者之间交换论坛的形成并不必然是表征逐渐改变进而导致行为改变的充分条件,因为区别化的个体或群体的表征并不必然导致共享表征系统的建立(Ehlinger,1998)。

特别地,在该项目的前期阶段,我们的行动建议并不是要对可能的电子行政发展给出一个精确和独特的诠释,以将其强加在这一组织网络中,而是对情景的相互理解。主要有三个理由:第一,根据组织机构的战略方法理论者(Crozier and Friedberg,1997;Pfeffer,1982)提出的命题,任何寻求消除利益冲突和促进认可的参与,以一个一致认可的模式,为一种可能的解释,遇到"不透明"社会生活的危险——以行动者群体之间的妥协为标志。

第二,这一不具备特定操作性实践的政策原则的形成还具有另一优势。电子行政当前正在经历一种动态变化。新的价值观冲突和由此带来的意义的建构和毁灭的新过程由此被预期与可能的环境改变相适应。因此,尽管论坛的目的必然是要通过考察和讨论每一位的意见来构建当时看似合理的行为路径或原则,但其另一目标是建立更多的一般原则,由此使得管理者不会被关于未来情景的不同可能诠释所打倒。

第三,换句话说,论坛的建立,其目标并不是启动一个个体构建成为大多数或一个群体的过程,以使层级制和价值观标准化,而是创造横向的诠释方式,能够帮助减少尚未到来的或者说多样性要求的电子行政进化动态的不确定性。

## 五、结论

我们的研究显示,面临一个不确定的组织结构变革动态时,公共服务管理者对公共服务现代化过程中信息和通信技术的利用建立了不同的代表观点和意义建构,而这些必须在论坛中予以解决,以提出一个集体的意义建构并且实施运用这些管理工具的常见模式。在这些论坛上,对个人和集体价值观的反思被证明是有必要的,因为由电子行政发展动态所产生或加剧的价值观冲突阻碍了在公共服务现代化进程中增加对信息和通信技术的使用。

我们的研究存在方法上和概念上的局限,但这也为今后的研究开辟了新道路。特别是由于我们方法论的选择,我们不能宣称我们的研究结果具有任何外在效度。然而,我们两年列席电子行政发展指导委员会(ADAE)[后来与国家现代化总局(DGME)合并]的事实表明,我们的研究与社会保障领域的其他组织机构具有一定的相关性(Pôle emploi,Caisses Primaires d'Assurance Maladie)。然而,有必要进行更详细的延伸至其他公共服务的研究支持本研究的论点。但是，其他更一般的研究已指出产生于电子行政的其他价值观冲突。例如，卢西亚·克鲁泽·梅泰耶(2013)认为，远程服务是一种工具，此工具符合公共服务的易变性价值观，而且这些远程服务的法律和技术框架并不保证维护对用户提供信息进行保密的权利。

此外，我们提出的变革意味着，管理行为是明确地由管理者实施的。但是我们收集到的一些其他研究资料还显示，工作人员和技术管理者的意义建构也会阻碍电子行政发展动态和参与(和管理者的参与程度相同？更多？更少？)到其“过热”中。

## 注释

[1]本文是2012年12月在法国AIRMAP专题会发言稿的修订稿。

[2]“电子治理不仅仅是在公共事务框架内的一个技术或材料应用问题，它还涉及公共和社会权力组织与使用的方式”(Suk Kim,2005:107)。

[3]Orlikowski实际上在其2000年的文章中指出，她是根据韦克(Weick,1979)给出的定义但以一种更为人们普遍接受的方式使用的实施的概念。据维达耶(Vidaillet,2003)所言，这一术语的法语翻译有多个版本：mise en scène or staging (Koenig,1987),promulgation (Laroche,1996) 或 activation (Koenig,1996)。

[4]干预研究是研究的一种形式，它使得干预与行为研究非常相似。但与其又有不同，“行为研究基于自身反映、以参与的方式有助于系统转换”，而干预研究则或多或少是基于变革项目的基础，“有助于设计和执行适当的管理模式和工具”。

[5]这一代表性的标准是被管理的津贴接受者的数量、他们的“个人档案”(对与家庭、住房或贫穷相关的津贴的看法)、组织机构覆盖的地理范围、信息和通信技术的融合水平。考虑到所选择的研究方法，代表性的寻找必须与家庭津贴基金的意愿相结合，即参与为期超过3年的项目。

[6]过去的研究结果在这里很明显(Bastien,2009)；在目标的不确定性和非正式自由裁量权之间具有一定的联系。

[7]与其他采用干预研究方法的研究一样(DeSanctis and Poole,1994;Olesen and Myers,1999;Rose and Lewis,2001)。

[8]“讨论”一词比“交流”或“互相调整”更合适，因为它使“传递交换的审议的和政治的维度”成为可能(Dechessahar,2003:73)。

**蕾蒂莎·卢克斯(Laetitia Roux)**是法国里尔第一大学(企业管理学院)的一名讲师。她是LEM实验室(里尔经济管理)第8179号合作研究单位的成员之一。她主要的研究领域是推进公共服务变革和创新管理。从行业的视角看，她是卫生和社会企业管理方面的专家。她就电子行政问题出版了学术著作(2007)，并在学术和专业公开刊物上发表了多篇论文(2004,2006和2010)。

## 参考文献

Alter N (1985) *La bureautique dans l'entreprise. Les acteurs de l'innovation*. Paris: Edition Ouvrières.

Autissier D and Wacheux F (2000) *Structuration et management des organisations. Gestion de l'action et du changement dans les entreprises*. Paris: L'Harmattan.

Bastien J (2009) L'ambiguïté des objectifs et le pouvoir discrétionnaire informel dans l'administration des politiques publiques: le cas de la politique d'immigration en Espagne. *Revue Internationale des Sciences Administratives* 75(4): 733–756.

Brown D (2005) Le gouvernement électronique et l'administration publique. *Revue Internationale des Sciences Administratives* 71(2): 251–266.

Chanal V, Lesca H and Martinet A-C (1997) Vers une ingénierie de la recherche en sciences de gestion. *Revue Française de Gestion* 116: 41–51.

Chappoz Y and Pupion P-C (2013) La quête de la performance. *Gestion et management public* 3(1): 1–2.

Chevallier J (2012) Valeurs publiques à l'épreuve de la logique de performance. In: Conférence inaugurale du 1er colloque de l'AIRMAP, Paris, 5–6 décembre.

Clare DA and Sanford DG (1979) Mapping personal value space: A study of managers in four organizations. *Human Relations* 32: 659–666.

Cluzel-Métayer L (2013) Les téléservices publics face au droit á la confidentialité des données. *Revue française d'administration publique* 146(2): 405–418.

Crozier M (1964) *Le Phénomène bureaucratique*. Paris: Le Seuil.

Crozier M and Friedberg E (1977) *L'acteur et le système, les contraintes de l'action collective*. Paris: Seuil.

David A (2000) La recherche-intervention, cadre général pour la recherche en management? In: Laufer R, David A and Hatchuel A (eds) *Les nouvelles fondations des sciences de gestion. éléments d'épistémologie de la recherche en management*. Paris: Vuibert, pp. 193–213.

DeSanctis G and Poole MS (1994) Capturing the complexity in advanced technology use: Adaptative structuration theory. *Organization Science* 5(2): 121–146.

Detchessahar M (1999) Quand discuter, c'est produire. VIIIème Conférence de l'Association Internationale de Management Stratégique, Paris, Ecole Centrale, 26–28 mai.

Detchessahar M (2003) L'avénement de l'entreprise communicationnelle. *Revue Française de Gestion* 142(29): 65–84.

De Vaujany FX (2009) *Les grandes approches théoriques du système d'information*. Paris: Hermès sciences.

Dose JE (1997) Work values: An integrative framework and illustrative application to organizational socialization. *Journal of Occupational and Organizational Psychology* 70: 219–240.

Ehlinger S (1998) Les représentations partagées au sein des organisations: entre mythe et réalité. VII Conférence Internationale de l'AIMS, Louvain-la-Neuve, 27–29 mai.

Emery Y and Martin N (2008) La perception de la performance par les agents publics suisses dans un environnement en rapide évolution. *Revue Internationale des Sciences Administratives* 74(2): 327–344.

Ferry J-M (1987) *Habermas, l'éthique de la communication*. Paris: PUF.

Giddens A (1984) *The Constitution of Society: Outline of the Theory of Structuration*. Berkeley: University of California Press.

Hu G, Guangwei Pan W and Wang J (2010) Le lexique particulier et la conception consensuelle du gouvernement électronique: une perspective exploratoire. *Revue internationale des sciences administratives* 76(3): 605–627.

Kluckhohn C (1952) Values and value-orientations in the theory of action: An exploration in definition an dclassification. In: Parsons T and Shils EA (eds) *Toward a general theory of action*. Cambridge, MA: Harvard University Press, pp. 388–433.

Koenig G (1987) La théorie de l'organisation à la recherche de son équilibre. In: Charreaux

G, et al (eds) *De nouvelles théories pour gérer l'entreprise*. Paris: Economica, pp. 103–126.
Koenig G (1996) Les constructeurs: Karl E. Weick. *Revue Française de Gestion* 108(Mars–Avril–Mai): 57–70.
Laroche H (1996) Karl E. Weick, *Sensemaking in Organizations*, note critique. *Sociologie du travail* 2: 225–232.
Maisl H and Du Marais B (2004) L'administration électronique. *Revue française d'administration publique* 110(2): 211–216.
Martinet AC (1990) *Epistémologie et Sciences de Gestion*. Paris: Economica.
Moisdon JC (1984) Recherche en gestion et intervention. *Revue Française de Gestion* 47–48: 61–73.
OECD (2003) *The e-Government Imperative*. Available at: www.oecd.org.
Olesen K and Myers M (1999) Trying to improve communication and collaboration with information technology: An action research project which failed. *Information Technology & People* 12(4): 317–332.
Orlikowski WJ (1992) The duality of technology: Rethinking the concept of technology in organizations. *Organization Science* 3(3): 98–118.
Orlikowski WJ (2000) Using technology and constituting structures: A practice lens for studying technology in organizations. *Organization Science* 11(4): 404–428.
Pfeffer J (1982) *Organizations and Organization Theory*. Marshfield, MA: Pitman.
Pollitt C (2009) La qualité du service public: tout ou rien? Éditorial. *Revue internationale des Sciences administratives* 75(3): 415–418.

# Public service values and e-administration: an explosive mix? Illustration drawing on the case of the Family Allowance Funds (*Caisses d'Allocations Familiales*) in France

**Laetitia Roux**
Université de Lille 1, France

**Abstract**

Despite the fact that Information and Communication Technologies (ICTs) are considered to be an important state modernization tool, resistance to change can sometimes be observed. The question is why? On the basis of intervention research mobilizing five different corpuses of material over eight years in the family branch of the French social security system, we have established that values can be an (accelerating or blocking) structuring element of an ambiguous e-administration development dynamic. In other words, in the process of enacting or activating technologies intended to modernize public services, sensemaking by managers faced with the conflicts of values generated or exacerbated by the introduction of these new management tools is fundamental to understanding the process of change. Based on this research result, recommendations for action have been drawn up for the managers, the aim being to elucidate these value conflicts within discussion forums, even if this implies a certain cost.

## Points for practitioners

This article shows that the e-administration development dynamics depend in part on sensemaking by public service managers around technologies. Indeed, these technologies exacerbate or introduce conflicts of values. Interactivity (a property inherent to ICT that must be respected for the sake of the value of public service adaptability), in particular, may conflict with the value of public sector equality. This is at least what we have observed in the course of the research conducted for nearly eight years in the family branch of the French social security system. This therefore raises questions about the effectiveness of elucidating these value conflicts within discussion forums to facilitate the development of e-administration.

**Keywords**
ambiguity, discussion forums, e-administration, enactment, information and communication technologies, public service modernization, values

国际行政科学评论

# 职业价值观和组织变革动力:法国博士生培养改革案例

欧梅品·达昂
Aubépine Dahan
翻译:杨 梅 审校:杨 柳

【摘 要】 新公共管理改革推动着价值观的融合,在这样一个时代,当人们谈及公共组织的管理时,越来越多地涉及价值观。一些研究者认为价值观是变革的直接推手,另一些研究者认为价值观更是一种阻碍。制度逻辑或价值经济的研究认为,变革的动力涉及价值观,但没有照此研究。本文在专注于公共专业组织的背景下,通过关注改革过程中新实践的引入过程,探讨价值观与变革之间的联系。在法国实施的博士生培养改革中,我们对教学人员进行了定性研究,结果证实,专业自主性通常反对改革,而且揭示职业价值观不能形成一个连贯的、稳定的整体:职业价值观是多元的,它们之间会产生一系列紧张关系,这表现在实践中。改革会使争论加剧,可能导致专业人士自身的改变。

## 对实践工作者的启示

本文对职业价值是固化机械源的观点以及纯粹从话语应用价值观推

**通信作者:**
Aubépine Dahan,Place Montesquieu 1 bte L2.08.04,Louvain-la-Neuve 1348,Belgium
E-mail:aubepine.dahan@uclouvain.be

动变革的关注点提出了质疑。职业价值观似乎更多地是变革的内生力量，而不是改革时期管理可用的手段。

【关键词】 实施;专业化;公共管理;公共部门改革;大学

## 一、引言

新公共管理的基本原则是问责、成本控制和效率测量，在这些原则目标的指引下，公共专业组织（医院、大学和研究机构等）与其他公共组织一样成为改革的对象。尽管进行了这些改革，但是现实依然难以改变（Choi et al. ,2011;Henkel,2001;Kogen et al. ,2000;McNulty and Ferlie,2004)，这使得研究人员开始关注改革实施中职业价值观的作用。这些职业价值观能够解释公共专业组织中的各种变化吗？或者，能够运用它们来推动变革吗？各种职业价值观通常被假定形成连贯的整体，按照自主性观点汇聚在一起，但是有关职业价值观的研究十分散乱，并没有充分阐明实践与变化之间的联系。其他文献（制度逻辑、职业角色融合、价值经济）表明存在这种联系，但没有照此探究。因此，本文试图在公共专业组织中建立价值观、实践[1]和变革之间的动态关系。价值观是否先于实践存在并阻止实践的变化？在同一组织中，会共存几个相互竞争的价值观体系，有的以“城市”形式(Boltanski and Thévenot,1991)，有的以“制度逻辑”形式(Thornton,2008)，它们是变革的动力吗？这种动力与改革活动之间是如何相互作用的？为了研究这些问题，本文分析了21世纪初期法国博士生培养的改革。通过教学人员叙述论文指导活动，使我们能够识别一些“城市”和持续的争议，虽然这些争议通过某些活动得以暂时解决，但被改革再次引燃。

## 二、文献综述

### (一)从分析方法到规范方法:价值观被认为是战略手段

价值观——在伦理或道德层面——被定义为“以个人的观点或依据社会的标准，被认为是真、善、美的，作为一种可以实现的理想或者一种要捍卫的东西”(Larousse)。这主要是哲学在个体层面对价值观的思考：价值观从哪里来？当个体面对现实经历时，他们以什么方式进行“修正”？(Dictionary of Philosophy,2006：section“Values”,2049)

在过去40年，人们也在组织背景下对价值观进行思考。将组织看作是开放的系统，而不是单纯的技术系统，强调了在机构背景下的人员招录，以及对社会当下标准、价值观和表现力的渗透。此外,价值观在组织中通过个体担任的角色存在形式:雇员、专业人员、公民。“内隐的和内化的信仰指导着个体在工作中的行为”(Stinglhamber et al.,2004),它们帮助建立了一个组织特有的“文化”或规则模式(Boltanski & Thévenot,1991; Hofstede,1994;Sainsaulieu,1995)。组织价值观“不仅为该系统的职能和活动,而且为其成员的适当行为提供了一个详尽、通用的理由”(Chatman,1989,339)。从这种分析方法可见,规范方法就出现了,表现为不同的价值观作为管理手段:任何组织能够而且应该展示其价值观和原则,旨在指导管理人员作出决策,使其确定优先选项。在这一点上,管理的正统学说和部分管理文献认为,价值观是公共组织和私人组织重要战略工具的一部分,也是影响组织绩效的要素之一(Johnson et al.,2008:195)。

正是在这种“战略”理解中,自 20 世纪 80 年代,价值观开始传播到公共组织,当时,实施新公共管理政策,动摇了公共价值观(Kernaghan,2000:95):从私营部门借用管理工具,导致在公共组织中出现商业逻辑或产业逻辑。由此产生的“融合”或混同(Emery and Giauque,2005)可以解释强调某些具体公共价值观(完整性、公正、追求公平而不是利润等)主导公共组织行为的必要性。

## (二)价值观:一种基本上被设定在话语层面的管理工具

因此,有间接的管理导向《公共服务的未来白皮书》(Silicani,2008)认为,价值观是“公务员改革和公共服务改革的核心”(第 50 页),提倡“培育共享的和明确的价值观来推动变革”(第 73 页)。价值观被看作可以被界定、被阐释的对象,也可以根据价值观进行员工培训;建议建立“国家权威来确保遵守价值观、解决冲突并维系它们”(第 83 页)。本文阐述了价值观作用的直接的和可操作性概念,“说”和“做”同样重要,获得一个组织雇员拥有的价值观将推动变革实施。

在更学术的层面,科纳汉(Kernaghan,2000)强调改革者要考虑到公共价值观的重要性,因为他们的质疑对个体产生压力和焦虑。根据作者的观点,公共管理的新方法(公私伙伴关系、建立分权机构)危及某些公共价值观,如完整性和中立;因此,价值观就是在变革框架下需要保护的元素,并要限定其范围。作者列举对支持公共管理者的公共价值观进行了分类:民主的、道德的和职业的(Kernaghan,2000:95),这再次表明对价值观的话语应用。

马尔根(Mulgan,2005)在其关于外包对澳大利亚公共服务价值观影响的文章中持相同的观点,重申了价值观对任一组织的重要性。“越来越多的私营部门管理者和商业管理专家认识到,一个有效率和有效果的组织需要共享的企业文化和共同的道德价值观”(Mulgan,2005:57),但是,马尔根并没有详细论述价值观和行动之间的过程或者关系,而价值观和行动能够解释这种重要性。人们将价值观作为一种管理工具,像神奇公式一样进行研究,如克纳汉(Kernaghan),但是,价值观在公共组织中的实际作用是什么(包括哪些代表运行核心的职业所要求的价值观)?

### (三)贯穿于职业角色的价值观:自主性的核心地位

关于公共专业组织的文献阐述了更多的分析方法,主要从两大主题来研究价值观:一个是专业人员为了保持自主性而对改革的抵制(Choi et al.,2011;Henkel,2000;McNulty and Ferlie,2004),另一个是专业人员担当管理职务时角色的融合。

通过对英国三个部门(卫生、社会工作和住房)新公共管理改革效果的比较研究,阿克罗伊德等(Ackroyd et al.,2007)驳斥了以下观点:新公共管理在所有公共部门获得一致的成功并扎根下来。相反,在住房领域,"总是受到商业领域及其价值观的影响"(Ackroyd et al.,2007:23),新公共管理已很好地建立;但是卫生系统并非如此,其公共服务价值观("基于需求而非支付能力提供服务";Ackroyd et al.,2007:23)与管理改革并不一致。价值观系统的差异及其与新公共管理价值观和谐与否等因素,解释了这种不同的影响。某一领域越是具有公共性和专业性,其价值观越是抵制新公共管理改革。

对于第二个主题,菲茨杰拉德和费利耶(Fitzgerald and Ferlie,2000)阐释了准市场方法的引入对医疗职业的影响,以及管理工作和医疗专业知识相互渗透的效果。一些医生参与到其组织的管理(临床理事会),这需要融合的背景,不仅能够了解职业的要求,而且了解组织的要求。他们在职业与管理者之间充当转换者;其动机在于能够部分控制医疗活动的规则方法,而非仅仅是向管理者传递概念和操作规程。这样,作者为价值观的融合铺平了道路:管理过程中要考虑绩效,但是要依据符合职业标准的规范和程序,这样最终会强化这些标准(Fitzgerald and Ferlie,2000:730)。虽然费利耶等人表示"融合"的职位并不容易(它特别要求专业—管理者持续实践一段时间),但还是敏锐地描述了这种融合现象,认为价值观系统之间的这种冲突未必导致反对或分离。

### (四)作为变革起因的价值观系统多元性

在探索价值观与变革之间关系中,价值观系统的多元性也是两种理论框架的核心。

制度逻辑的概念为价值观系统多元性提供了宏观方法。制度逻辑的定义是"指导组织行动的假定、价值观和社会建构的规则"(Thornton,2008:100)。具体来说,所识别的逻辑反映了宏观实体,如国家、职业和市场。制度逻辑概念从一开始就预先假定一个多元、复杂环境,因为依据定义,在某一组织领域中从来不是一个而是多个逻辑,这种多元性能够推动变革。

波尔坦斯基和泰夫诺(Boltanski and Thévenot,1991)提出了一个微观层面的理论框架。他们确定一些"城市",每个城市具有"价值观"特征。他们表明,为如何完成组织成员提出的活动安排,允许在同一城市中或两个相互竞争的城市之间存在冲突和矛盾。在这个模型中,变革的推动基于价值观。

因此,价值观未必成为阻碍,反而由于其多元性以及活动实施过程中的对抗和磋商,推动事物向前发展。为了探索改革中价值观、实践和变革之间关系的实践细节,本文研究了法国博士培养改革案例。这项改革迄今为止只由教学人员操控,将正式化、官僚化和横向化因素引入论文监管领域。这是一个职业价值观与公共改革相冲突的相关案例,使我们能够探索本文提出的研究问题:在公共专业组织的改革中,如何考虑价值观与实践之间的关系?

## 三、实证案例研究:法国博士生培养改革

这一改革发起于1992年,1999—2000年才落地实施。这次改革先于学士、硕士和博士学位改革(Licence-Master-Doctorat or LMD,2002),也先于大学自由和责任法(the LRU law,2007),但属于同一改革活动。研究生院(Ecoles Doctorales,ED)的建立,划定了博士培养周期,用生物学院二年级清晰地划分了边界;它将大学作为结构清晰界定的组织,在这种清晰结构上构建研究政策,这是帮助培养其自主性的一个工具。

然而,在1992年和1998年(改革再激活),两个宏大目标启发了研究和高等教育部长克劳德·阿莱格尔(Claude Allègre),进行了最初的改革设计:

• 将博士资助奖励集中在大型科研单位(300个研究生院取代先前的3 000个博士研究文凭项目)。

• 促使导师和研究生的专业化。一方面,为了应对监督质量的快速变化(事实上没有监督或监督指导,资金和社会保障福利存在与否,各种滥用情境,既有道德上的也有智力上的),改革者希望废除研究生和指导教师之间非正式的面对面关系,通过研究生院的建立,使质量标准正式化,并确保符合这些标准。另一方面,为了解决博士研究生特别是非学术专业博士研究生的工作场所整合问题,改革者希望将论文内容正式化,并将其作为文凭。招生部门必须不分学科地对这些博士研究生培养一些通用技能,正

如工程和商科学位已经采取的做法。

这项改革要求实验室与学院一起,按照集体制定的科研政策,选择论文题目,这些论文题目可能得到教育部的资助,也由教育部来确认研究生的选择。他们负责“监管这些监管”(授权招生、签署有关论文时限的“论文合约”[2]、鼓励资助研究生、组织调解研究生与指导教师之间的冲突),并负责论文过程的“专业化”(在论文期间开发一个就业项目、组织培训项目)。

## 四、数据的收集和分析

2005 年,笔者在一个大型省会城市,对全学科大学的研究生院进行调查,包括 5 个学院,利用这次调查的定性数据开展研究。这一时期是改革的剧变时期之一。20 世纪 90 年代,在学者的倡导下,在实验科学中已经出现研究生院的前身,从 2000 年开始,在教育部的要求下,大学校长启动了博士培养改革,扩展到所有学科。调查时研究生院还是新生事物(在学院及其职能设置中,许多问题处于待定状态);与现实的矛盾十分明显。本文并不想对这一改革进行评判,只是使用当时收集的数据,反映这一过程中的价值观及其作用。

数据收集通过访谈和档案分析进行。一共进行了 26 次访谈,见表 1。分析的文件包括官方文件、科学和教育委员会的记录以及研究生院起草的科研政策文本。

被访谈人样本进行了分类整理,包括:

• 全部 5 个学院的多个学科:化学一生物学、工程学、信息科学、法律一社会科学、人文科学一语言学。

• 研究生院的多个职位:研究生院的科学和教育委员会成员、研究生院成员、行政人员[3]。

我们设计了访谈大纲,以获得实践记录(日常任务、研究生院的管理、论文指导),并获得改革引起的变化记录。

访谈时长为 90～120 分钟,录音后抄录整理。不管与改革内容是否相关,从中抽出论文指导实践记录。支持或反对这些实践或者反映实施困难的理由也均被确认。

提及的实践包括:

- 跨研究生院的跨学科科研政策的提出
- 论文主题的提出
- 博士生的选择
- 论文宪章的使用(博士生的数量、论文的周期、资助)
- 研究生就业能力专业培训课程的组织

• 冲突事件的调解

**表1　　根据研究生院中学科和职位进行的访谈[3]**

| | 实验科学 | 人文和社会科学 | 合计 |
|---|---|---|---|
| 大学管理 | 0 | 2 | 2 |
| 研究生院的管理/科学委员会 | 12 | 5 | 17 |
| 监管人员 | 6 | 1 | 7 |
| 合计 | 18 | 8 | 26 |

以下是登记的被认定接受或者拒绝改革的理由:

• 物资登记(资源短缺、组织的实际问题)。

• 利益相关者的战略利益:“阿莱格尔[4](Allegre)认为,研究生院在某种程度上是很独立的,像大学内的大学校,明显地不能取悦于大学校长。”(语言学家,人文学科的前任领导,17)[5]同样,在研究生院与培养和研究单位之间的任务分配不清晰,动摇了后者。

• 科学工作的标准(个体或团队),与论文、研究生和指导工作的代表性相关。“但是我们也面对我们研究生院的特点,在文学和人文学科中,研究人员主要是个人”(历史学家,人文学科前主任,8),这里阻碍了改革提倡的团队研究。

• 对不满意实践或新实践的观察,这些实践比以往更好地反映了某些价值观(流动性、公正、平等、效率)。“招生工作不论对招收学生还是对研究生院都带来了更多的公正……我在巴黎进行博士研究工作,在那里我多多少少看到一些。我感觉有点像黑匣子……它太关注自身,也就是招生在一个小范围内进行,我们根本不对外界开放。”(生物学家,化学一生物学委员会成员,110—111)

最后两个项目包含了与专业价值观相关的理由。通过归纳,它们能够与波尔坦斯基和泰夫诺(Boltanski and Thévenot,1991)[6]提出的城市相比较,尤其是卓越、国内的、工业和市民城市。表2表明了笔者怎样基于访谈记录来识别它们。

## 五、结果

虽然保护职业自主性常常阻碍改革,但是其他要素对价值观的明确作用提出了质疑。

表2 采访摘录

| | 卓越城市 | 国内城市 | 工业城市 | 公民城市 |
|---|---|---|---|---|
| 实验科学 | 我们试图鼓励人们一起工作而不破坏个人的独创性,这是很难的。在研究领域,有许多主题是产生于紧急情况下或者是辅助研究人员的把戏。我们能引导他们,但是我们必须给研究人员留下自由,否则会扼杀他们的创造力,就像对待艺术家一样。(生物学家,135)<br>我们在效果不好的时候会防止学生睡觉,这时我会小心……如果不能阻止他们睡觉,那么他们就不适合做研究。(化学家,181) | 有一种责任……至少是道义上的责任;可能是书面的,我知道不多,好了,深入研究博士生(DEA)接受过研究生院的训练,然后才被招收为研究生。(化学家,93)<br>找到适合的方法并非容易。如果找到了,我认为保留生物学院二年级学生和研究主任很有意思,研究生院的目标不是取代它,只是实现一定程度的对外界开放。(生物学家,61)<br>我不想直接有一个研究生而没有看见过他的深入研究。我不认识他们,也不知道他们从哪里来。(生物学家,113) | 我们应该避免的是资助分配标准仅仅依据候选人的成绩……学生没有权限界定实验室的科研政策。(66+174)<br>紧张关系:完成的概念在一些年前的科学实验室并不存在。我们现在是被推着这样做。这不能产生更好的研究成果,我们申请的专利有越来越多的垃圾,它会产生问题,这是清楚的。(生物学家,32) | 以前,选择只是基于申请。本地候选人比外地候选人有明显的优势,所以这是好事(这已经改变)。而且,如果我们想保持公正,必须有竞争,这对每个人都公平。所以,你们必须制定规则,这样就相对复杂了。(生物学家,72)<br>但是我认为必须避免滥用主导地位(从学科方面)。研究生院必须履行这一职责,这很清楚。(生物学家,125) |
| 社会和人文学科 | 也许论文的主题不太确定,不太清晰,这需要在第一年的研究中设计和完善。(管理学学者,154) | 我再次当选(研究生院理事会),但是,这个名单的拟定很草率,也就是说没有竞争性。(法学家,103) | 这是我最满意的事情之一,在研究生院层面的资助分配制度,这促进产生最好的项目,避免在学科之间对决。(语言学家,62—64) | 我想的是所有申请都在同一时间处理,这样我们就能提供所有优秀的候选人,一些人有部级奖学金,其他人有地区奖学金,每个人都公平 |

续表

| | 卓越城市 | 国内城市 | 工业城市 | 公民城市 |
| --- | --- | --- | --- | --- |
| 社会和人文学科 | 在我们的学科中,研究人员主要是个人。团队的概念有些模糊。(历史学家,8)<br>我认为,做论文无异于个人发展,这是重要的工作,需要很多人的投入,当研究生要决定花3~4年时间做什么事情时,要给他留出一些自由。(法学家,151) | 在法学家中,问题还没有出现。如果他们相处不好,研究生会寻找其他指导老师,没有冲突。而(宪章中)有一套程序(……)。在很长一段时间,我说这是愚蠢的,是无用的书面工作。事实上,它可能会在科学实验室有用。(律师,26)<br>有很多同事确信,现在也是这样认为,论文是学生和指导老师之间的合同,仅此而已。没有什么好说的。(语言学家,98)<br>每一种方式都有深深的敌意,这将是真正的斗争,我(研究生院主任)不会参与这种……很多老师完全反对强制的培训项目。(历史学家,100) | 反对:不得已时(被认为)几乎是一个市场。最好的论文题目经常提供给最有希望的研究生。然后去竞争奖学金。这就是所谓的流动性。好的,在社会科学和人文科学,很多问题没那么简单。(管理学学者,154)<br>反对:与大学的技术转化部门联系后,我的很多同事觉得很可笑,因为在人文学科中我们没有大量的商业产生。(43)<br>反对:我发现目前存在一种接近于偏执的坚持,就是我们多多少少做一些事情时就要出版,而不是进行研究活动。我认为出版策略并不真的有助于基础研究的发展。(心理学家,33) | 地对待,也就是说同时进行,而不是一个接一个。(历史学家,112)<br>对我们的决定给予一个客观的倾斜,我们认为研究资助应该给予深入研究文凭中排名最高的论文候选人。(律师,21)<br>紧张关系:但是……面试的弊端是真实的,因为,在所有的竞争中,有的人表现好一些,其他人表现差一些。我不否认这种可能性,就是一个学生本来可以写出一篇他已经在做的非常优秀的论文,但是因为在面试当天,他未能很好地表现,所以未能获得资助。(语言学家,86)<br>反对:所以这项情况进展相当容易,自然地,无论怎样我认为在研究生院应尽力避免以通常的方式选举。(法学家,104) |

### (一)捍卫专业自主性

尊重自主性首先意味着承认教学人员在其学科中决策的合法性,因此不能冒昧地干预其他学科的决策。据穆塞林(Musselin,1996:67)观察,“教学人员……说他们没有资格判断其他学科同事的工作……因为这样可以避免被同一大学不同学科的同事评价”。一些引用支持这一观点:“如果有人要我去采访肿瘤治疗或其他话题,我可能在那一专业层面一窍不通。”(化学家,化学一生物学委员会成员,109)

当教学人员必须判断其他学科的项目质量,他们借助算术标准,“客观的、明确的和稳定的选择标准”(Musselin,1996:67)。化学一生物学研究生院最初根据算术规则“对X HDR,1个资助”,在两个学科间分配部级资助;每个学科再决定哪些专业会从资助中受益。法律一管理研究生院借助外部同行,“不在本大学的人,代表所有学科”(管理者,法律一社会科学主任,175)。这样对于拟接受资助的论文项目建议、就不用进行联合判断。

自主性的第二个解释是,做好每件事情,让“运行核心”决策(Mintzberg,2011)。每一学科的运行核心不同。在实验科学,团队或实验室制定科研政策;在人文和社会科学,有资格的研究人员在自己的范围内确定项目。这一原则推广到研究生,其任务就是选择论文题目。选题设计的确是研究生学位第一年的工作(154)。

第三个广泛存在的实践是轮流分配资源:“我们试图在研究团队之间全部使用轮流原则分配。”(历史学家,研究生院院长,130)这种做法避免了评判和裁判,但是需要好的风格,在团队之间保持和气:因此,强调“学科之间保持平衡”和“尊重每个人的工作”,研究生院“贯彻这种平衡”(125)。

第四,学院管理受益于“同行间”作出的决策,“每个人必须有声音,我们有一个研究生院的主任,从自身的消极角度看来,他不是控制者,但是从积极方面看,他允许每个人表达意见”(生物学家,研究生院理事会成员,178),不接受领导强加的决定(100)。要达成共识就选择投票。轮流原则和学院管理方法与改革所要求的仲裁是对立的,领导人物的出现能够推动政策实施。

最后,访谈和对研究生院制定的科研政策文本分析表明,它们只是一些研究主题,有时只是围绕关键词,而不是改革提出的整合研究计划,这可能需要研究生院成员之间的相互支持。对他们而言,科研政策要继续留在实验室层面。

### (二)多个价值观系统共存

虽然大家都一致地保护自主性,但是,学科之间对自主性的解释并不相同,也没有产生相同的实践。

因此,当涉及论文、研究生和指导老师之间的匹配时,律师们认为,自主性意味允许学生选择自己的论文题目和指导教师。学生们拥护赋予这些学科研究人员的自主性。生物学家认为,自主性属于实验室,实验室执行科研政策,既避免学生作出偏颇的选择,又不受研究生院官僚决策影响。

此外,共同掌权并不阻碍研究生院院长的管理地位。

当有黏合时,研究生院运行良好,是黏合不意味着没有掌舵者,但是一个掌舵者需要寻求黏合。(工程师,工程学研究生院院长,183)

这些多样性表明,学术组织普遍存在一种现象:"专业自主性"价值观背后存在各种实践。我们可以倾向于认为每一学科都是完全独立的一极:律师和历史学者接近于卓越城市;实验室科学接近工业城市。在现实中,每一个城市都体现在各个学科中。卓越和规制,创造力和生产力均被带走,时间约束成为研究工作的本质要求。学科之间的差异在于所含"城市"的多少:对于需要大资金的集体合作学科(生物学、化学、工程学),工业城市更多地体现在实践中,而卓越城市和国内城市较少,这反映在规则的制定或课程的安排,表现为紧张关系或对立(见表 2)。

因此,不像是用最佳技术来完成任务,实践只能看作是尝试,从来不能真正得出结论,协调不可协调的极端观点。看看"好"研究生的选择就知道了。

"好"研究生:"天才"(卓越城市)、"专家"(工业城市)或者"班级第一名"(公民城市)?[7]

在一些学科,资助论文有前提要求(实验科学和一些社会科学实验室),学生就成为稀缺资源。被访谈者因此提出什么是"好研究生"的问题,好研究生既是好研究人员也是好学生。这指出了紧张关系的第一个来源,因为好研究人员具有卓越城市的固有品质,而研究生通常基于学术标准选择(因而更多倾向公民城市)。

对博士深入研究学位的学生的分类是一个标准,表明我们在与能够顺利通过考试的人打交道。这能使他们以后成为最好的研究人员吗?谁知道?……从我的经验,我看过有问题的人后来证明相当优秀,而排名非常靠前的人……结果并不能做研究。我们后来意识到这与他们无关。(生物学家,化学—生物学委员会成员,179)

所选的实践是妥协的结果,这是因为,在知道某一标准在测量某些目标品质不太有效时,其客观性会变化。

化学—生物学委员会成员讨论以竞争方式选择要资助研究生(选题已经确定)时,出现了反对意见。一些人希望候选人随机地讲述所选题目,另一些人希望他们讲述竞争选题。采纳第二个方案是因为确信候选人能充分发挥优势,缺点是有利于本地候选人,因为这些选题实验室做过,他们已经熟悉。在这个案例中,工业城市占了上风(选择的有效性[8]、项目的杰出性)。第一个方案的拥护者表明,他们既有公民城市的特点(尊重候选人之间的平等,不管本地人与否),也有卓越城市的特点(寻求具有广泛学科知识的、具有好奇心的、激情的候选人)。

科研政策有时盛行关注“天才”:虽然有相当严格的规定,“不是由学生来界定实验室的科研政策”,但是,教师不愿因拒绝建议选题而失去一个“非常聪明”的学生。

我认为学生无论如何没有实验室科研政策的选择权。而且我的意思是谁也没有……这样你必须找到解决方案,因为另一方面,我们不能拒绝学生,我们不能拒绝非常杰出的学生……借口他们选择了排名较低的选题。现在已经是这种情况。一个成绩出色的学生告诉我“无论如何我想研究这个题目,如果不能研究我就离开”,事实上她在威胁我。我……好吧……我让步了。对我而言,这里没有逻辑可言。(化学家,研究生院理事会成员,174)

我们发现,有一位心理学研究者重视“能够深入讨论的学生”,在其评论中进行了探究,在化学家的评论中也有(181)。

选择研究生的实践综合考虑了不同城市的价值观,包括工业城市(有效性)、公民城市(公正性、客观性),也会考虑到卓越城市的价值观(识别“聪明的”“激情的”学生,但是在传统标准之外)。并且,这一实践仍不完美,因为它对工业城市牺牲太多(参见竞争的例子)。

另一个在冲突的价值观中寻求平衡的实践就是科学工作的组织方法。在这一领域,创造活动中有自然性与突发性之间的矛盾关系(卓越城市),具有工业城市特点的效率与生产之间的矛盾关系(135)。同样,“如果我们想要建立指导教师和学生的数量都很大的研究生院,我们不得不扩大范围。后来……研究生院的科研同质,至少我们经历的两个案例如此,我们正处在这两个案例的边缘,还有待观察”(化学家,研究生院理事会成员,161)。

这里再一次表明,现有的实践没有获得广泛的支持。因此,实验室围绕某些主题集中于专业化,与要求“完成”(工业城市)的价值观冲突,被生物学家严厉批评(32)。

### (三)发挥杠杆作用的价值观

如果我们承认实践体现价值观,那么发现某些价值观不再被严格尊重会促使教学人员改变其实践。

例如,选择研究生的新方法看起来更透明公开(110－111),会在研究生选择过程中引入更多公平(公民城市)(72)。

许多其他的引述也权衡了解未来的研究生(因此选择“本地的”)的重要性,而另一方面也重视团队对外部研究生开放的好处。因此这一好的原有“好友系统”(国内城市),尽管有明显的益处,却不符合公正和透明标准,也不允许学生流动。这种认识支持采纳符合改革精神的新实践。

另一个观察到的创新是,研究生院院长对指导教师和研究生之间的冲突进行干预。虽然有悖于“尊重他人劳动”原则,并与自主性价值观有关,在法律一社会科学主任认为“不可持续”的情境下,还是进行了干预(169)。这个理由兼具国内城市的适当性特点(“这不再可能,这个研究生在走廊里喊叫”)和公正性(“我相信那是研究生院的一项真正任务”)。因此,学术职位的两种传统价值观有一点被忽视,院长优先于其同事的自主性催生了改革的实施(“监管者”)。新实践的采用是通过接受一种新价值观,而不是对已有合法价值观的混合进行的改变。

最后,一些改变尽管未被采纳,但还是有一些教师渴望有所变化,因为它们看起来与这些教师的任务更相关:基于科研政策来分配资金。这一原则已经被人文学科研究生院院长批准了:

关于资金的分配,我非常支持这种观点,研究生院是我们能够设定优先研究领域的地方……并指导与此相关的资金选择。好的,这是很理论性的,因为在本地完全不可能。因为没有一个同事认为其工作不是优先选项。(微笑)(语言学家,人文学科研究生院前院长,154)

变革的渴望与文化相冲击,“尊重”与自主性相关。同样,一些人希望建立中间性的论文委员会(群组指导),但是未能通过,因为他们知道这可能与某些价值观(可能是某些利益)相冲突:

我个人本来真的愿意去做,但是,嘿,我们的同事有不太愿意让外面的人进来评判他们对学生的监管,因为实际观察也是如此。(生物学家,研究生院理事会成员,121)

至于法律一管理研究生院理事会理事长,她预计由她个人亲自实施的这个简单主张,可能在其同事中引发一场“即刻革命”。

然而,改革是一次关于“再度开放”的争议,至少在一些已有的改革实践中是这样。

## 六、讨论

鉴于在公共组织改革中经常将“价值观”作为管理手段,本文检视了这一应用,方法是研究改革时期职业价值观之间的相互作用。

案例研究表明,采纳或拒绝某一实践确实与某些职业价值观相关联;但是要说明它们之间的动态关系,哪些价值观导致了哪些实践,还需要了解价值观的管理应用和推论应用等相关问题。

价值观的推论应用——对于整个组织的价值观进行列举、图示、优先排序——意味着价值观是连贯的、统一的,这种观点不适合公共专业组织,如大学。丹尼斯等(Denis et al.,2001)描述了加拿大医院的情况,加拿大医院将其作为"多元化组织"来实施战略改变。目标不同、权力分散,它们与大学的组织形式相对应。在这样一个组织中,有很多不同的职位,而且其目标未必得到成员的认同,考察这一组织的价值观,其参考意义看起来有限。

另外,价值观的推论应用意味着,可以对一个实践情境中的价值观(或价值观层级)进行推导。然而,在案例研究中,采纳或拒绝某一实践的过程是复杂的,更像是试错——其逻辑可以由研究人员在事后进行试探性重建——而不是正式推论。正是微观层面上的这一试错过程,将价值观与实践连接起来。

本文的第二个贡献是价值观的多元性在微观变革动态起着核心作用。基于波尔坦斯基和泰夫诺提出的理论框架,我们认为实践是可持续的,而不是一成不变的妥协,将一些对立因素连接在一起。但是,相对于原始框架(解释见 Bernoux,1996:94 ff.),这里的独特之处在于城市是多元的,不仅在组织层面,而且在其子集(学科)和成员层面。因此,个体层面的多元化使公共专业组织复杂化并推动其变化,支持了内生变革来源的观点。很清楚,由于每个学科和每位教师都同时符合多个不可调和的可变城市是可能的:作为改革的结果,实践可能受到质疑,城市之间的平衡再次受到检视,某些改革得以实施。

这为公共专业组织变革模式的讨论铺平了道路。在公共政策实施的一些研究传统中,案例研究证实,在改革实施的链条末端,实践者发挥着核心作用(Lipsky,1980; Winter,2006)。改革者的灵活性是有限的,不是因为改革没有设计好,而是因为背景。这里的问题是,对于价值观与变革之间细微的、非决定性的动态关系,能否设计一种变革举措将它们连接在一起?

改革实施过程中专业人士的参与是一种连接的尝试。因此,公共专业组织改革通常需要专业人员担任管理职务,就是为了催生"混合的"专业人员一管理者,他们更有可能把组织维度融入实践中。然而,应该注意的是,有关专业人士角色融合的文献,常常得出自相矛盾的结论。菲茨杰拉德和费利耶(Fitzgerald and Ferlie,2000)发现,在英国,有医生担任管理岗位的真实融合案例,这引起他们思考,组织保持专业控制标准的好处是什么。然而,比维里和瓦莱塔(Burellier and Valette,2014)也指出,在法国,在医院改革背景下,医生成为"群组领导"[9],将管理价值观融入专业人员身份是有难度的。受访者中很少有人能够在两个领域实现顺畅整合。最后,虽然融合是一个有吸引力的概念,有希望能平稳解决职业一组织的两难问题,但是使其有效运行的因素仍有待研究。

## 七、结论

虽然职业价值观在采纳或拒绝新实践中发挥作用,但是价值观并不能成为改革者可以轻易操作的一种手段。基于专业人士自主性范围内的微观动态关系，价值观塑造了变化。改革中专业人员的干预以及对价值观融合的探索，对于连接这一动因与谋划的变革目标来说，都是不够全面的尝试。与丹尼斯等(Denis et al.，2001)的论述一致，这些情况对于战略变革的实施来说是有挑战性的，如果变化是渐进的和职业动态内生的，这些情况会导向一个更好实施的变化模式。那么，我们会想到改革，不是作为计划的变革过程，而是作为产生内生变革动力的机遇，通过提出组织的操作和产出问题，鼓励专业人士质疑现实，催生新的妥协。

这些是案例研究的发现，本案例只有一个样本和一个组织背景，这是一个局限。给人的启发是，已经发生的变革究竟发生了什么变化，当今的价值观是如何解释和实践的。并且，在其他专业环境下复制本研究，获得支持结果，将使本研究受益，未来的研究要基于渐进的、职业动态内生的变化模型，可能更适合公共专业背景(Mintzberg，2011)，而不是更激进的变革。

## 注释

[1]这里的实践理解为活动的模式、做事情的方式，特别反映专业身份，参见朗兹伯里和克拉姆利(Lounsbury and Crumley，2007：995)。

[2]从 2009 年以后，研究生合约更接近于劳动合同。

[3]应该指出的是，所有的管理成员或者研究生院的科学委员会委员，也都是监管者，他们是作为监管者就其实践接受采访。

[4]高等教育部长是改革的幕后支持者。

[5]把被访谈者的摘录从 1 到 183 进行编号，有时出现时仅提及他们的编号见表 2。所有的编号摘录都是分析的根据，分析是应作者的要求进行的。

[6]关于价值经济理论和每个城市的特征的总结表述，见贝尔努(Bernoux，2007：76ff)。

[7]这些概念受波尔坦斯基和泰夫诺(Boltanski and Thévenot，1991)启发，其出现和解释见贝尔努(Bernoux，1996：73)。

[8]在这些学科中，我们更多地谈到“招收”研究生，参照的是其雇主地位和公司模式。

[9]医院集群：一个汇集了多个医学专业的交叉结构。

**欧梅品·达昂(Aubépine Dahan)**，比利时鲁汶天主教大学组织理论下社会化、教育和培训跨学科研究小组研究人员。她目前在比利时大学从事组织转换和身份转换方面的博士后研究。她的研究领域十分广泛，包括公共管理、专业实践和变化过程。她最近在《教育研究》(2013)上发表《商业道德时尚与无德公司》(与薇洛妮克·阿蒂亚·德拉特合著)，即将在《社会化、教育和培训跨学科研究小组手册》上发表《大学教师自主性和大学自主性：对高等教育研究中一个具体概念的思考》。

## 参考文献

Ackroyd S, Kirkpatrick I and Walker RM (2007) Public management reform in the UK and its consequences for professional organisations: A comparative analysis. *Public Administration* 85(1): 9–26.

Bernoux P (1996) *Les nouvelles approches sociologiques des organisations*, (3rd edn). Paris: Seuil.

Boltanski L and Thévenot L (1991) *De la justification. Les Economies de la grandeur*. Paris: PUF.

Burellier F and Valette A (2014) Quand l'habit fait le moine. Les chefs des pôles hospitaliers: devenir des hydrides 'malgré tout'? *Annales des Mines – Gérer et comprendre* 2(116): 4–13.

Chatman J (1989) Improving interactional organizational research: A model of person–organization fit. *Academy of Management Review* 14(3): 333–349.

Choi S, Holmberg I, et al. (2011) Executive management in radical change: The case of the Karolinska University Hospital merger. *Scandinavian Journal of Management* 27(1): 11–23.

Denis J, Lamothe L and Langley A (2001) The dynamics of collective leadership and strategic change in pluralistic organisations. *Academy of Management Journal* 44(4): 809–837.

Dictionnaire de la Philosophie (2006) *Encyclopaedia Universalis*. Paris: Albin Michel.

Emery Y and Giauque D (2005) Emploi dans les secteurs publics et privés: vers un processus confus d'hybridation. *Revue Internationale de Sciences Administratives* 4(71): 681–699.

Fitzgerald L and Ferlie E (2000) Professionnals: Back to the future? *Human Relations* 53(5): 713–739.

Henkel M (2000) *Academic Identities and Policy Change in Higher Education*. London: Jessica Kingsley Publishers.

Hofstede G (1994) *Vivre dans un monde multiculturel*. Paris: Ed. d'Organisations.

Johnson G, Scholes K, Whittington R and Fréry F (2008) *Stratégique*, (8th edn). Paris: Pearson Education.

Kernaghan K (2000) The post-bureaucratic organization and public service values. *International Review of Administrative Sciences* 66: 91–104.

Kogan M, Bauer M, Bleiklie I and Henkel M (eds) (2000) *Transforming Higher Education: A Comparative Study*. London: Jessica Kingsley Publishers.

Lipsky M (1980) *Street-level Bureaucracy: The Dilemmas of the Individual in Public Services*. New York: Russell Sage Foundation.

Lounsbury M and Crumley E (2007) New practice creation: An institutional perspective on innovation. *Organization Studies* 28(7): 993–1012.

McNulty T and Ferlie E (2004) Process transformation: limitations to radical organizational change within public service organisations. *Organization Studies* 25(8): 1389–1412.

Mintzberg H (2011) *Le Management, voyage au centre des organisations*. Paris: Eyrolles, Editions d'Organisation.

Mulgan R (2005) L'externalisation et les valeurs du service public: l'expérience australienne. *Revue Internationale de Sciences Administratives* 71(1): 55–71.

Musselin C (1996) Organized anarchies: A reconsideration of research strategies. In: Warglien M and Masuch M (eds) *The Logic of Organizational Disorder*. Berlin and New York: Walter de Gruyter, pp. 55–72.

Sainsaulieu R (1995) *Les mondes sociaux de l'entreprise*. Paris: La Découverte.

Silicani J-L (2008) *Livre blanc sur l'avenir de la fonction publique*. Faire des services publics et de la fonction publique des atouts pour la France. Paris, La Documentation Française.

Stinglhamber F, Bentein K and Vandenberghe C (2004) Congruence de valeurs et engagement envers l'organisation et le groupe de travail. *Psychologie du Travail et des Organisations* 10(2): 165–187.

Thornton P (2008) Institutional logics. In: Greenwood R, Oliver C, Suddaby R and Sahlin-Andersson K (eds) *The SAGE Handbook of Organizational Institutionalism*. London: Sage, pp. 99–129.

Winter S (2006) Implementation. In: Peters BG and Pierre J (eds) *Handbook of Public Policy*. London: Sage, pp. 151–168.

# Professional values and organizational change dynamics: the case of the reform of doctoral training in France

**Aubépine Dahan**
GIRSEF – Université Catholique de Louvain, Belgium

**Abstract**
At a time when the reforms inspired by New Public Management are prompting a hybridization of values, there is growing reference to the notion of values in managerial discourses within public organizations. While some studies consider the statement of values as a direct lever of change, others show that they are more of an obstacle. The studies that make use of institutional logics or economies of worth suggest a dynamic of change involving values, without exploring it as such. Focusing on the context of public professional organizations, this article explores the link between values and change by focusing on the process of adoption of new practices in response to a reform. Our qualitative research among academics during the implementation of the reform of doctoral training in France confirms that professional autonomy is often against reform, but also reveals that 'professional values' do not form a coherent and fixed whole: they are plural and generate a series of tensions that are, in turn, reflected by practices. The reform has the effect of inflaming controversies, leading to a possible change brought about by the professionals themselves.

### Points for practitioners

This article challenges the view of professional values as a mechanical source of immobilization, and the interest of a purely discursive use of the values to support change. Professional values appear more as an endogenous source of change than as leverage available to management in times of a reform.

**Keywords**
implementation, professionalism, public management, public sector reform, universities

国际行政科学评论

# 新公共管理改革和公共价值观构建：可以兼容吗？——公共水务部门的实证分析

玛琳·科隆　拉提蒂娅·盖琳·施耐德
Marine Colon　Lætitia Guérin-Schneider
翻译：刘　星　审校：马永堂　孙春晖

**【摘　要】** 在实践中，新公共管理改革和公共价值观构建是如何兼容的？这个问题可以借鉴两个公共水务部门的改革来回答。根据摩尔(Moore，1995)的战略三角模型，我们分析了与新公共管理改革相伴随的价值观构建过程。这些改革的最初目标是为了保障资金来源。在某一位领导者的影响下，或者采用正规的新公共管理工具，某些公共价值观随之创建。因此可以证明，在某些条件下，新公共管理改革的实施与公共价值观的构建进程是兼容的。然而，不民主的环境必然会阻碍这种进程。

## 对实践工作者的启示

本文鼓励公共管理者在实施公共政策及确立实施期限和条件时要考虑其认同的公共价值观。在发展中国家，依据新公共管理原则进行改革的水务部门提供了两个不同的例证。乌干达国家供水和污水处理公司和柬

**通信作者：**

Marine Colon，AgroParisTech，348 rue Jean-Franc，ois Breton，BP 44494，34093 Montpellier Cedex 5，France

E-mail：marine. colon@agroparistech. fr

埔寨金边供水局的案例使我们可以在这样一种背景下研究该问题,即公共服务使命所面临的强烈的社会挑战,不能仅仅简化为效率问题。

【关键词】 发展中国家;新公共管理;绩效;公营公司;公共价值观;水务事业

## 一、引言

新公共管理(Hood,1995)和公共价值观管理(Bozeman,2007b;O'Flynn,2007)是作为对立的范式被提出的。新公共管理规定,除了效率的普遍原则之外,在实施方式中无须再赋予公共行动任何其他目标。相反,公共价值观管理在涉及组织问题时是中立的,但又是通过民主程序对一系列公共行动目标进行界定和优先排序的基础上建立起来的。两种范式的对比表明,新公共管理为了巩固公共财政,会限制公共价值观的构建。当然,我们假定这些典型的观点并不会真正完全转化为实践。公共管理似乎更多地来自于受到过往潮流——可本土化解读,或多或少地受到持续冲击——所影响的一系列改革(Gibert,2000)。那么问题就来了:新公共管理改革与公共价值观的构建在多大程度上是不兼容的?

饮用水部门本质上具有公共性(Bozeman,2007b),它提供了两个非常有意思的案例来解析这一看上去自相矛盾的命题。捐赠者把这两个在不同环境中运营的公共水务部门作为典型来建设:乌干达国家供水和污水处理公司和柬埔寨金边供水局。它们在巩固预算的同时都努力发展了供水面(Blanc and Ries,2007;World Bank,2006),似乎兼顾了公共服务的使命和对效率的追求。

关于这一悖论的解读,对于一个利害关系高度集中、涉及近十亿人无法获得安全饮用水(WHO/UNICEF,2012)的部门来说,确实极为重要。鉴于对私有化带来的部分失败的认知(Marin,2009),以及包括本文提到的案例在内的一系列的成功经历,新公共管理被引入这一领域。尽管如此,这些组织的成功依旧存在争议。麦克唐纳和瑞特丝(McDonald and Ruiters,2012)指出,无论效率如何,只要这些供水服务设施的努力只集中于那些能够支付费用的群体,他们就不可能创造出公共价值观。但是,这些结论只获得了专项评估的支持。我们的目标是在时间维度上进行深入分析,界定可以被构建的价值观,以及构建并维系该价值观的过程。

本文的第一部分介绍了为应对新公共管理的局限而发展起来的公共价值观的概念。随后论文界定了我们所理解的公共价值观的概念,并选择摩尔的战略三角模型(Moore,1995)用于分析改革进程中的价值观构建过程。第三部分基于对两个案例的分析,提出了研究方法。接下来的部分表明,尽管两个案例存在差异,但都体现了公共价值观的构建过程。接着讨论了新公共管理的措施是如何影响上述过程的,在展望前景之后得出结论。

## 二、新公共管理与公共价值观的概念

### (一)新公共管理的原则和局限

新公共管理根植于公共选择理论(Buchanan,1987;Niskanen,1998)。在很多人看来(Bezes,2005;Gibert,2008),新公共管理是一种学说。基于它的多种演变形式,胡德(Hood,1995)归纳为七项原则:①公共机构瓦解而转变成根据产品来组织的企业化单位;②采用竞争性的内部服务外包程序;③吸收私营部门的管理方式;④节约使用资源;⑤强化高层管理者的自主性和权力;⑥借鉴绩效及其评估的概念;⑦监测结果。从 20 世纪 80 年代开始,新公共管理通过国际援助已经在发展中国家得到了传播(例如 Saussois,2006)。为寻求合法性,公共机构引入了商业领域的管理工具,例如目标管理和绩效指标(Barouch,2010)。

尽管新公共管理得到广泛传播,但它也广受诟病。除了与其引入的工具相伴随的负面效应(例如 Van Thiel and Leeuw,2002),新公共管理改革还出现了目标转移的趋势(Gibert,1994; Trosa,2010):将更多的注意力放在新工具的使用上的做法损害了公共行动的根本含义。

### (二)公共价值观概念的出现是对新公共管理的回应

摩尔(Moore,1994,1995)提出的公共价值观的概念是对新自由主义的回应。在美国这个被视为开处方者而不是生产者的国家,摩尔逐步认识到,其公共部门可以创造价值。作为具有生产功能的公共组织,公共部门招聘公共管理者去界定公共服务的生产活动和过程,并去寻找能够赋予价值的途径。由于被某些政府部门和学界所采纳,公共价值观的概念有可能最终发展成为传统官僚制和新公共管理之外的另一种治理模式。所谓公共价值观管理(O'Flynn,2007),是在民主程序的基础上,界定公共行动的含义并应对公共部门的失效(Bozeman,2007b)。公共价值观管理的支持者们不仅提倡紧盯效率目标,而且还赋予行动符合社会预期的意义。因而,此范式旨在通过重视公民偏好来弥补新公共管理的失效(Horner and Hutton,2011)。

## 三、公共价值观构建过程分析

### (一)在非民主环境中界定公共价值观

对于公共价值观的概念,尚没有普遍公认的定义(Benington and Moore,2011)。公共价值观可以是公共机构所支持的道德。它可以具体表述为,由公共行动提供的产品或服务的价值观。公共价值观还意味着为了公共利益而采取的公共行动所带来的价值观。公共价值观取向上的不同层级,即从抽象到具体,从计划到执行,从组织层面到社会层面,对应着公共行动不同的目标、结果和产出。

那么,什么使得价值观公共化? 波茨曼(Bozeman,2007b)将其与私人价值观作了区分,私人价值观是建立在个人主义的方法论上,而公共价值观是建立在必要的规范性上的。"社会的'公共价值观'是对下述内容达成的基准性共识:①公民应该(或不应该)享有的权利、利益和特权;②公民对社会、国家及其他组织所承担的义务;③政府和政策应该遵守的原则。"博兹曼(Bozeman,2007a)认为,私人价值和公共价值观并不是对立的,只是表意不同。公共价值观指引公共行动并使其合法化。最根本的,它是通过民主程序达成共识的体现,从而使得某种价值观有可能被描述为公共价值观(Bozeman,2007b; Moore,1995; Rhodes and Wanna,2007)。

那么,在非民主环境中引入公共价值观的概念到底有什么重大意义? 我们假设民主程序的缺失不会掩盖与供水面相关的社会规范或预期的存在,那么当公众意见的表达被限制时,如何来界定这些公共价值观? 为了克服这些困难,我们采用了一种实证研究的方式。公共价值观指一个公共组织打算为社会做哪些贡献,以及如何去做贡献。公共管理途径将意愿变成了行动。我们可以借助于组织目标及公共行动的结果和影响所创造出的价值,来分析组织所认可的价值。

公共水务部门行动的影响超出了本身的范围,比如对公共健康、经济发展和环境保护都会有影响。因此,对这些公共价值观的管理应实行"宏观管理"(Laufer and Burlaud,1980 )。为确保企业履行社会责任,只有将组织行动对经济和社会环境的影响都计算在内,并兼顾到利益相关者的立场,行动才具有合法性。正如本宁唐(Beningtong,2011)所言,我们着手从经济、社会、文化、政治以及环境保护的视角去界定公共价值观。

### (二)公共价值观构建过程分析

摩尔基于公共管理者的角色,即那些设计和实施公共价值观构建战略的人,提出了一个模型(Moore,1995)。该模型建立在三个相互依存又必不可少的过程之上。第一,公共价值观的界定过程,应澄清并具体说明公众所期待的影响。第二,对战略行动的支持建立在授权环境的创造上,也就是说,准许行动的组织机构,以及给予帮助的相关利益人联盟的构建和维系。第三,这些战略必须具有运营的可行性。必须培养运营能力来控制运营资源(财务、人力资源、技能技术)。摩尔将这三个过程用一个战略三角的形式整合在一起。

## 四、案例研究方法

本文的研究以两个案例分析为基础(Yin,1991)。案例是根据新公共管理学说而进行改革的公共水务部门,尽管处在极具挑战的运营环境中,但它们仍被认为在发展供水面方面成功实现了效率目标。这两个案例使得我们有可能探究公共管理者是如何协调这些目标的。在每个案例的改革过程中,我们都确认了所实施的新公共管理举措,并分析了它们所认可和创造的公共价值,确认了所界定的公共价值观、创造了授权环境以及建设运营能力的潜在过程。

### (一)数据收集

我们使用了博士研究课程中收集的实证材料,这些材料是用两个月的时间深入到两处公共事业单位内部收集到的。一位博士研究生获得许可,作为研究者进入了乌干达国家供水和污水处理公司的监测和评估部门以及金边供水局的培训部门。她任务明确,就是研究它们成功的秘诀。

我们对这些公用事业单位的档案进行了文献研究,并补充了对各个职能和层级结构中的职员(乌干达39名,柬埔寨28名)、相关部委(水务部)代表、捐赠者(乌干达的德国合作机构、法国和日本合作机构、巴黎市府)所做的半结构化访谈。

该博士研究生还参加了部分会议并观察了水处理、水管线连接、仪表读数、水费收缴、管线拆分(乌干达国家供水和污水处理公司)、渗漏检测和管线铺设(金边供水局)等活动。

### (二)数据处理

我们利用捐赠人报告(世界银行驻乌干达代表处,法国和日本驻柬埔寨的合作机构)和干事长报告,从汇编改革大事记开始,然后分析了法规制度和监管体系来解读改革是如何改变了公共机构的结构。我们还分析了在新公共管理改革过程中引入的工具,在乌干达国家供水和污水处理公司案例中,包括公司和乌干达政府之间的绩效合同,以及全国总部和分公司之间的内部绩效合同;在金边供水局案例中,包括公司和渗漏检测组之间的绩效合同，以及抄表员的个人绩效激励。在乌干达，我们接触到了 2000 年后的所有合同，还参与了 2010 年度的评估和谈判会议。在两个案例中，公用事业管理者的访谈和公开出版物帮助我们得以确定监测工具的变化特征，这些工具包括绩效指标的运用以及与其相联系的激励机制。

对授权环境创造过程的研究，以分析确立体制和管制框架的法律文本内容，主要是有关于公共机构的法规（1995 年乌干达国家供水和污水处理公司法案和 1999 年生效的金边供水局条例）、水务法和水务政策文件为基础。与水务部代表及捐赠者的访谈使我们能够深入了解自治层级的演变过程，以及公用事业与其合作伙伴间的关系。

通过访谈、观察以及对组织绩效的分析，使我们能够估算出运营能力的发展，而运营能力在改革前已被政治动乱摧毁。关于员工的技能，依据员工培训的层次、继续培训过程存在与否以及公司在业界的声誉来评估。关于人力和资金来源的动员能力，根据我们和相关部门的访谈以及获取的数据进行评估。关于专业技术水平，根据对设备的水平及其所报告的用于商业、会计及技术活动情况的访谈和观察来评估。

利用上市公司的绩效指标可以推断出其拥有的价值。针对乌干达国家供水和污水处理公司，我们分析了 2001 年以来的年报，2003 年以来的公司计划和 2000 年以来的绩效合同及内部绩效合同。针对金边供水局，我们获得了 1993 年以来的内部报表和总体规划，以及 2006 年编制的战略方针与行动方案。

通过《世界银行报告》（1984—1998）和《公司年报》（2001—2010）获取的有关乌干达国家供水和污水处理公司的绩效，以及金边供水局内部报告（1993—2010）中描述的绩效，可以推断出它们所创造的价值。通过媒体评论（从 1998 年到 2014 年乌干达的《新视野》、《观察者》和《每日观察》，从 2011 年到 2013 年的《金边邮报》和《柬埔寨日报》）和有关这两个组织机构的文献材料，可以了解到运营者的行动对环境的影响。对运营工作的观察和实地调研，有助于我们了解这两个组织机构和环境间的关系。

## 五、结果

乌干达国家供水和污水处理公司与柬埔寨金边供水局（在 2010 年分别拥有 1 700 名和 600 名雇员）是两个负责向城市地区供应饮用水的公营公司（乌干达国家供水和污水处理公司供应 23 个城市，金边供水局供应首都地区）。依照其商业模式，水费被用来作为其运营和投资支出的资金来源。在改革前，这两个公共事业部门被腐败、低工资、政治精英干预、技术缺乏和财务赤字等问题所裹胁（Das et al. ，2010；Muhairwe，2009）。基础设施也在独立后的危机时期遭到破坏。因此,可以推论,这两个公共事业部门过去几乎没有创造什么价值。

改革成功与否,根据以下标准来评估(见表 1):供水面的发展和运营利润能力的提高(水费收缴率、无收益供水率和每连接千户的长期雇员人数)。一些专业文献公开报道了它们的成功诀窍,即效仿私人部门的管理实践,尤其是结果导向管理和商业导向模式(Blanc and Ries,2007; World Bank,2006)。

**表 1 对柬埔寨金边供水局、乌干达国家供水和污水处理公司改革的评估**

| 改革评估标准 | 绩效指标 | 金边供水局 | | 乌干达国家供水和污水处理公司 | |
|---|---|---|---|---|---|
| | | 1993 年 | 2010 年 | 1995 年 | 2010 年 |
| 供水面的发展 | 服务城镇数 | 1 | | 9 | 23 |
| | 服务人口数 | 862 000 | 1 410 000 | 882 173 | 2 760 000 |
| | 覆盖率 | 20% | 90% | 22% | 74% |
| | 连接供水户数 | 26 881 | 202 292 | 41 522 | 246 259 |
| 运营利润增长能力 | 水费收缴率 | 48% | 99% | 32% | 96% |
| | 工作率 | 150% | 37% | — | 76% |
| 效率 | 每连接千户的雇员人数 | 18 | 3 | 42 | 6 |
| | 无收益供水率 | 72% | 6% | 68% | 35% |

资料来源:Annual Reports。

我们对这两个案例进行了分析,详细列举了新公共管理改革的每一项内容、它们所创造的价值以及创造这些价值的过程。

## (一)乌干达国家供水和污水处理公司

### 1. 乌干达国家供水和污水处理公司改革——新公共管理的象征

乌干达国家供水和污水处理公司是一个以营利为目标的公共商业企业,成立于 1972 年,用于给城市地区提供饮用水和污水处理服务。从 1984 年开始,国际捐赠支持了它的恢复重建和能力建设项目。20 世纪 90 年代,虽然工资在上涨,但同时实行的提前退休计划和物流活动外包实现了薪资总额的削减(Calas,1998; Muhairwe,2009)。

1995 年，为了追求财务活力，针对乌干达国家供水和污水处理公司的管理自主权颁布了新的法案：

公司应该按照健全的商业惯例运营，应确保其收入足以支付：①所有折旧、摊还和利息成本；②所有运营和维护成本；③对投资的合理回报。(Republic of Uganda，1995)

上述法案授权水务部任命了 7 名任期为 3 年的董事会成员，包括董事长和水务部代表。董事会任命了任期为 5 年的总经理。乌干达国家供水和污水处理公司处于财政部和水务部的双重监管之下。

20 世纪 90 年代后期，捐赠者认为乌干达国家供水和污水处理公司负债过高。世界银行谴责了其管理不善的情况在恶化(World Bank，1998)，而且该公司加入了一个大规模的股权变卖计划(Republic of Uganda，1993)。1998 年，为扭转局势，新任命了一位董事长。他引入了目标管理法。

2000 年政府和国家供水和污水处理公司就私有化替代方案进行了谈判，并签订了三年的绩效合同，以债务冻结为交换条件来实现财务的可持续性(Republic of Uganda，2000)。得益于绩效的提高，2006 年乌干达国家供水和污水处理公司进行了债务重组，绩效合同得以延续。这些合同制定了依据业绩给董事会成员进行分红的目标。

为了实现这些目标，董事长在 2000 年制定了一项总部和分公司管理层(每个供水城市 1 人)签订内部合同的措施(见图 1)。分公司负责商业运营(计费、收费、铺设新管道、拆除旧管道、投诉处理)和技术运营(维护、渗漏检测和修复)。分公司每个月都要将售水收入转到总部账户。作为回报，他们会得到管理经费来支付其运营费用。分公司提交的报告可使绩效工资按指数进行调整。评估绩效指标有 20 个。如果目标超额实现，分公司的管理层和雇员每月的基础工资会翻一番。但是，如果没有达到最低标准，会将管理费和管理层工资分别削减 25％和 50％。这一管理改革提升了以结果导向的公司文化、管理者问责制和商业导向。

从 1998 年到 2010 年，用于计算绩效奖金的指标显示，商业目标得以稳定实现：通过水的销售(连接用户的数量、水费收取额、水费收缴率)和削减开支(无收益供水率、员工生产率、工作率)提高了收益。为了向新客户提供服务，投资的目的主要是致力于提高生产能力(在 2010 年，从每天处理 215 000 立方米提高到了 318 000 立方米)。2004 年水价开始与通胀指数挂钩。2005 年开始的免费接通用户加速了客户基数的增加。以 20 世纪 90 年代的援助项目为开端的这种对于财务可持续性目标的关注，通过绩效合同这一重要的改革手段得到了加强。

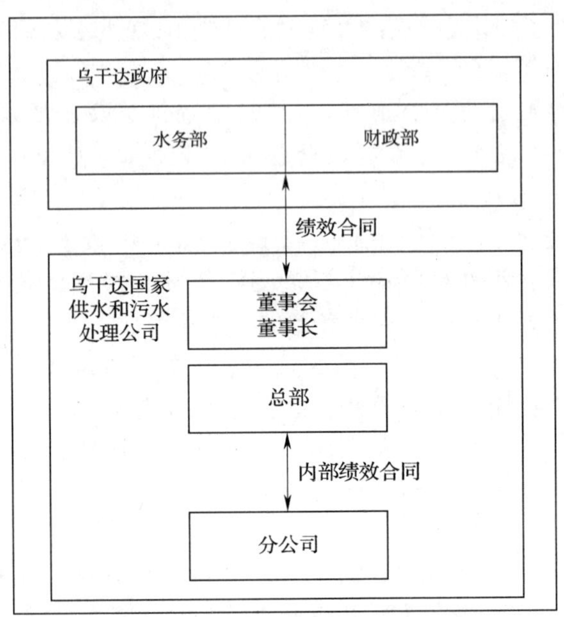


**图 1　乌干达城市供水部门的合同政策**

这一改革最终运用了新公共管理七项原则:实施内部竞争程序;参照绩效及其评估的概念;通过绩效合同监测结果;聚焦财务的可持续性和效率;节约使用资源;以管理自主权强化高层管理者的自主性和权力;以及下放运营权利。

2. 乌干达国家供水和污水处理公司改革中创立和丢弃的价值观

尽管改革并不完善(间歇性供水,水质不可饮用),并且专为最富裕的客户服务(World Bank,2012),但是供水范围还是得到了改善(见表 1)。从 1995 年到 2010 年,供水人口数量估计增长了三倍。但这种供水面的快速发展在趋缓。从 2006 年到 2010 年间,尽管需求在增长,但乌干达国家供水和污水处理公司每年无力铺设连接 24 000 多户的供水管道。

这种停滞可以说是一种恶性循环所致。内部绩效合同要求分公司在削减支出的同时创造更多的收益。结果导致管理者倾向于以尽可能最低的成本进行创收活动:收取水费、搜寻非法的供水管线和铺设连接用户的新管线。由于疏于规划和监管,这种供水管网的迅速扩张,使得管理越发困难。乌干达国家供水和污水处理公司的一位工程师(Mutikanga,2012)撰写的博士论文强调,维护不够,加上缺乏投资,导致管网质量恶化。在坎帕拉(Emorut,2014),那些不再供水的"干旱区域"正在扩大。服务水平的恶化致使用户们不再继续付费。免费铺设供水管道导致已接通的家庭不再支付与通胀指数挂钩的水费,而那些最贫困的用户则眼睁睁地看着他们的供水被切断。

此外,由于捐赠者主张,高度关注劳动生产率指标(World Bank,2002),结果造成了负责铺设管线的工人、无合同和低薪雇员不稳定的局面。他们因此对那些不满意的客户或因非法连接而被切断供水的客户提出的需求越来越敏感。由于漏水和偷水现象的增加,阻碍了运营者的效率并恶化了财务紧张的状况。这样的后果是由于乌干达国家供水和污水处理公司没有足够的资源投资于污水处理设施或某项社会政策造成的。由于只有6%的城市人口能够使用污水处理系统,因而导致了水污染和霍乱流行病的不断发生(Wetyangu,2012)。

最后,虽然改革总体上改善了乌干达城市的供水面,但只有那些有支付能力的人口才能体会到这一点。此外,随着时间的推移,由于管理聚焦于财务的可持续性而限制了其在经济(基础设施日益损坏)、社会(最贫困的人口无法得到稳定的供水和就业)和环境保护方面(水资源的退化)的价值观构建。

3.乌干达国家供水和污水处理公司的价值观构建基础

尽管存在恶性循环,但改革仍为公共价值观的构建进程奠定了基础。

(1)授权环境

1995年的《乌干达国家供水和污水处理公司法案》赋予了该公司一项明确的法定权力。绩效合同每三年需要具体说明其目标、预期报告和由政府分配的资源。乌干达国家供水和污水处理公司享有法定的自主权。例如,它可以确立价格,但程序需要议会来批准。当然,董事长在管理方面拥有自主权。在改革进程中捐赠者和部长们给予的支持,确认了这种改革的合法性。

(2)运营能力

改革促使并依赖于运营能力的提升。乌干达国家供水和污水处理公司经办了一个培训中心。每位管理者都拥有硕士学位,其中大概有10位拥有博士学位。乌干达国家供水和污水处理公司在海外出售专业服务。另外,捐赠者的支持确保了公司的资金来源。最后,乌干达国家供水和污水处理公司的管理者掌握了大部分管理服务所需要的工具,但某些技术工具除外。为了弥补这一不足,乌干达国家供水和污水处理公司还得到了外援资助的技术支持。

(3)公共价值观的定义

乌干达国家供水和污水处理公司和政府间的绩效合同规定了运营者的目标,并含蓄地表示需要构建公共价值观。这些价值观的主要目标是促进财务的可持续性和运营能力的提升。而明显缺乏的是公平、自然资源管理、包容最贫困的雇员和资产长期管理等目标。然而,这有一个重要的演进过程。在德国公司的支持下,水务部开展了培训并分析了《2006—2009

年绩效合同》(GTZ,2009)的一些负面因素。2009年,水务部接替了财政部主持绩效合同的谈判,并在《2009—2012年绩效合同》中设法增加了关于社会和环境绩效的评估指标。2011年,成立了一个部门管制机构。这是乌干达国家供水和污水处理公司认真采取的主动举措,同所发布的报告一起论证单一运营者的自我管理模式是正确的(Mugisha,2011)。这种变化为树立新形象提供了契机。绩效合同,这一新公共管理举措的存在,为建立权威政府部门管理模式而创造条件进行学习铺平了道路。这种管制从长期来看有助于减少只关注财务绩效带来的负面效应。

总的来说,对乌干达国家供水和污水处理公司改革的分析指出了两种反方向的变化。改革展示了新公共管理所预期的效应:在短期内聚焦于效率的增长,但社会和环境价值有所削弱,社群意识建设不够。但同样的改革也会有助于为公共价值观的构建过程奠定基础:员工和机构的职业化,管理自主化,管理者能够获取资源和联盟的好声誉,以及服务目标的协商框架。这一动态表明,部门在奉行公共价值观构建路线方面可能会发生变化。

## (二)金边供水局

### 1. 金边供水局的改革—— 一个有魄力的董事长对新公共管理的解读

金边供水局负责为金边城市供水。由于长期亏损,这家国有公司在1987年置于市政府的监管之下。1991年,在发展援助项目的资助下展开了公用事业改革。在1993年大选之后,新任命了一位董事长。独裁时期摧毁了基础设施,毁灭了社会精英。捐赠资金帮助金边供水局在1993年制定了总体规划,详细勾画出了2010年前的路线图,并在2000年完成了管网整修。为应对城市发展,从2000年开始,投资主要致力于扩大管网。

除此之外,董事长主导了旨在改变公司文化的管理改革。2011年,他将公司价值观归纳为:

> 公平:对自己,对同事,对每个人;坚定:坚守你的决定、目标、信念;信任:取得别人的信任,信任你的上级和你的员工。(金边供水局董事长,2011年访谈)

他规定管理人员应恪守纪律与诚信,并接受道德委员会的监督(Das et al.,2010)。员工每年都要接受对职责所需知识的评估。每年董事长和董事会都要为各个部门确立目标。每周都要进行绩效分析。常用的绩效指标包括:水费收缴率和无收益供水率。

为了减少水渗漏和商业损失,公司引入了两种绩效激励机制。从1994年起,水费收缴员只有达到97%的收费率,才能得到全额的薪水。如果实现99%的收费率,员工的薪水则可以翻倍。2003年,管网中安装了渗漏控制设备。由于与负责渗漏检测的部门签订了绩效合同,使得员工薪水上涨了30%。这些合同确定了减少渗漏的目标，与总体规划保持一致。

最后，在2012年，随着在股票交易中获得15%的资本投资，公司向民营化又迈进了一步。

这一改革同样借鉴了新公共管理：①整合竞争过程，渗漏检测队伍间的竞争；②聚焦效率，实施资源节约原则；③赋予高层管理者权力和更大的自主性；④利用绩效概念和举措，构建组织战略；⑤为了引导组织而对结果进行监控。

2. 金边供水局创造的价值观——社会项目投资中的效率

与乌干达国家供水和污水处理公司一样，金边供水局构建的主要价值观在于供水面的改善（见表1）。公司为利于公共价值观的构建，在管理政策的制定上也表现得很成功。1998年，售水的收入能够覆盖金边供水局的运营支出。绩效刺激以及对管网的定期投资战略提高了效率，因而运营收益得以再投资于社会政策。与这一政策相配合，公司从1993年到2010年间只提高了三次费率。价格相对来说低于乌干达（2010年，根据可比生活标准，柬埔寨水价为每立方米0.45美元，乌干达为每立方米0.76美元）。除此之外，从2000年到2008年，平均月工资上涨到200美元。2001年，公司设立了一个雇员援助基金来为社会行动提供资金。从1998年开始，捐赠者资助了一个补贴最贫困群体供水接通费的项目。从1999年到2010年，共计21 552户贫困家庭接通了自来水（占总接通量的10%）。

金边供水局似乎成功地解决了财务目标和本质上仍属于经济效益的公共价值观（维护良好的基础设施、优越的雇佣条件）和社会价值观（帮助贫困人口）之间的对立关系。

3. 金边供水局价值观构建的过程——脆弱的基础？

改革有助于强化授权环境和运营能力。但是，界定公共价值观的程序依旧不够规范。

（1）授权环境

1999年，《金边供水局条例》明确了其使命和治理方式。从2004年起，它开始接受财政部和工业、矿产和能源部的双重领导。来自工业、矿产和能源部的代表主持董事会以确定公司的战略方向。董事会其他六个成员包括由工业、矿产和能源部任命的董事长、金边市政府的代表和金边供水局的员工。

尽管金边供水局享有管理自主权，但仍需要不断协商。政治干预可能依旧存在。

金边市保留了排水系统的管辖权，但并没有对其投资，这也影响了水资源的质量。

(2)运营能力

如今的金边供水局已经掌握了有助于国家饮用水部门发展的管理技巧,良好的声誉保证了其财务资源。如今,金边供水局拥有了高超的技术和商业绩效水平。政府认为它是最具有财务实力的公营公司。它还研发并掌握了技术和顾客管理工具。同样,它也享受着由外援资助的外部技术支持。

但是,由于起薪没有吸引力,如今,金边供水局在招募工程师方面依然存在困难。

另外,对柬埔寨水务部门的国际援助主要集中在金边,各省获得的供水量仍是世界上最低的地区之一(WHO/UNICEF,2012)。今后,金边供水局得到的捐赠支持将会减少。

(3)公共价值观的界定

董事长对本组织的社会导向具有强大的影响力。他将改革置于如下价值观的服务中:秉持公务员的模范和正直品格,包容穷人(水消费者和职员)。部长们无权管理或支持供水部门的发展。由于缺乏正规的框架使这些价值观制度化,因而使得这些价值观有所削弱。2012 年,由于部分引入了证券市场的资本,以及董事长离职,捐赠者对新的战略方向感到担忧。

最后,对金边供水局改革的分析产生了一种悖论。管理貌似已经成功地平衡了效率和社会行动的目标,但改革并不可能构建坚实的基础来持续支持公共价值观构建的三个过程中的任何一个。

## 六、讨论

通过对这两个新公共管理改革案例的分析,其在以下四个方面的改革效果具有新的亮点,值得记取。

第一,在以下方面建立了公共价值观:扩展供水面,创建公用事业组织,为特定雇员群体提供高质量、高收入的稳定就业岗位,促使公共水务部门的发展。

第二,金边供水局的案例证明,假定财务目标和长期社会目标互不包容是错误的,这取决于两点。首先是董事长坚持社会目标的意愿以及他为其成功创造条件的能力。其次是财务快速恢复的难易程度。优越的环境因素的组合使得金边供水局能够快速产生运营利润:一个由第三方资助的新的供水网络、战略规划以及有益的干预规模。其实自改革一开始,金边供水局就坚守了捐赠人制定的供水网络十五年发展规划确立的战略。因此,其供水服务的发展遵循了供给逻辑,这与乌干达国家供水和污水处理公司是有区别的,后者为了满足需求,牺牲了供水网的质量。此外,供水网络的管理,在首都具有更好的营利性。在乌干达国家供水和污水处理公司,坎帕拉分公司创收的营业额占该公用事业总收入的 70%,但其中超过一半会二次分配给亏损公司，而且它还必须对污水处理系统进行投资。因此，在这种（独特的）条件下，新公共管理通过向采取行动的管理者提供自主权和必要的资金，会有助于公共价值观的构建。

第三，乌干达国家供水和污水处理公司的案例表明，当新公共管理改革产生负面效应时，它同时也会支持限制其负效应过程的出现。根据摩尔(Moore，1995)的论述，改革实际上有可能为公共价值观的构建过程奠定基础。授权环境的创建，遵循了通过实施新公共管理举措而获得的管理自主性和合法性原则。新公共管理的其他原则，即追求营利性和专业性提高了运营能力：确保资金来源安全，提高人力资源技能并掌握必要的技术。界定公共价值观的进程尚处于初期阶段。在柬埔寨，由于缺乏规范的公共价值观界定程序，弱化了其推广行动的意义。与之相反，乌干达国家供水和污水处理公司与政府在2000年签订的绩效合同启动了这样一个进程，即可以通过谈判来确定公司运营目标。2011年，由于水务部成立了一个管理机构，这一谈判举措得到了加强。

第四，我们的研究成果表明，尽管新公共管理改革不仅不会妨碍甚至还会促进公共价值观的构建进程，但这并不全面。在这两个案例中，政治环境很可能有助于公共管理者扮演某种领导角色，让其能在民主程序缺失的情况下确定行动的优先顺序，同时也确保他们在政治精英和捐赠者中拥有合法性。话虽如此，他们的价值取向和战略依旧受到制约。乌干达国家供水和污水处理公司逐渐对价值观进行了整合，以确保其资源的安全性和存在的合法性。而金边供水局由于遵循了捐赠者的需求，从而能够坚持自己的价值观。此外，捐赠者的支持，即通过资助职业培训和建立一种为公共活动授权的制度框架，对激发这种改革也是十分重要的。

## 七、结论

本文考察了新公共管理改革与公共价值观构建之间的兼容性。本文所理解的公共价值观是由公共组织基于社会利益所认可并创造的价值观。我们对乌干达国家供水和污水处理公司与柬埔寨金边供水局，这两个作为公共管理典范建立的公共水务部门做了实地调研。我们探索了它们在长达20年的改革中，是如何创造和坚持这种价值观的。这种饮用水公共事业部门的特征表现为，既面临强烈的社会挑战，又能够控制有利于新公共管理改革的商业模式。我们进入这两个公用事业单位，通过访谈和作为参与者进行了观察，采集了丰富的数据。

本文主要有三项研究成果。第一，在特定条件下，新公共管理改革不会阻碍公共机构坚守和创建公共价值观。第二，如同摩尔(Moore，1995)所指出的,新公共管理可能容忍,甚至促进公共价值观构建进程的出现。因此,即使新公共管理产生了负面效应,它也可能会有助于抑制这些负面效应。第三,当新公共管理改革貌似有利于支持公共价值观的构建进程时,可能还不全面。在非民主的环境中,公共管理者和捐赠者在取代民主共识方面扮演着一种重要的角色。

然而,抛开对新公共管理的某些漫画式的讽刺,这些案例并没有提供诸如对公共价值观进行管理的其他模型,在不具备民主程序的情况下这种管理是难以想象的。根据本文的研究,公认的公共价值观似乎是使所有人都能获得供水,这并没有解决行动优先次序的棘手问题:是为可解决的人口提供符合欧洲标准的供水服务,还是为每个人提供不同质量的供水服务。当前,显然前一个方案已在新公共管理改革中占据了上风,并且未引起什么争议。

本文强调了从公共价值观的角度来重新审视公共部门改革的重要性。在水务部门,这些改革在新公共管理的影响下都普遍利用一系列的效率指标进行了评估。我们的分析表明,这些指标并不能反映出那些从长远看能够潜在地构建或破坏公共价值观的过程。相互矛盾的是,在绩效较差的乌干达案例中,却展现出公共价值观构建的更好前景。相反,拥有更强价值观的金边供水局似乎更为脆弱,因为他们依赖于领导者与当局之间的谈判。从部门的可持续性角度来看,应该更重视短期管理中负面效应的控制机制。这里并没有质疑关注效率目标的意义,而是一方面致力于多重目标的平衡;另一方面不仅评估公共行动的结果,还包括能够塑造部门开发管理能力的过程。本研究课题的下一步是思考如何去设计一个管制框架,不仅从水消费者的立场来关注水务公用事业的"物有所值",同时也关注水务公用事业行动的社会价值观。

## 致谢

笔者感谢纳卡拉(Nakhla),J. A. 法比(J. -A. Faby),J. 伯特兰(Bertrand)和 F. 奥杜伊(F. Audouy),以及乌干达国家供水和污水处理公司、柬埔寨金边供水局的雇员及管理人员,没有他们就没有本研究。本文的撰写还得到了 AIRMAP 及机构与可持续发展研究国际网—欧洲工程教育委员会(RIODD-ESEE)协会成员的大力支持。

## 资助

本研究得到法国生态、可持续发展和能源部以及巴黎高科学院"苏伊士环境——所有人的水资源"主席的资助。

**玛琳·科隆(Marine Colon)**,巴黎高科农业学院水资源管理、关系人和应用综合研究所（UMRG-EAU）管理学研究员。她主要研究水务部门中新公共管理的实施、绩效评估和管理会计学。

**拉提蒂娅·盖琳·施耐德（Lætitia Guérin-Schneider）**，巴黎高科农业学院水资源管理、关系人和应用综合研究所（UMRG-EAU）管理学研究员。她的研究领域是水务部门的治理与管制。她与嘉比里拉·布罗共同出版了《管道与人类：法国的水系统》跨学科：自然.科学与社会一对话录（2011）。

## 参考文献


Barouch G (2010) La mise en œuvre de démarches qualité dans les services publics: une difficile transition. *Politiques et management public* 27(2): 109–127.

Benington J (2011) From private choice to public value? In: Benington J and Moore MH (eds) *Public Value: Theory and Practice*. Basingstoke: Palgrave Macmillan, pp. 31–51.

Benington J and Moore MH (2011) *Public Value: Theory and Practice*. Basingstoke: Palgrave Macmillan.

Bezes P (2005) Le renouveau du contrôle des bureaucraties. L'impact du New Public Management. *Informations sociales* 6(126): 26–37.

Blanc A and Ries A (2007) La Régie des eaux de Phnom Penh: un modèle de gestion publique efficace. AFD, Working document no. 40.

Bozeman B (2007a) La publicitude normative: comment concilier valeurs publiques et valeurs du marché. *Politiques et management public* 25(4): 179–211.

Bozeman B (2007b) *Public Values and Public Interest: Counterbalancing Economic Individualism*. Washington, DC: Georgetown University Press.

Buchanan JM (1987) Tax reform as political choice. *Journal of Economic Perspectives* 1(1): 29–35.

Calas B (1998) *Kampala, le ville et la violence*. IFRA, Paris: Karthala.

Das B, Chan ES, Visoth C, Pangare G and Simpson R (eds) (2010) *Sharing the Reform Process – Learning from the Phnom Penh Water Supply Authority*. Gland, Switzerland: IUCN/PPWSA.

Emorut F (2014) No running water after key water tanks run dry. *New Vision*, 16 Février.

Gibert P (1994) Ménager la publicitude. In: Les Petits Déjeuners 'Confidences', Ecole de Paris, 27 avril, Paris.

Gibert P (2000) Mesure sur mesure. *Politiques et management public* 18(4): 61–89.

Gibert P (2008) Un ou quatre managements publics? *Politiques et management public* 26(3): 7–23.

GTZ (2009) *Reform of the Urban Water and Sanitation Sub-sector, Consultancy Services for the Review of the Performance Contracts with Water and Sewerage Authorities and the Development of the Next Generation of Performance Contracts*. Kampala, Uganda: Government of Uganda, Ministry of Water and Environment.

Hood C (1995) The 'New Public Management' in the 1980s: Variations on a theme. *Accounting, Organizations and Society* 20(2–3): 93–109.

Horner L and Hutton W (2011) Public value, deliberative democracy and the role of public managers. In: Benington J and Moore MH (eds) *Public Value: Theory and Practice*. Basingstoke: Palgrave Macmillan, pp. 112–126.

Laufer R and Burlaud A (1980) *Management public – Gestion et légitimité*. Dalloz Gestion. Paris: Dalloz.

McDonald DA and Ruiters G (2012) *Alternatives to Privatisation: Public Options for Essential Services in the Global South*. Cape Town: HSRC Press.

Marin P (2009) *Public–Private Partnerships for Urban Water Utilities*. Washington, DC: World Bank.
Moore MH (1994) Public value as the focus of strategy. *Australian Journal of Public Administration* 53(3): 296–303.
Moore MH (1995) *Creating Public Value: Strategic Management in Government*. Cambridge, MA: Harvard University Press.
Mugisha S (2011) *Utility Benchmarking and Regulation in Developing Countries: Practical Application of Performance Monitoring and Incentives*. London and New York: IWA.

# The reform of New Public Management and the creation of public values: compatible processes? An empirical analysis of public water utilities

**Marine Colon**
AgroParisTech, Montpellier, France

**Lætitia Guérin-Schneider**
Irstea, Montpellier, France

### Abstract
How compatible are the reform of New Public Management (NPM) reforms and the creation of public values in practice? This issue is addressed in the light of the reforms of two public water utilities. Building on Moore's (1995) strategic triangle, we have analysed the process of value creation associated with measures inspired by NPM. These reforms were first intended to secure financial resources. Certain public values were subsequently created, either under the influence of a leader, or through formalized NPM management tools. Under certain conditions, the implementation of an NPM reform thus proves compatible with the introduction of processes that sustain public values. However, an undemocratic context necessarily limits these processes.

### Points for practitioners

This article encourages public managers to think about the values they uphold when implementing a public policy and the terms and conditions of this implementation. The water sector in developing countries, reformed in line with the principles of NPM, offers two distinct illustrations. The cases of the NWSC in Uganda and of the PPWSA in Cambodia allow the question to be studied in contexts where the public service mission entails strong societal challenges that cannot be reduced to efficiency alone.

### Keywords
developing countries, New Public Management, performance, public company, public value, water utility

国际行政科学评论

# 公私边界上的公共价值观:以中国公务员录用考试为例

劳伦特·梅里亚戴　　李毅强
Laurent Mériade　　Li Yi Qiang

翻译:张　敏　　审校:孙春晖　崔　玲

【摘　要】 本文将公共价值观看作一种公共管理工具,可以替代传统的公共工具或新公共管理工具。中国有意地将公共价值观建立在公共和私人之间的边界之上,是非常明确直观的实例。我们通过中国公务员录用考试以及应试者的视角来检视这个问题,提出了切入这些考试的"公共性"的文化途径,用来理解这些考试所传达出的价值观的公私界限以及它们在公共管理领域的作用。我们强调来自于私人领域的精神价值观和道德价值观,通过公务员录用考试将其传递到公共价值观中,通常是为了使政府及其对社会的控制合法化。

## 对实践工作者的启示

在本文中,我们深入思考了中国的公共管理工具,相对而言它们不为人所知,或者被认为是过时的。使用公共管理工具是中国社会应用管理工

**通信作者:**
Laurent Mériade, IUT 100 Rue de l'Egalité AURILLAC, 15000 France
E-mail: meriadelaurent@gmail.com

具的原始例子,开启了从公共价值观到私人价值观的连续范围,主要指精神和道德方面的价值观。我们希望对有关公共价值观在公共管理中作用的争论做出实证方面的贡献。我们研究了中国公务员录用考试的内容及其传递的价值观。应试者向我们介绍了指导他们准备公职的价值观,我们也分析了这些价值观在中国公共管理中的作用。

【关键词】 中国;道德;公共价值观;精神;传统文化

## 一、引言

伴随着超越新公共管理的渴望及其经常导致的公共角色的混淆(Pollitt,2013),学者们重新燃起了对公共管理现代化中公共价值观的研究兴趣。这意味着对其价值观的研究转向了对个体和集体偏好之间协商范围的研究(Lévesque,2012),这主要是受到重新评价"新公共价值观"理论(Lévesque,2012; Moore,1995)或"公共性"理论(Bozeman,1984,2007)的驱动。

博兹曼(Bozeman,2007)将价值观界定为"以认知与情感因素为特征的对一事物或一系列事物的复杂和扩展性的认可"。他将"公共性"分析的范围拓展到常被忽视的,或者至少是不被欧洲公共传统所关注的个体和私人价值观。

摩尔(Moore,1995)认为,公共价值观是由公共机构为公民和利益相关者的利益所建立起来的,作为一种理论("新公共价值观"),它的概念化应该使其有可能超越新公共管理方法。新公共管理方法受到了追求市场的"私人价值观"的启发,其中,公共价值观变成了绩效目标,在实现绩效目标的过程中相对而言不起什么作用。

斯托克(Stoker,2006)认为,"新公共价值观"应该是对新公共管理的功利主义视角的一种回应,但是,因为关注结果,它围绕着公民对某些价值观(合作、透明、参与、平等)的尊重界定公民的偏好,而没有确定哪些价值指导着公共管理者或官员的行为。这是"新公共价值观"假设明显的薄弱之处,"新公共价值观"也有着重建公众对公共机构和政治官员的信任之雄心(Stocker,2006)。尽管如此,聚焦于"是什么"而不是"如何"的这种新公共价值观的方法(Emery and Giauque,2005: 95,100),再次导致了公共政策与新公共管理所产生的管理者之间角色的混淆。

在我们看来,新公共价值观是对新公共管理的一种替代(Benington and Moore,2011),需要进行过程—价值分析才能首先确定公共服务是如何或会如何在这些价值观基础上运行的。博兹曼(Bozeman,2007)提出对这些价值观的"公共性"进行文化分析,使得他们的研究可以向更深地植根于社会的、更广泛的私人和公共领域拓展。

研究"公共性"的文化方法是对公共价值观的探索，优势在于可以可靠地表达出公共政策表达或实现的价值观与附属于社区或国家的文化价值观之间的强烈联系。迄今为止，在我们所知道的文献中还没有发现"公共性"的文化研究方法，我们认为这一方法显著地拓展了公共价值观的认知范围。

此处我们讨论的是用"文化主义者"方法来界定一国文化背景的构成要素（个体和群体的认知结构、价值和态度）（d'Iribarne，2011），它们解释并赋予了专业价值的意义。我们在本文中提出的建议，基本目的在于解释国家的公共价值观（中国的公共价值观），而不是提倡它们的普适性或是无法超越的特征。

### （一）研究背景

三千多年来，中国的公共价值观通过利用传统文化（对家庭、祖先、社会和谐的崇敬、自然崇拜、崇拜仪式）建立其合法性，这是公共语境的一个实例。周和齐（Zhou and Qi，2009）在谈到中国公务员的具体特征时指出其与"公共性"有所偏离。他们描述了偏离的客观内容（评估以及公法的发展）以及与文化或公共社会控制有关的、更加主观的内容。

为了使权力合法化，中国的公共权威集中在安全保障、社会和谐以及个体的道德教化方面做了很多努力（Sanjuan，2010）。中国的公共领域通常立基于更大的空间，这个空间既非私人的，亦非公共的，但是却代表着把个体理性纳入了传统文化价值观（精神的和道德的）的共同体。

公务员录用考试，除了在欧洲公共管理历史上已经产生的影响（Gernet，1997），在中国仍然代表着公共和私人价值观融合的重要契机之一。这非常值得研究，以便掌握公共权威所认为的其在公共价值观管理方面的重要性。

### （二）研究问题

文化与公共管理之间的相互依赖经常在实践中得到证实，但在理论中却很少得以概念化（Schedler and Proeller，2007）。文本的理论挑战在于，通过描述履行公共服务过程中所隐含的价值观，来验证对公共价值观的文化分析。为此，在理论层面，我们使用了"公共性"分析框架（Bozeman，1984，2007，2013），从文化上研究中国公务员录用考试中所传递出的公共价值观，并提出稳定公共服务过程和达成公共管理目标的"基准含义"（Lévesque，2012）。

在实践中，通过中国的公务员录用考试，我们研究了对公共价值观的这种内化思考的传播。方法是对这些价值观的文化维度进行描述，这些价值观确定了赋予公务员完成公共服务使命的含义。与出自新公共管理的绩效目标模式不同的是，某些公共价值观，包括通过公务员考试的方式，在履行公共服务之前就被确定了下来。中国提供了这方面的一个原始的分析领域。

在方法论层面,通过对公务员考试进行历史和文化分析,这一研究分为两个循环递归的部分。我们对准备参加公务员考试的应试者进行了一系列访谈,并将访谈结果以主轴编码的形式进行分析,强调最重要的价值。

## 二、文献综述和研究背景

### (一)文献中的公共价值观

达斯和邓(Das and Teng,1998)认为组织中所传播的价值观,是一个通过建立标准和可重复的要素,从而使系统具有可预测性的规制过程。这个过程可以采取正式的和社会的两种形式。在乌奇(Ouchi,1979)的研究基础上,他们区分了对组织间关系两种类型的控制。第一种类型是正式控制,主要建立在权力和威慑基础之上,规范行为和所追求的目标。在公共机构中,这种控制体系建立在客观的程序和规则基础上,将信息(法律、财务和预算报告)的传递作为合法性来源(Inkpen and Currall,2004)。

第二种类型的控制建立在组织的利益相关者共同的价值观和标准基础上。它采取非正式的社会控制或"部族"的形式(Ouchi,1979),几乎没有规则或成文的程序。在这一情形中,利益互惠以及价值观共享确定了道德的界限和组织正式标准的水平(Horwitz,1990)。公共管理不能像传统公共管理一直以来所提倡那样,仅仅把其有效性建立在尊重正式规则和科层规则基础上(Lévesque,2012)。新公共管理计划通过引入市场价值和"新公共价值观"理论重塑公共管理的效率,通过理解公共服务的提供过程,描述政府官员和公民共同的价值观,以便促成公共管理的重建。公共机构中价值观和管理方法的差异成为研究的对象(Boyne and Walker,2010),目的是要在公共主体间确定一个可供参考的通用框架(Préfontaine et al.,2009)。这一框架应该作为组织间和组织内合作、"力求实现公共行动有效性"(Cossette,2004:121—122)的"公分母"(Thevenot and Boltanski,1991)。

博兹曼(1984,2007)开启了使用"公共性"一词来研究公共价值观合法性的起点。他的研究描述了施加于公共机构价值观之上的政治和经济双重影响,呼吁更多地关注在公共政策及其(新的)管理工作中的这种双重影响。然而,"公共性"的概念却受困于调查研究的范围,这种调查研究仅局限于公共组织的内部价值观,吉尔伯特(Gibert,2008)指责说这是欧洲公共管理的逐渐内部化,特别是在采用了新公共管理工具之后,在社会影响方面偏离了其真正目的。

雷尼(Rainey,2003:68)认为,在界定公共价值观以及将它们作为连续体而非单独对待时,所考虑的因素具有极端复杂性和差异性。对公共价值观的研究提供了一个机会,可以描述公共服务的履行方式与一个共同体的文化决定因素之间可能存在的相互作用。这使得从合作的视角加强或者甚至是管理公共选择、政府官员和公民之间可能存在的关系成为可能。罗兹和瓦纳(Rhodes and Wanna,2011)试图在这个方向上采用"价值观公共管理"理论,他们将公共价值观界定为一种"通过对话及其社会认可出现的共同建构意义"的表达,其范围远远超越了公共领域的边界。

最近,吉尔伯特(2008)以及埃默里(Emery,2009)在关于新公共管理之后是什么的争论中,重新对"公共性"进行了定位。"公共性"以组织服从政治权威而非"市场"权威为特征,不管这些组织是公共的还是私人的(Bozeman,2007)。对跨于公共和私人界限上的组织进行这样的分析,有着非常广阔的前景,因为它对公共和私人管理之间具有同态性这个问题提供了一个独特视角(Mazouz et al.,2012)。萨米宁(Salminen,2006)将公共服务的传统价值观与更加主观的个体价值观(怜悯、同情、社会意识)融合起来,来突出这些公共价值观不可比较的特性。这赋予了很难量化的公共价值观与几乎无法比较的(公共)绩效水平(Mazouz,2008;Moynihan et al.,2011)以多样性,通过确定赋予公共行为或服务以常识的文化要素,文化分析有助于实现绩效水平的比较。

巴特利等(Bartoli et al.,2011)描述了公共组织宏观和微观环境的变化,来观察在管理公共治理这些新的紧张关系中未来公共管理的关键问题。"新公共价值观"(Benington and Moore,2011; Moore,1995; Stoker,2006)由于聚焦于公共价值观的联合式和协商式建构(O'Flynn,2007:362),明显不同于传统公共行政和促使私人和公共领域间和解的新公共管理。另外,从其运行过程和实现目标的角度看,新公共价值观的实现仍然非常复杂(Lévesque,2012)。

舒尔茨(Schultz,2004)将涉及隐私的价值观(爱、友谊、信任、慷慨、节制、智慧、勇气)与在私人部门形成的价值观(利益、契约、盈利能力、企业家精神)、在公共部门形成的价值观(职责、法律、合法性、责任制)进行了比较。在舒尔茨看来,由于新的管理实践(评估、赋权)以及职业实践(远程办公、在线学习),私人和公共生活之间的边界正在瓦解。对于公共组织来说,这种新情况引出了在私人价值观与构成公共价值观的专业价值观之间的平衡问题。它给传统的公共价值观带来威胁,但也给公共价值观面向能够实现公共管理目标(实用性、有效性、效率)的私人价值观(道德、友善、诚实、尊重)进行更新重构提供了机会(Santo and Verrier,2007)。

范德瓦尔等(Van Der Wal et al.,2008)在其关于公共价值观的文献综述中,分辨出了诸如诚实、责任等道德价值观和诸如效率、合法性等工具价值观。普雷方丹等(Préfontaine et al.,2009)区分了他们称为“正统的”自我标榜的公共价值观(公平、忠诚、责任感、透明、责任制)以及源于私人行为准则的、通常不易达到的公共价值观(服从、节俭、可预见性、诚信)(Heinich and Verdrager,2006)。对这些以服务于公共行为的方式存在的私人和公共价值观的科学研究结果,几乎没有包含在公共管理重建的研究中,这主要是因为一方面识别其价值观的多样性还存在困难,最重要的是,在另一方面,很难提出响应这些价值观的模型。因此中国公务员录用考试的特征是想要控制公共价值观,以便其能够在贴近市民社会的过程中获得合法性。

菲尼和韦尔奇(Feeney and Welch,2012)在对美国大学研究所具有的价值观的分析中,提出了一个分析框架,强调联合的、监管的以及文化上的资源可以用来区分公共服务绩效的决定因素,可以促使有关公共价值观的研究工作更接近对公共政策过程而非结果的描述。对于这些研究者来说,出现了另一个模范,它不再是有着自身价值观的国家公务员的模范,转而更接近于生活在公私兼备的社会中的人的模范。汤尼格(Thoenig,2008)谈道,由于公共行为的现代化首先在外围以社会和文化的方式出现,公共价值观发生了转变而不是危机。中国公务员录用考试,通过其历史和文化起源,为描述公共价值观的这一转变提供了明确的机会。

### (二)从科举考试到现今的公务员录用考试

自汉代开始(公元前206年到公元220年),关于国家的权力和作用问题一直是中国的核心问题(Zi,1894)。公元前136年,王朝的要员们建立了一个学者(更广为人所知的是“士大夫”)机构,其中都是些精通传统中国文化“五经”(《易经》《诗经》《书经》《礼记》《春秋》)的人,为的是考察这些人的道德和他们在公共领域传播这些经典的能力。

通过考试选拔和提拔公务员的制度在唐朝时(618—907年)得以系统化,在宋朝时(1960—1279年)达到了顶峰。那时,公务员录用考试包括三部分测试:根据儒家“四书”(《论语》《孟子》《大学》《中庸》)和“五经”写两篇文章,最后是诗赋写作比赛。今天,高中毕业证明,即众所周知的高考,仍然是这一古代传统的体现,每年决定了数百万学生是否能够被大学录取。

唐朝的统治者们,特别是皇帝李世民(626—649年),将公务员录用考试变成社会阶层的划分标准。在他统治期间,开发了针对公务员的测量系统,用来查证官员在履职过程中道德的持续性。女皇武则天(690—705年)通过发挥汉文化思想的科举考试在社会分层中的关键作用,为科举考试赋予了声望。她用建立在公务员功绩和道德完善基础上的社会阶层取代了通过传统方式录用的公务员(如通过贵族或朝臣身份)。

实施大规模的公共考试使得较低阶层的人们受益,他们能够通过公务员录用考试攀登社会阶梯。社会各个阶层都可以学习并掌握公务员录用考试所要求的知识和行为。

考试总是以道德完善和伦理规范作为履行公职的先决条件,即使后来实践时不时地被很不诚实的阴谋所打断。有劣迹者被禁止参加考试,这强化了权力和公共政策在人们心中的形象。

后来的统治者们(特别是宋朝)为了以考试谋求公共行动的合法性,付出大量努力,他们阻止在官员体系中建立家族关系网,禁止在同一地区任用亲属,或者定期让官员在不同的地域间进行交流。

明朝时期(1368—1644 年),皇权体系采取了不受人民欢迎的官僚和专制形式,但科举考试制度一直持续到 1905 年最后一个王朝(清朝)。

谢和耐(Gernet,1997)认为,“中国公务员录用形式方面的知识不是没有对欧洲的旧制度体系下的思想运动产生影响”。由传教士带到欧洲,中国只凭功绩选拔人才支持了欧洲旧制度体系下的思想革命,先后在拿破仑时期和第三共和国初期,促进了法国公务员地位的发展。

自 1911 年,孙中山受科举考试制度启发建立了公共考试(即考试院)来支撑刚刚成立的中华民国的行政管理。1949 年,中华人民共和国成立,搁置了以考试进入公职系统的做法,取而代之的是从党的干部中选拔高级公务员。但是在 1978 年,邓小平提出的“四化”方针打破了以往的习惯。1993 年 8 月 14 日颁布的《国家公务员暂行条例》,阶段性地对改革进程作出了结论,通过录用考试、职业制度的采用以及公务员职业培训机构的发展,确立了公务员的总体地位。

2013 年,不少于 200 万人参加了国家公务员录用考试,竞争 20 000 个招录职位[《人民日报》(People’s Daily),2013 年 10 月 16 日]。这一竞争性考试在某种意义上仍然是根据科举考试三项测试的原则来确定的,包括一项技术测试以及对公务员精神和德价值观提出明确要求的两项专业测试。

### (三)公共价值观和私人价值观相结合的考试

中国社会的精神和道德价值观具有独特性,体现在它们横跨公共和私人领域,即使有时相互矛盾,而这在西方社会是相互分开的。这是由于中国思想的灵活性所导致的,不对思想进行隔离或反对,而总是偏好意见一致以及历史连续性。儒家思想和道家思想是对古代崇拜(祖先崇拜、自然崇拜、崇拜仪式)在思想上的改写,中国从未否定过这些原则,反而是运用这些思想的潜力来支持其所提出的社区制度。

李约瑟(Needham,1995)指出,中国思想追求自然、物质和人类要素的和谐,而不是像笛卡儿的思想那样,试图对它们进行区分以便更好理解这些要素。

儒家思想,在传统的中国古典思想之后,自西汉时期(公元前206—公元25年)开始,曾经是中国公共意识形态的非常结构化的潮流,因为它将家庭和封国之间的关系正式化了,这种关系既具有等级性也具有渗透性。孔子在其著作中支持君主与人民之间的等级关系,但是他将这种关系定位为类似家长与子女或祖先与生者之间的家庭关系。国家对公民的家长式统治,非常像家长或先辈在私人生活领域的角色,因此一直都受到拥护。

面对社区甚或中国社会的宗族价值观(Lin,1997)时,除了毛泽东时期以外,公共机构将这种思潮特别是儒家思想作为社会结构,以公共行为的方式给予择优、公平以及私人道德优先地位。诉诸司法或较高层级政府的仲裁是例外的手段,应当避免。

在21世纪的中国,这些联系仍然处于支配地位。它们的重要性不能只归因于体制的实行,相反地,还归因于一种社会共识文化的表达,这种文化并没有排除大多数中国人在矛盾中期待的秩序和等级。

即使中国人的日常生活中出现了"西方的"个人主义,他们在社会中的角色仍然由其精神和道德所塑造。这种个体对社会的递归影响引出了一种独特的关系模式,其中私人领域和公共领域相互融合、相互补充,而西方国家呈现的则是更具对抗性的私人与公共模式。

### (四)中国公务员考试的内容

外界关于公务员数量庞大的官僚主义中国的印象,其实和实际情况相去甚远,公共部门官员合同的灵活性,通常是公共机构人力资源管理的核心。公务员身份,据我们在西方所了解到的情况,主要是指给予了只能通过考试录用的、通常受雇于管理职位的国家级公务员(占公共部门官员的20%)。其他官员,包括那些在省级政府工作的人员,只签订需要职业资格的公共合同。另外,在公务员考试中胜出或取得职业资格,看起来几乎是未来成为公共部门官员的必要形式。为了观察这些考试的内容,我们将首先描述这些考试所考察的技能,类似于我们从官方考试大纲和备考用书中所收集的信息。

首先要区分国家公务员考试和地方公务员考试,然后是比较考察其相似性。

### (五)国家公务员考试

中国公务员职位炙手可热,主要是由于工作稳定、福利较好(奖金和实物津贴)。但最重要的是,在一个行政管理机构居全能地位的国家,公务员职位也是权力的代名词,可以通过考试的择优机制获得。这种考试,分为几项双阅卷员制的匿名测试，以可靠性闻名，在公众中具有很强的合法性。

国家公务员考试包括三部分：

- 两个小时的多项选择题考试，考 140 个问题，涵盖四个主题（逻辑、数学、政治以及哲学思想）；
- 两个半小时的申论考试，要对经济或政策材料进行分析；
- 就第二项考试所给定的材料中的某个主题写一篇文章。

第一项考试中 1/3 的题目与社会、经济或人类社会问题的解决有关，应试者必须展示其道德、诚信以及按照中国的哲学原则特别是孔子或老子所宣扬的思想寻找解决方案的能力。对于绝大多数的问题，所给出的答案包含着大量的反映性信息，从中不仅能够评估出应试者的道德，还能测试出其善意。这超越了应试者理论知识，旨在考察他们在某一种专业环境下所运用的技能以及几乎被全民所认同的中国思想的基础。

第二项测试包括针对一篇或几篇新闻稿件所提出的三个或四个问题，用来评估应试者运用公务员身份和职责思考解决方案的能力。这是评估应试者表达对公共行动承诺能力的一种方式。

应试者写的文章有三个主要评定标准，即写作水平、中国古代文献知识水平以及论证水平。在应试者的回答中系统地考察精神和道德观念，使得国家公务员考试成为在中国社会中宣传公共服务以及促进公务员队伍建设的工具。正如我们所采访的一位国家公务员考试的应试者所强调的，“国家公务员考试确定了每个优秀的中国人应该具备的技能”。它是中国公务员考试的哲学传统，这种考试与公务员的合法性得到全民尊重的保障。

### （六）地方职业资格

地方公务员考试的组织受到国家公务员考试启发，由省级政府和地方政府实施。它采取了国家公务员考试的三项测试原则，其中一项完全关注对中国思想的理解，另一项测试则考察在专业环境所需的知识。第三项测试评估应试者的行政管理技能，包括写作技巧或对工作场所的认知。它采取面试的方式，以便可以当面评判所有应试者的行政管理技能，但这主要是提供一种机会，来审核应试者作为一名公务员进入角色的能力，以及测评他们的个人品质和对中国思想的核心价值观的尊重程度。

## 三、研究“公共性”的文化方法

我们的概念框架吸收了博兹曼（Bozeman，2007）重新界定的“公共性”原则，将公共价值观看作是私人和公共权力混合的产物。

在博兹曼（Bozeman，2013）看来，公共价值观无处不在，很难将其概念化以达到进行综合分析的目的。我们发现公共价值观无所不在,而且来源众多:调查、文献、人工制品以及文化传统、行政管理文档(Jorgensen and Bozeman,2007)。社会必然受到公共价值观的浸染并由其构建。问题不在于发现公共价值观,而是去理解它们。

我们相信,私人价值观有着多样化的来源,融合了经济价值(Bozeman,2007),但是其中也不乏具有强烈文化含义的道德和精神价值观。博兹曼(Bozeman,2013)提到用异质交汇来向私人领域拓展公共性的分析范围。

考虑到中国文化对公共与私人领域之间的这种和谐关系的影响,我们提出用文化方法来研究中国公务员录用考试所传递出的价值观的“公共性”。为此,我们运用中国精神特性的主流思潮(古代传统宗教、儒家思想和道家思想),以求对这些价值观进行“内生性”解读,由此强调在合法性和社会控制方面、在谋求公共价值观与私人价值观进一步融合方面它们被赋予的目标。

## 四、方法和数据

我们的注意力集中在中国两个主要的公务员录用考试上,即:

• 由中央政府组织的国家公务员录用考试,目的是为各部委及其在省区的派出机构招录未来的高级公务员或官员。

• 地方的公务员录用考试,它为地方政府机构招录官员,由省政府出于相应的职业资格需要在每个省组织实施。

为了进行分析,我们首先研究了这些考试的内容和大纲。我们研读了官方考试大纲以及为准备这些考试需要复习的主要参考书(Lianchang,2011; Yuqun and Junsheng,2012; Zhenti,2011)。

第二步,我们试图通过面对面访谈几位地方和国家公务员录用考试——这是他们每年备考的部分内容——的应试者来验证初始假设。这项探索性研究是作为为期7年的中—法大学之间合作机构(法国的奥弗涅大学与中国的广西财经大学)交流项目的一部分而展开的。广西财经大学与中国所有大学一样,向该大学的非公务员职员或即将毕业的硕士研究生提供国家和地方公务员考试的备考培训课程。2011—2012年,这项培训的注册学生有180名,其中有110人定期参加该培训项目提供的夜间课程。

面对面调查是按照访谈手册(见附录)进行的,所提的问题都是根据我们的文献综述设计出来的。这个访谈手册的目的是准确地找出指引中国公务员行为的价值观,测量它们在公务员考试内容中的实际体现。问题集中在考试的内容以及其要测评的价值观。我们将这些内容以及价值观与应试者对考试的看法进行了比较,目的是考察从备考到作为公务员或未来的公务员而履行公职这个过程中的价值观连贯性。

为了能够通过对受访者所表达的价值观进行文化分析，辨识出与我们所要确认的管理目标有关的这些价值观的共同含义，这些问题按照如下方式组织（见表 1）。

**表 1　　　私人价值观与公共价值观之间“文化转换”的分析**

| 逐字评论 | 相应的文化价值观 | 预定目标 |
|---|---|---|
| “公务员可被视为是亲属” CN/ETU/03<br>“家庭是公共组织的模型” CR/ADM/10 | 尊重家族先辈（崇拜祖先及家族孝行） | 使公众更亲近公务员 |
| “思想正派的公务员一定掌握公共决策的平衡” CR/ADM/7<br>“公正和平衡” CN/CAD/1 | 社会和谐（儒家学说） | 优待信息与地方关系的灵活性 |
| “内外兼修” CR/ENS/3<br>“生活与工作都有阴阳” CN/CAD/7 | 阴阳（道家学说）对立面的平衡 | 追求公私之间的互补性 |
| “中国文化给谈判带来空间” CR/CAD/2<br>“我们得倾听民意” CR/ADM/5 | 自然崇拜与无为（《易经》） | 面对正式规则留出了自由的空间 |
| “垂范” CN/CAD/7<br>“谨言” CR/ENS/1<br>“思考与言语一致” CN/ENS/10 | 集体取向（儒家学说）（《尚书》） | 行为表里如一 |
| “在公共行为中坚持你的道路” CR/ENS/4<br>“把你的价值观运用于你的职业” CN/EDU/0 | 道（道家学说） | 从私人价值观中获得对公共行为的反思 |
| “国家公务员考试界定了每个优秀中国人必备的技能” CN/EYU/0<br>“诚实并传播这一品质” CR/ENS/2 | 价值观的仪式化（《礼记》） | 公共价值观的仪式化与合法化 |

受访者是通过混合定位方法(根据其备考的考试类型进行选择)和代际方法(受访者的年龄及其在公共部门的资历)确定的。

为了采访来自政府行政部门和来自研究生群体的不同主体并对其看法进行三角测量,我们进行了66个控制性访谈,每个访谈持续15～30分钟。我们对受访者根据以下三个标准进行了区分:

- 备考的考试类型:22位受访者准备参加国家公务员考试,标记为[CN];44位受访者备考地方公务员考试,标记为[FR];
- 其组织地位:11位老师被标记为[ENS],16位中级的行政管理高官被标记为[CAD],19位行政管理职员被标记为[ADM],20位即将取得或已经取得硕士学位的学生被标记为[ETU];
- 他们在中国政府行政部门中工作的经历用年数来表示。

我们运用主题内容分析(Paillé and Mucchielli,2012)将数据缩减到一系列能够进行分析和解释的有限主题上。这一分析受扎根理论思想的启发,因为它可以为数据的主轴编码及其应用提供便利,通过比较受访者的回答可以对所讨论的价值观进行更加准确地分类。

我们运用质性研究软件NVivo(版本10)对获取的数据编码,为的是进行分析以及量化数据的相关处理(Bazeley and Richards,2000)。初始编码根据访谈手册事先确定的原始主题(如和谐、家庭、面子、道德、平衡等)进行,然后在编码过程中进行了扩展。首先对每个访谈回答的内容进行了主题方面的分析,然后进行横向分析以使描述相一致。编码由两位法国和中国研究者分别独立实施。两次独立编码的目的是为了减少不同理解带来的偏差(Miles and Huberman,2003)。两个编码一致率为88%,这达到了可能只是巧合的可信度标准(Zwick,1988),但是这也说明了两位研究者理解的相近性。

随后我们进行的分析,就是要确定我们关于中国文化的文献综述观点与受访者的回答之间的关系,或者是通过比较两位研究者观点来验证数据编码时的预设想法。这使得我们重新回到文献来澄清所获得的数据,也为证实我们自己的解释过程提供另一个视角。

我们在表1中总结了公共管理的目标以及公共和私人价值观之间关系的表达,这种表达是我们在受访者的主要评论观点中发现的,我们认为中国公务员录用考试大纲中所蕴含的文化内容,也体现在这些受访者的主要评论观点中。我们将这一关系等同于根据NVivo编码结果所描述的文化转换,NVivo编码把应试者的看法与中国文化的8个主要价值观作了比较。然后,我们根据与中国文化及其起源有关的文献对这一初始分析进行了评判。

我们在访谈回答基础上实施编码,在每个主流文化价值观内的社会学剖面上显示出了显著的不对称性。这表明，身份、经验或准备参加考试的类型对受访者提出的价值几乎没有影响。公务员录用考试及其应试者共同表现出了一种对于显见于传统经典的个体精神和道德观的强烈认同感。

## 五、中国公务员录用考试关注官员的道德和精神

通过仔细研究公务员考试的备考用书（Lianchang，2011；Zhenti，2011），以及接受访谈的应试者所给出的回答，我们发现对应试者道德的评估是第一项两小时测试的主题，包括 10 道多项选择题、学术问题以及实际案例分析。为了准备这项考试，有几本书可供应试者使用，它们描述了公务员在工作场合应该具备的态度："垂范""总结经验""谨言""勇敢诚实"。这些行为准则也是支配超职业关系、特别是家庭关系的中国思想的基本支柱。它们来自于儒家经典（"四书"）以及古代典籍（"五经"）。还有从道家思想中的重要借鉴，这主要是为了确保个体的"道"与公共机构确定的价值观之间的联系。

应试者必须展示其作为公务员在职业中能够再现大多数中国人认同的思维模式的能力，这种思维模式既包括儒家道德也包括道家的和谐。"在公共行为中坚持你的道""工作和生活中都要阴阳平衡""培育你的情感"是备考文献中所推荐的主要箴言。正如一位受访的应试者所指出的，这些箴言应该能"像混合在中国思想中的阴阳那样，使个人价值观和公共价值观相统一"。履行公职需要"内外兼修"才能守住你的"内心良知"。

个人价值观和公共价值观之间的这种互补性反映在第二项测试的内容中，该测试的第二部分包括对西方心理学和哲学历时两个小时的知识测验（援引了柏拉图、希波克拉底、罗杰斯、费舍尔）。直面不同来源的思想，是中国思想的典型特征。中国思想吸收或添加外部知识，要么是为了更好地证明其本身的优越性，要么，更常见的是为了强化思想的互补性原则而不是对立性。

私人部门和公共部门之间价值观的共享是我们分析的主导思想之一。世代相传中，公共机构已将这种文化互补性融入他们干预的形式中。

品行端正以及中国主要精神价值观（尊重家族、和谐、尊重祖先、无为）的仪式化，使得当局能够调和人民与政府官员的关系，以至于如一位受访的应试者所强调的，"公务员可被视为是亲属"。由此，公共行政的行政形象得到全民的极大认可，因为通过考试和家庭关系网，国家向所有的中国人提供了其"亲属"中会出一位或几位公务员的机会。

中国的行政传统在新中国得到了加强，它鼓励全民在面对看起来非常严格的正式规则时去寻找转圜的余地。因此，在为了保护家族利益对其关系网中的成员做出通融时，公务员的诚实很少受到质疑。通过其群体以及

网络,中国人喜欢用不拘形式和亲密关系的灵活性为采取有效行动提供便利,来应对非模式化的和易变的现实。政府官员的适应性是公务员录用考试所提倡的一种品质。公务员是那种"思想端正者,必然会追求公共决策的公正和平衡"[CR/ADM/7]的人。

中国人认为公私对抗犹如"阴阳"一般,也就是说,并非是对立的而是相互补充的,在持续的盛衰过程中,一方的一部分总是在另一方那里,犹如道家所画的太极图,有两个互嵌的逗号,彼此的小圆点在对方那里。公务员录用考试必然要伴随着一种跨越公私界限的运动,这种运动并不严酷,反而相反,局部性地打破这一界限可以使个体能够在公职中占有立足之地。

由此,犹如阴阳在汉语中的语法分类应该是动词而不是形容词,我们需要考虑将公共和私人看作是表示运动和方向的动态概念:于私是自我评估和开放,于公是封闭和反射性的行为。

公务员录用考试制度代表着一种文化边界,很显然是一种沟通公共和私人空间的工具,因此,它是以这种方式思考和构建社会价值观的典范(见图1)。

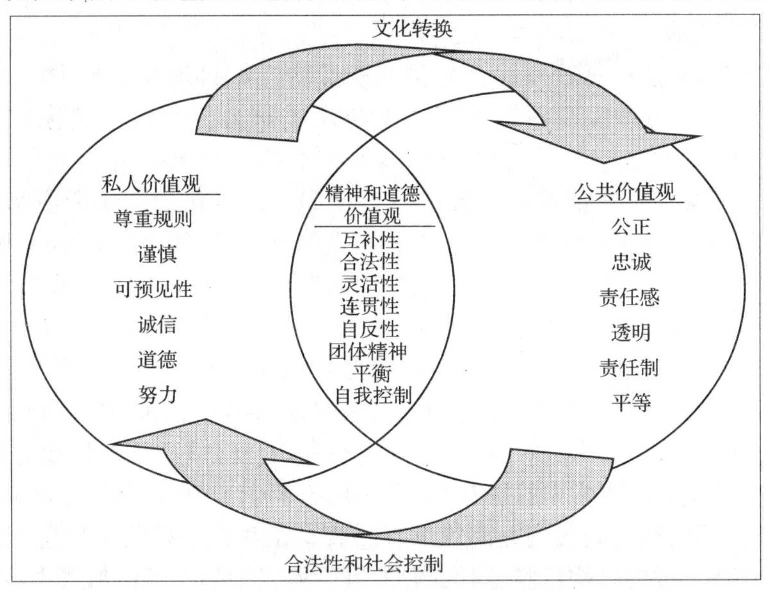


**图1　中国公务员录用考试的文化转换**

这种文化转换需要政府官员首先接受价值观上的训练,特别是在私人和公共文化方面,并且这种训练通过考试或准入资格得以确认。我们的分析证实(见图1),在八个精神和道德观的公务员考试中得到确认,部分地传播了这些价值观。我们将这八个精神和道德观与八个文化价值观做了比较,这八个文化价值观是通过对我们的面对面访谈(见表1)回答进行编码选出来的。它们推动了公共和私人价值观之间文化连续性的建设,使得政府官员和国家对社会的控制合法化,影响着履行公职的方式。通过公务员录用考试施行的这些价值，是公共价值观的管理目标，而公共价值观是对政府官员职业行为进行不断的过程管理的一部分。

对汉字书写的分析支持了这种公私互补性，汉字书写在主要表意文字或声调中部分地再现了传统文化。由此，“公”字的发音是“gong”(一声)，在汉语中被写成“公”。这个汉字由两部分组成：上面是数字“八”的图形，下面是表征私人的“厶”符号。在中国人的思维里，公处于私的核心。这一汉字可以追溯到贵族代表君王和封国拥有土地的时代，农民“属于”土地的所有者(君王将土地和家庭分封给地方领主)。井田外围的8块田由8个农户耕种，谓之私田，私田收成全部归耕户所有；中间是公田，由8户共耕，收入以税收的形式全归封邑贵族所有。公显然指的是共同为封国效力的事实，由代表着中国思想特征的八个私人单位来指代，中国传统思想从整体性上来思考概念，其中说出来的和没说出来的一样重要。想到八个私人单位时，自然指的是那个省略掉的单位，公，因而表现出了公的特征。

私这个字也传达出这种公私互补性。它在现代汉语里被写成“私”，也是由两部分组成的。左边的“禾”代表着谷物，右边的“厶”，是上述的声调，表示拿的动作。私由果实、收获、使用权来指代，但却不代表完全所有权。

## 六、结论

我们展现了包含着公务员精神和道德的中国公共价值观与私人价值观之间的紧密关系。公共价值观融合了更多属于私人领域的精神和道德价值观，对这一点的明确，提供了一种既不同于西方的世俗主义，又对其形成补充的视角。描述来自于公共或私人领域的价值观具有理论意义，这构成了价值论的基础，公共管理能够从中汲取灵感，建立自己的管理工具。公务员录用考试，表现出了根据普通公众和公务员共同的价值观对公共服务绩效进行预先管理的特征。不管这种管理是否完善周到，它描述了一种运作模式，该模式赋予了过程(如何)比结果(什么)更重要的地位。这基本代表了中国传统思想和文化的特征，能够给由“新公共价值观”理论所引发的管理改革带来灵感。我们认为，这一理论的实践基础发展的潜在路径，在于克服新公共管理的“结果逻辑”，更多地关注“价值观逻辑”。

这种将公共领域和私人领域结合得更紧密的方法，并不是完美无瑕的，因为中国的政治体制可能会消解中国传统思想的激发作用。实践中，中国公务员的低工资(他们在中国也被称为拥有“铁饭碗”)，使部分人采取了从接受馈赠礼物到严重腐败的种种策略，而腐败是对中国的公共价值观体系的主要问题(Chan and Ma，2011)。

自1949年以来，中国的公共机构受到尊重，很大程度是由于中国现行的政治体制,这一点看起来也很明显。就此而言,在历史上,即使是最自由的体制(宋朝或1978年后的新时期)也能够通过将中国传统文化的价值观融入各种形式的公共干预中,从而使权力合法化。如果没有这一点,断言公共机构特别是公务员考试可能会受到中国社会更显著地挑战,就并非无端妄言。

据我们所知,文献中并没有提出研究中国公共价值观的文化路径,尽管这种方法以文献为基础,具有几百年历史的公务员录用考试的研究,也没有使用文化路径。博兹曼(2007)认为,不管提出哪种方法来描述或分析公共价值观(调查、访谈、文件分析、文献回顾),似乎都不可能毫无异议。本文提出的路径,探索了对中国公共管理进行文化主义分析的途径(Hood,1998; Pollitt,2011),这种分析路径还需要拓展到其他公共管理工具以及有效实施这些价值的研究中去。

尽管说它在中国是一种真正的公共价值观的管理还为时尚早,然而,中国的公务员录用考试以及更一般的公共行动方式,还是代表了广阔的文化上的探索和发现路径。我们并未对中国的公共组织与权力抱以盲目乐观或理想主义,不过似乎确实有必要特别关注这个相对不为人所知的中国公共机构,中国拥有世界五分之一的人口,其公共机构植根于仍然普遍存在于私人和公共生活所有领域的文化传统中。

**附录:访谈提纲**

年龄:

受教育程度:

受访者的身份或职业:

在政府行政部门中的年资:

备考的考试类型:

(一)公务员录用考试的内容

你要参加的公务员录用考试有哪些测试?主要内容是什么?你用了哪些复习资料?

要想通过公务员录用考试必须具备哪些基础知识?

你为什么参加公务员录用考试?你的动机是什么?

关于中国文化和哲学的知识是这种考试中的重要内容吗?如果是,请举例。

(二)私人价值观和公共价值观

你认为公务员的价值观是什么?

公务员履行其职责所不可或缺的价值和品质是什么?

一个公务员在履行职责时应当如何表现?他们应当运用哪些个人或

集体价值观？

在你看来，公务员在社会中居于何种地位？他们的作用如何？

在你看来，普通公众对公务员的工作以及更广泛的公共服务有何种期待？

你如何看待你作为一名公职人员或执行公务时的角色？

你认为你必须履行哪些行动原则？

（三）小结

你能够补充一些其他描述公务员价值观的要素吗？

还有其他要素可以描述中国的公务员录用考试吗？

**劳伦特·梅里亚戴（Laurent Mériade）**是法国奥弗涅大学讲师和克莱蒙费朗管理研究中心（CRCGM）的研究人员。他的研究领域是公共管理和亚洲文化。他最近发表在《@人力资源管理》（@GRH，9/2013/4）和《管理与公共管理》（3/2013）上的文章，涉及法国的新公共管理机构与中国大学的所有权形式。

**李毅强（Li Yi Qiang）**是中国广西财经大学的讲师。他的研究聚焦于中国的地方政府组织，发表在《开放导报》（2010）以及《云南财经大学学报》（2012）上的两篇文章，对中国和法国公共管理现代化的形式进行了比较研究。

## 参考文献

Bartoli A, Mazouz B, Kéramidas O and Larat F (2011) Éthique et performance en management public. *Revue française d'administration publique* (Paris) 140.

Bazeley P and Richards L (2000) *The NVivo Qualitative Project Book*. London: Sage.

Benington J and Moore MH (eds) (2011) *Public Value: Theory and Practice*. New York: Palgrave Macmillan.

Boyne GA and Walker RM (2010) Strategy content and public service organizations. *Journal of Public Administration Research and Theory* 14(2): 231–252.

Bozeman B (1984) Dimensions of publicness: An approach to public organization theory. In: Bozeman B and Straussman J (eds) *New Directions in Public Administration*. Belmont, CA: Crooks/Cole, pp. 46–62.

Bozeman B (2007) La publicness normative: comment concilier valeurs publiques et valeurs du marché. *Politiques et management public* 25(4): 179–211.

Bozeman B (2013) What organization theorists and public policy researchers can learn from one another: Publicness theory as a case-in-point. *Organization Studies* 34(2): 169–188.

Chan HS and Ma J (2011) Combien gagnent-ils? Étude de la fonction publique en Chine. *Revue internationale des Sciences Administratives* 77: 297–326.

Cossette P (2004) *L'organisation: Une Perspective Constructiviste*. Québec: Les Presses de l'Université Laval.

Das TK and Teng B (1998) Between trust and control: Developing confidence in partner cooperation in alliances. *Academy of Management Review* 23(3): 491–512.

d'Iribarne P (2011) Les cultures et les performances. *Réalités industrielles, Annales des Mines* 2: 18–23.

Emery Y (2009) Apports essentiels du management de la qualité au renouveau du modèle bureaucratique. *La Revue de l'innovation dans le secteur public* 14(3).

Emery Y and Giauque D (2005) *Paradoxes de la gestion publique*. Paris: L'Harmattan.

Feeney MK and Welch EW (2012) Realized publicness at public and private research universities. *Public Administration Review* 72(2): 272–284.
Gernet J (1997) Le pouvoir d'État en Chine. *Actes de la recherche en sciences sociales* 118: 19–27.
Gibert P (2008) Un ou quatre managements publics? *Politiques et management public* 26(3): 7–23.
Heinich N and Verdrager P (2006) Les valeurs scientifiques au travail. *Sociologie et sociétés* 38(2): 209–241.
Hood CC (1998) *The Art of the State: Culture, Rhetoric, and Public Management*. Oxford: Clarendon Press.
Horwitz A (1990) *The Logic of Social Control*. New York: Plenum Press.
Inkpen AC and Currall SC (2004) The co-evolution of trust, control, and learning in joint ventures. *Organization Science* 15: 586–599.
Jorgensen TB and Bozeman B (2007) Public values: An inventory. *Administration and Society* 39(3): 354–381.
Lévesque B (2012) La nouvelle valeur publique, une alternative à la nouvelle gestion publique? *Revue Vie économique* 4(2).
Lianchang C (2011) *The Public Elementary Knowledge*. PC Central Party School Press.
Lin Y (1997) *La Chine et les Chinois*. Paris: Payot.
Mazouz B (2008) Vers l'émergence du véritable gestionnaire public: de l'acte administratif...à la performance managériale. In: Mazouz B *Le métier de gestionnaire public à l'aube de la gestion par résultats: nouveaux rôles, nouvelles fonctions, nouveaux profils*. Québec: Presses de l'Université du Québec, 15– 48.
Mazouz B, Garzon C and Picard P (2012) Les déviances dans les organisations publiques en quête de performance: vers une gestion prophylactique des risques de déviance. *Management international* 16(3): 92–100.
Miles MB and Huberman AM (2003) *Analyse des données qualitatives*. Paris: de Boeck.
Moore FH (1995) *Creating Public Value: Strategic Management in Government*. Cambridge, MA: Harvard University Press.
Moynihan DP, Fernande S, Kim S, Leroux KM, PiotrowskiI SJ, Wright BE, et al. (2011) *National Civil Servant Recruitment Examination Teaching Material: The Public Elementary Knowledge*. China: Forestry Publishing House.
Needham J (1995) *Science et civilisation. Une introduction*. Arles: Picquier.
O'Flynn J (2007) From New Public Management to public value: Paradigmatic change and managerial implications. *Australian Journal of Public Administration* 66(3): 353–366.
Ouchi W (1979) A conceptual framework for the design of organizational control mechanisms. *Management Science* 25(9): 833–848.
Paillé P and Mucchielli A (2012) *L'analyse qualitative en sciences humaines et sociales*, 3rd edn. Paris: Armand Colin.
Pollitt C (2011) Not odious but onerous: Comparative public administration. *Public Administration* 89(1): 114–127.
Pollitt C (2013) The evolving narratives of public management reform: 40 years of reform white papers in the UK. *Public Management Review* 15(6): 899–922.
Prefontaine L, Skander D and Ramonjavelo V (2009) La capacité partenariale, pilier de la réussite d'un partenariat public–privé. *Revue Française d'Administration Publique* 130: 323–336.
Rainey H (2003) *Understanding and Managing Public Organizations*, 3rd edn. San Francisco, CA: Jossey-Bass Publishing.
Rhodes R and Wanna J (2011) The limits to public value, or rescuing responsible government from the platonic guardians. *Australian Journal of Public Administration* 66(4): 406–421.
Salminen A (2066) L'imputabilité, les valeurs et les principes éthiques du service public: l'avis des législateurs finlandais. *Revue Internationale des Sciences Administratives* 72: 177–193.

Sanjuan T (2010) *La Chine et le monde chinois, une géopolitique des territoires*. Paris: Armand Colin.
Santo V-M and Verrier P-E (2007) *Le management public*, 3rd edn. Paris: PUF.
Schedler K and Proeller I (2007) Public management as a cultural phenomenon: Revitalizing societal culture in international public management research. *International Public Management Review* 8(1): 186–194.
Schultz D (2004) Professional ethics in a postmodern society. *Public Integrity* 6(4): 279–297.
Stoker G (2006) Public value management: A new narrative for networked governance? *American Review of Public Administration* 36(1): 41–57.
Thévenot L and Boltanski L (1991) *De la Justification: Les économies de la Grandeur*. Paris: Gallimard.
Thoenig J-C (2008) Politiques publiques et cycles de vie. Le bébé et l'eau du bain. *Politiques et management public* 26(3): 57–76.
Tsien J (1964) Les systèmes d'examen pour le recrutement des fonctionnaires en Chine (de Confucius à nos jours). *La Revue administrative* 99: 295–301.
Van Der Wal Z, De Graaf G and Lasthuizen K (2008) What's valued most? Similarities and differences between the organizational values of the public and private sector. *Public Administration* 86(2): 465–482.
YuqunY and Junsheng Q (2012) *The Civil Servant Recruitment Examination Intensive Teaching Materials: The Public Elementary Knowledge*. Renmin: University of China Press.
Zhenti D (2011) *The Central and Local Civil Servants Examination Exercises: The Public Elementary Knowledge*. China: Railway Publishing House.
Zhou J and Qi W (2009) Deviation and rectification of public policy's publicness in the social transition. *Journal of Henan University (Social Science)* 6.
Zi E (1894) Pratique des Examens littéraires en Chine. *Variétés sinologiques* (Shanghai, Imprimerie de la Mission catholique de l'orphelinat de T'ou-sé-wé) 5.
Zwick R (1988) Another look at interrater agreement. *Psychological Bulletin* 103: 374–378.

# Public values on the public/private boundary: the case of civil servant recruitment examinations in China

**Laurent Mériade**
Université of Auvergne, France

**Li Yi Qiang**
University of Finance and Economics of Guangxi, Nanning, China

**Abstract**
This article looks at public values as an alternative public management instrument to the traditional public instruments or those of New Public Management (NPM). China offers very explicit examples of public values deliberately built on the boundary between the public and the private. We examine this issue through the civil servant recruitment examinations in China and the point of view of the candidates. We propose a cultural approach to the 'publicness' of these examinations to understand the public/private articulation of the values they convey and their roles in the field of public management in

China. We highlight a set of spiritual and moral values from the private sphere that are transmitted in the public values through the civil servant recruitment examinations, often to legitimize the government and its social control.

## Points for practitioners

In this article we consider public management instruments in China that are often relatively unknown or considered archaic. Their uses offer original examples of instruments that are embedded in Chinese society that open out the spectrum of public values towards private values, mainly spiritual and moral. We wish to make an empirical contribution to the debate on the role of public values in public management. We investigate the civil servant recruitment examinations in China through their content and the values they transmit. Candidates for the examinations explain to us the values that guide their preparation for public jobs and we analyse their role in Chinese public management.

**Keywords**
China, morality, public values, spirituality, traditional culture

国际行政科学评论

# 地方政府财政评级中的公共价值与功能潜变[①]

穆里尔·米歇尔·克鲁珀特　　瑟奇·鲁奥特
Muriel Michel-Clupot　　Serge Rouot
翻译:崔　玲　　审校:张　敏　韩志明

【摘　要】 作为债券发行者,地方政府进行信用评级,为的是能从资本市场直接融资。然而,有些地方官员还把他们的信用评级用作地方公共报告的手段。这一功能潜变对地方政府的公共价值有影响吗?根据公共性理论(Bozeman,2007),对于无论是否明确提到其信用评级的政府机构,都应该进行这种公共性测评和公共价值检测(Jorgensen and Bozeman,2002,2007)。对使用信用评级和未使用信用评级的两种公报方式进行的文本分析显示,功能潜变传递出较低程度的公共性以及"市场"导向的公共价值,但也还是形成了一种公共价值:透明性。

## 对实践工作者的启示

无论是地方的沟通者,还是对于当选的地方官员,将财政评级用于政治沟通都无中立性可言。这种功能潜变传递出了更多的公共价值,但却伴有更大的经济与市场偏好。由此塑造了公共价值的内容。这种功能潜变

① 2012年12月5—6日巴黎第二大学和索邦大学召开国际公共管理研究学会(AIRMAP)"公共价值"国际研讨会,本文是提交的会议论文。

**通信作者:**
Muriel Michel-Clupot,IUP Finance,13 place Carnot,CO 70026,Nancy,Cedex 54035,France
E-mail: muriel. michel@univ-lorraine. fr

还显示:新近当选的政治官员倾向于运用这一功能,似乎他们在任期的头几年里会专注于管理,而接下来的几年则会受到具有高度公共性的政治与公共价值的影响。这引发了连选连任的限制问题。

【关键词】 财政评级;地方政府;地方公报;公共性;公共价值;文本分析

## 一、决定一种价值的重要性的是那些我们愿意为之冒险的东西(François Ewald,1998)

2012年年初,法国丧失AAA评级在总统选举期间成了一个热门话题,从而引出了评级机构对于预算政策的影响问题。国家在主权债务方面受到评估;地方政府则在地方债务方面受到评估。

评级活动会传递出概要信息[1],"相当于使地方政府进入国际金融市场的一种证明和财务报告行为"(Raimbourg,2000:59),旨在降低债券发行者所付费率的价差。其目的是能直接发行债券,或者更间接地取得与银行更大的谈判权。然而,将财政评级用作政治沟通和推行公共政策的工具,则相当于"功能潜变"。

这种功能潜变对法国地方政府的公共价值有影响吗?

因此,我们打算研究地方公共沟通话语中这些价值的表现形式。我们研究的理论基础是公共性理论和公共价值理论,然后我们把这些理论与信用评级实践相比较。随后会解释实证应用中选择的方法论,即文本分析和材料分析的原则。根据该领域的研究文献,我们的分析结果表明功能潜变是如何帮助塑造公共性的程度与公共价值的内容的。

## 二、地区的公共沟通:公共价值如何能与信用评级相协调?

在讨论地方沟通及其形成公共价值与公共性的情况之后,我们要把它与地方政府的信用评级进行比较。

### (一)地方沟通与公共价值

现代意义上的地方政府沟通始于权力下放所导致的制度突变。在20世纪70年代,地方政府仅有偶尔的和适度的主动权。[2]1982年的法律的确带给了地方一部分沟通性权力:设立大区、强调三级地方层次、地区推广以及建立"认同意识"(Megard and Deljarrie,2009:21)。后者在若干年后演变为地方沟通(根据管理主义逻辑推动地方公共服务市场化)和参与型沟通(通过信息与通信技术所促发的普适与互动)。

就其技术和支持而言,地方的公共沟通与一般性沟通实践相联系。然而,在利害攸关的问题上,它却与一般性沟通实践迥然不同:公共棱镜折射出公共利益和民主。根据受公共资金资助的研究定义,公共沟通必须服务于公民:它“通常指的是交换与分享公用事业信息以及发展社会关系”(Zemor,2008:5)。其目标是双重的:围绕所实行的政策(仲裁或限制)进行沟通以及在争论与协商时寻求公众支持。公共沟通的合法性蕴含在“行为教育学”之中(Megard,2012:22)。虽然民主在地方上的运行是通过代表制实现的,但是选举太有限,以至于不能把所作出的公共选择告知公民,也不能围绕着地方项目展开对话。成熟的沟通是高效的地方管理的保障。

地方政府的财务报告就是这方面的一个例子。1992 年 2 月 6 日颁布实施的《共和国地方行政管理法》(ATR[3] law)起到了决定性的推动作用。虽然上市公司的财务信息向股东们报告盈利与管理情况,但是市政当局、各政府部门以及各地区的财务报告则记述预算方针方面的争论,将实体单位置于同级政府机构中,检视“卫星”组织由于承担任务所引发的风险。这种报告完全被合并进地方财务管理当中,它认可透明性或近似性,并且赋予当选的代表合法性。地方报告通过解释某些政策决策(特别是财政的)从而服务于公共政策,充当着对民主的预期保障。引申开来,所提供的财务信息甚至于有助于政府当局树立“经济”形象:不仅有助于引起合作者和债权人的重视,还有助于引起寻找新址的公司的注意。因此会出现政府当局之间某种形式的竞争,并且作为分权带来的经济竞争力的逻辑结果,必然要求沟通者具有推销本地区的能力。

地方上的沟通因此传递着一套价值观。我们的现代民主制要回应全体人民,这些人民分为(具有投票权的)选举群体、(接受民意调查或示威游行的)社会人群体以及最终通过某些价值观而存在的“坚守原则的人”群体(Megard,2012)。这对于任何说服活动、急于宣扬义务和责任以及渴望影响行为都是同样的道理:可持续发展就是一个强有力的象征。

地方沟通关注公共领域,因而属于政治学的宽广领域。首先,它体现了与古代城市政府相联系的报告制度,以及扩展开来任何行政层级治理中的报告制度。由于被看作是“政治的”,因此,它孕育着围绕“公共性”一词展开的所有讨论的萌芽。

### (二)公共价值与公共性

根据公共性理论(Bozeman,2007),任何组织都受制于两个权威——一个是政治的,另一个是经济的——在其中它将发现生存所需要的资源。因此,挑战在于确定这两者各自的比例。这是“空间维度的公共性”(Bozeman,2007),它有助于在其运作和治理方面区分组织是“公共的”还是“私营的”。的确,一个实体的法定地位或者其所有者的身份,已经成为更复杂的现实的部分要素,将两种权威按照其可被测量的比例结合起来。

这种公共性的测量是对政治影响力和市场影响力的评估,在“政治的”价值与“私人的”价值之间达到平衡。后者只有通过制约政策选择的经济价值才能获得主动的理解。

这引出了公共性理论与公共价值研究之间的联系问题。公共价值被定义为“应该(与不应该)赋予公民的权利、利益与特权;公民对于社会、国家及其他方面的义务;以及政府与政策必须依据的原则”(Bozeman,2007:189)。这些公共价值由当选的代表、公务员和公民承载,是行政管理和公共政策的基石。与个人价值相比,公共价值很难被察觉:它们是内在的,需要聚集与合法化(而每个人都拥有所谓的个人价值)。

政治与经济各自的权重指引并塑造着公共价值:“如果我们想理解机构和政策中的政治与经济权力实现公共价值和奋力达到公共利益理想的潜能,我们就需要理解这两种权力的合力”(Bozeman,2007:186)。因此,理解公共性的演变过程,就是理解这些价值的定位情况。

在国家和地方两个层面,这些公共价值基于公共行政方面的研究文献和组织理论刻画出来(Jorgensen and Bozeman,2007)。[4]由此确立的“清单”建立在把受价值影响的不同领域都展现出来的路径基础之上。从公共行政的观点看包括:公共部门对社会的贡献;利益向决策的转化;公共行政管理者与政治官员之间的关系;公共行政管理者与其所处环境的关系;公共行政的组织内部情况;公共部门雇员的行为以及公共行政与公民间的关系。

本文中我们的目标是识别法国地方政府的公共价值。我们研究的领域是地方政府沟通。研究这个问题的方法是实证性的:所实施的公共行为和政策的表现。既然公共辩论和政治论述不仅显示着公共价值,还直接促进公共价值的产生(Jorgensen and Bozeman,2007),那么使用这种方法是合情合理的。

因此,透过公共价值与公共性量度的棱镜阅读地方政府公报,就是一种与“市场逻辑”的交锋,是对于这些公共价值的真正挑战(Jorgensen and Bozeman,2007)。的确,来自金融市场的限制在地方公共财政或债务管理问题上非常明显,从而引出了评级机构在政策实施的现实内外以及在公共价值建设中的作用问题。

### (三)地方政府与信用评级

信用评级或者评级,指的是打出一个分数(对债券的发行者或者直接对这些债务证券以一个或多个字母的形式)。这个分数评估的是违约风险，即借款人违约的可能性（本金或利息违约），任何违约都将给出借人造成损失或机会成本。

与上市公司提供给股东的财务报告一样，发行公债时，金融市场管理局（Financial Markets Authority）发布的财务报告是对（公债或可转让债务）投资者有用的信息。

由于评分标准、行业联合[5]、支付方法以及预测危机失败等原因，评级机构近些年来受到批评，引发了争议。而且，这一危机使政府紧缩预算，并且增加了对外部融资的需求。这可以采取直接市场融资的形式，并且把评级机构重新定位为关键的市场参与者。由于评级机构已能获得“声誉资本”，则赋予其按照独立性和可靠性标准进行风险评估的任务（已承担或将承担）（Raimbourg，1990）。既然评级机构的意见被投资人采纳，其建设或者至少塑造着评级市场。在这个意义上，他们已经成为关键的参与者。

地方政府的信用评级被称为“次主权的”[6]，于 1918 年首次出现（Gaillard，2010）。它兼具定量评估与定性评估双重属性。地方政府信用评级使得一个主体能够被另一个主体以及用某种衡量标准审视。这种评级的目的当然是评估被评实体的违约风险，但是却主要受到立法和制度体系的影响，包括中央集权或地方分权的程度。“由于制度标准构成了其他要素的基础，因此是最为重要的”（Paget-Blane and Painvin，2007：194）。

在技术上，打分标准被划分为制度约束（法律框架、特权与资源、被评实体的治理与控制），社会经济因素（地方 GDP、人口、就业，这些决定着该实体的收入与支出）以及财政信息（政府机构的预算以及由“卫星”与外部管理机构产生的预算外风险[7]）（Paget-Blane and Painvin，2007）。总之，评级机构的方法包括两个主要维度，一个是政治的，另一个是经济与财政的，都体现在其分析报告中。因此，它们可以用来测评公共性。

目前，财政公报主要由法国地方政府通过其网站出具（Michel-Clupot and Rouot，2013），其中有些地方政府直接参考了信用评级中的评分。这样就产生了“功能潜变”，截用评级分数背离了初衷，不可避免地改变政治话语，并塑造了现有的地方公共价值。

当财政评级出现在面向区域内公民的报告中，间接地或者非常明显地变成为某个管理部门得分的背书而不再是借款方签字分量的体现时，它就被操纵偏离了最初的用途。然而，在地方公共组织中，信用管理并不等同于地方公共管理，即便是在始于 20 世纪 70 年代盎格鲁一撒克逊国家、将私营企业与公共部门方法融合起来（Hood，1998）的“国际公共行政改革运动——新公共管理运动”背景下也是如此（Huteau，2008：185）。不应该把公共绩效的模式简化为财务绩效。[8]

有意地公布这些分析报告，相当于公布经济约束的程度。这就提出了这种公报选择是否只是由对公共价值透明度的关注所引发(Jorgensen and Bozeman,2002),或者是在追求一种政治目标(Gourmel-Rouger,2002)的问题。(评级机构的报告中揭示的)经济与财政限制对公共政策有着重大的影响,所以很有可能塑造大量的公共价值。

## 三、测量公共性与地方公共价值检测:使用哪些工具和素材?

首先解释本文的研究方法,之后介绍文本分析的原理以及所处理的文件。

### (一)研究路径:测量公共性与检测公共价值

本研究的目的是双重的:

• 第一个目的是对公共性作出三重测量:对在其报告中提到财政评级的地方政府话语进行测量,对在其报告中未提到财政评级的地方政府话语进行测量,以及对评级机构意见书中话语进行测量。构成这三种话语的词汇反映出其更具"政治"倾向或"经济"倾向。因此我们创造了"公共性评级(Publichess rating)"一词,用以评估地方政府公报以及评级机构评估地方政府的报告中所传递出来的政治权威的影响力(根据 Bozeman,2007)。

• 第二个目的是通过对构成这三种话语并代表着公共性的词汇(Jorgensen and Bozeman,2007)进行比较,识别公共价值。目标是检测各个公报中的价值,还要对它们进行比较和解释。

### (二)文本分析的原理

文本分析软件在传统上分为两类:一类的目标是对大量数据进行综合以提炼关键主题,另一类源自欧洲语言学家的做法和法国统计分析潮流,对语料汇编进行详细分析(Gavard-Perret et al.,2008)。为了检测评级机构报告和地方政府财政公报中的公共价值,我们选择使用 Alceste 软件(Analyse des Lexèmes Cooccurents dans un Ensemble de Segments de Texte——正文段集合中的词素同现分析),这属于第二类文本分析软件,由国家科学研究中心(Centre National pour la Recherche Scientifique)开发。文本数据分析旨在揭示被称为语料库的文本中所包含的基本信息(Gavard-Perret et al.,2008)。现在它普遍被用于分析诸如财政公报背景下的财政学等管理科学(Chahine and Mathieu,2003;Chekkar and Onnee,2006; Michel-Clupot and Rouot,2012; Negre and Martinez,2013)。

"目的是对文本进行定量分析以提取最重要的代表性结构。"[9] 其原理基于进入正文段序列的语料库细目,这种语料库细目被称为基本语境单位(Elementary Context Units,ECU),显示出词汇的分布、重复与搭配(某些词与另一些词接近)情况(Reinert,2007)。

这种新方法源自关联性的因子分析和 Alceste 软件的特征，不对词汇而是对基本语境单位进行分类。在基本语境单位方面，检测全部词汇以便通过比较确定分类。

该软件执行的是递减层次分类法，因此将语料库的细目归入不同的等级[10]；所选形式与该等级之间联系强度的测量用卡方检验完成[11]。经过处理之后，语料库被“储存”到不同的等级中，随后研究人员的工作就是根据这些词汇定义并命名这些等级。

### （三）文本分析的素材：被评地方政府报告的支持素材和评级机构的报告

三大评级机构对地方政府的财政决算进行了评估，发布了这些地方政府的排名。这使我们得以确定于 2012 年 6 月接受过评级的法国 40 个地方政府所构成的统计总体（见表 1）。

这些评级机构在其顾客发起的评级程序框架下拟定了一份分析报告。这些书面材料非常适合于文本分析。

惠誉评级和标准普尔（Fitch Rating and Standard and Poor）这两个机构的网站允许直接下载某些报告。另外，某些被评级的地方政府允许从它们自己的网站上或联合网站上获取这两个评级机构的报告。穆迪（Moody）是唯一的例外，没有公布任何评级意见。

因此，实证研究包括在资料收集期间（2012 年 6 月）所有标准普尔和惠誉评级的法国政府机构（自治市、社区群、部门、地区）。只有穆迪的报告由于无法获取不包括在内。[12]最后，我们搜集到了这些评级机构所作的 22 份分析报告，它们是 Alceste 软件处理的第一个语料库（见表 2）。

与此同时，第二种文本分析则聚焦于已是评级主题的地方政府话语的内容，这需要获取新的书面支撑材料。它们包括大量的财政报告记录。对话语的实证分析需要地方政府撰写的非标准化文件。所需支撑材料必须是一种沟通而非传统意义上发布者与接受者之间交流的信息文件。我们提出了三种调查方法。

第一，地方政府的公报具有更加正式的特征，第一份年度报告是在 1992 年发布的（Angotti and Laurent，2000）。这超越了预算程序的传统结构，是一种真正的活动报告，检视了地方政府的胜任力与成绩。另外，《地方政府通用法典》（Code Général des Collectivités Locales）规定由公共事业机构起草行动报告。[13]虽然最初的设想是内部使用，但是文件还是不断地被公布于众（经要求与为了下载）。

第二，预算导向辩论（Budget Orientation Debate，BOD）[14]通过信息扩散和议事会议内的交流制度的确立，大大加强了代议民主制。经过辩论，预算结果得到了讨论，优先项目也确定了下来。预算导向辩论有着很强的教育意义。它在性质上是一种口头表达,一般会落实为一份总结文件,通常可以在地方政府的网站上自由获取。

第三,现在大多数地方政府都有网页公布其预算情况,通常辅以行政部门的评论,反映出它们在预算程序中的“政治”视野。

**表1　2012年6月参与评级的地方政府**

| 评级机构 | 标准普尔 | 惠誉 | 穆迪 |
| --- | --- | --- | --- |
| 社区群 | 敦刻尔克城市社区<br>格勒诺布尔·阿尔卑斯大都市<br>图尔斯·普拉斯及其郊区 | 斯特拉斯堡城市社区 | 塞尔日一蓬图瓦兹及其郊区<br>里尔城市社区 |
| 自治市 | 戛纳<br>马赛<br>巴黎 | 科尔玛<br>马赛<br>巴黎<br>斯特拉斯堡(市) | 欧巴涅<br>克利希市<br>巴黎<br>维勒班 |
| 部门 | 多尔多涅<br>埃松<br>默兹<br>塞纳与马恩<br>奥弗涅 | 下莱茵<br>埃松<br>瓜德罗普<br>多姆山<br>法兰西岛 | 厄尔<br>芒什 |
| 地区 | 香槟一亚丁<br>法兰西岛<br>利穆赞<br>北部加莱海峡大区<br>卢瓦尔河 | 皮卡第<br>普罗旺斯蔚蓝海岸大区<br>罗纳一阿尔卑斯 | 法兰西岛<br>罗纳一阿尔卑斯<br>留尼旺 |

资料来源:Date collected in June 2012 from the website of the three rating agencies.

所分析的文件可能先验地推导出话语的政治或经济性质。的确,公共行为具有一定的暂时性:宣布一个(政治)项目具有实际的(经济)成绩。这就是我们的分析要覆盖全部时间范围的原因:行动报告(对过去的表述和对以前政策选择经济结果的综述)、有关预算的网页(是对现在的表述)以及具有政治意图和对未来的表述。我们在2012年7月从相关地方政府的网站上搜集了这三种文件,完全遵守文本分析的要求。对文件内容更为详细的分析,主要聚焦于话语中对评级的描述,因而我们能够把这些地方政府分为两类:明确提到其财政评级的(在下文中称为“提到”)和被评级但是却不提起的地方政府（在下文中称为“没提到”）。随后对有关地方政府话语的两个语料库进行分析（见表 3）。

第三个文本分析针对的是由评级机构的报告所构成的语料库。总体的研究方法在图 1 中都有图示。

**表 2　评级报告获取情况**

| 评级机构 | 标准普尔 | 惠誉 |
|---|---|---|
| 社区群 | 敦刻尔克城市社区<br>图尔斯·普拉斯及其郊区 | 斯特拉斯堡城市社区 |
| 自治市 | 马赛<br>埃松 | 科尔玛<br>马赛<br>斯特拉斯堡（市）<br>埃松 |
| 部门 | 塞纳与马恩 | 瓜德拉普<br>多姆山 |
| 地区 | 奥弗涅<br>香槟一亚丁皮卡第<br>法兰西岛<br>利穆赞<br>北部加莱海峡大区<br>卢瓦尔 | 法兰西岛<br>普罗旺斯蔚蓝海岸大区<br>罗纳一阿尔卑斯 |

资料来源：Date collected in June and July 2012 from the website of the rating agencies and the website of local authorities.

**表 3　地方政府及其对评级的参考情况**

| 提及信用评级的政府（所谓“提到”） | 未提信用评级的政府（所谓“没提到”） |
|---|---|
| 埃松 | 敦刻尔克城市社区 |
| 多姆山 | 图尔斯及其郊区 |
| 奥弗涅 | 斯特拉斯堡城市社区 |
| 香槟一亚丁 | 马赛 |
| 法兰西岛 | 科尔玛 |
| 利穆赞 | 斯特拉斯堡 |
| 北部加莱海峡大区 | 普罗旺斯蔚蓝海岸大区 |
| 卢瓦尔 | 瓜德拉普 |
| 皮卡第 | 塞纳与马恩 |
| 罗纳一阿尔卑斯 | |

资料来源：Data collected in July 2012 from the websites of the local authorities.

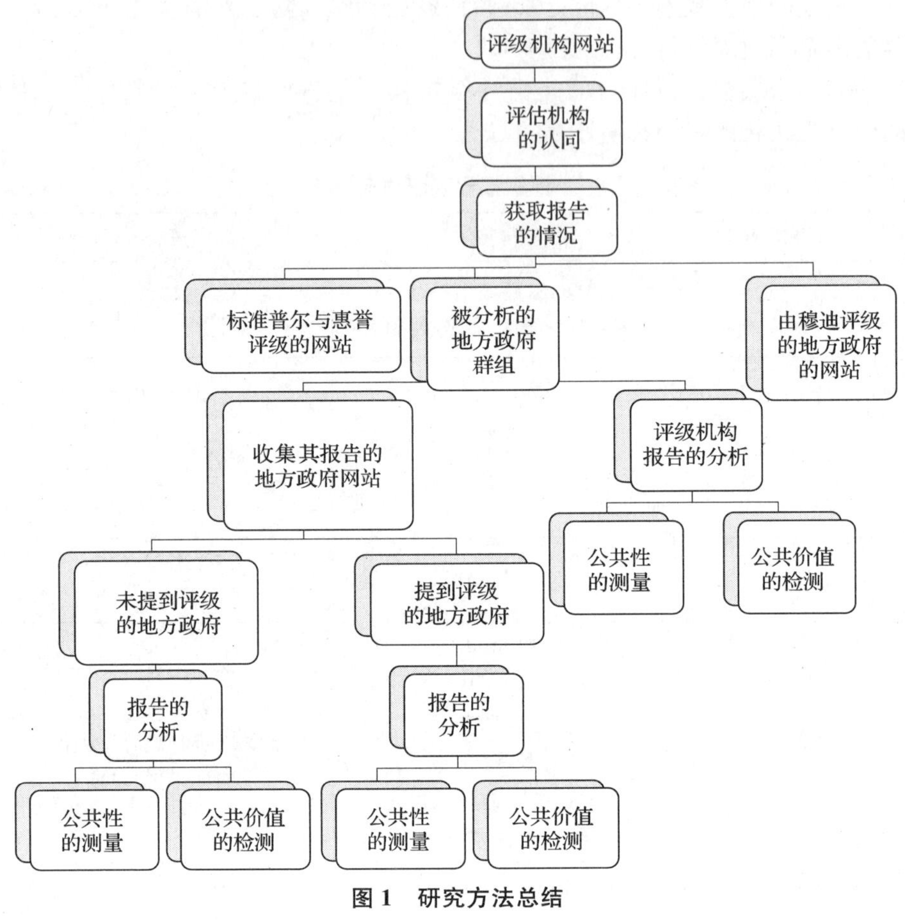


**图1 研究方法总结**

## 四、信用评级的功能潜变:对公共性与地方公共价值有何影响?

根据理论框架,我们检验了对地方政府公报和评级机构报告的分析结果。这些结果表明,功能潜变产生了公共价值。

### 财政评级的功能潜变:较低程度的公共性与通过市场获得的公共价值

为了理解评级的功能潜变的含义,我们比较了提及其财政评级的政府与未提及财政评级的政府的公共性等级。图2和图3总结了使用Alceste软件所得出的词语等级、词汇性质、内容的"经济"或"政治"认同以及公共性等级的确立。[15]

将所有的地方政府考虑在内,所进行的第一个观察主要是经济公共性的测量:地方公共组织更多地表现出一个经济管理机构而非政治管理机构所受的限制。在地方政府的话语中,经济与财政现实的重要性是显而易见的。

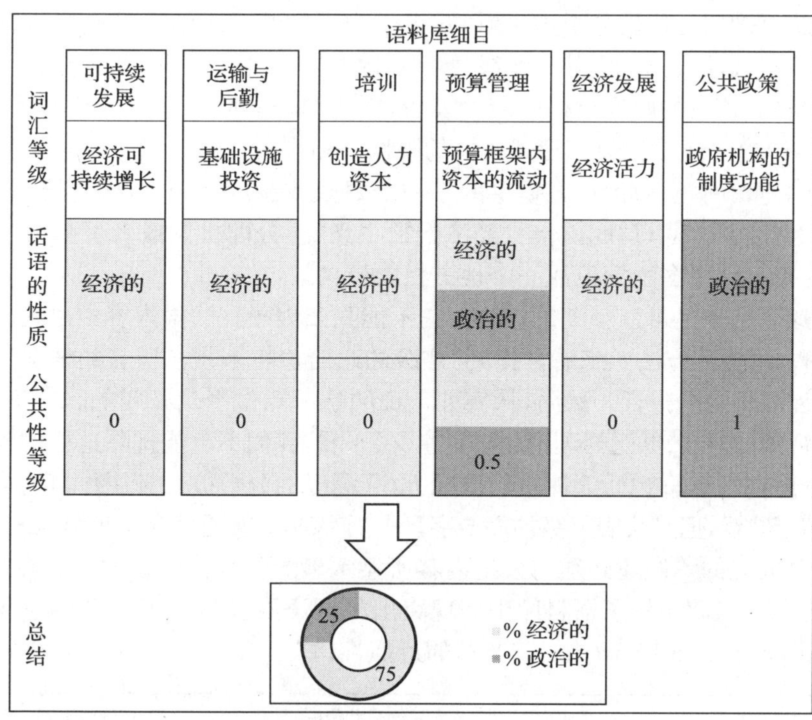


图 2 测量"提到"评级的政府机构话语中测量公共性

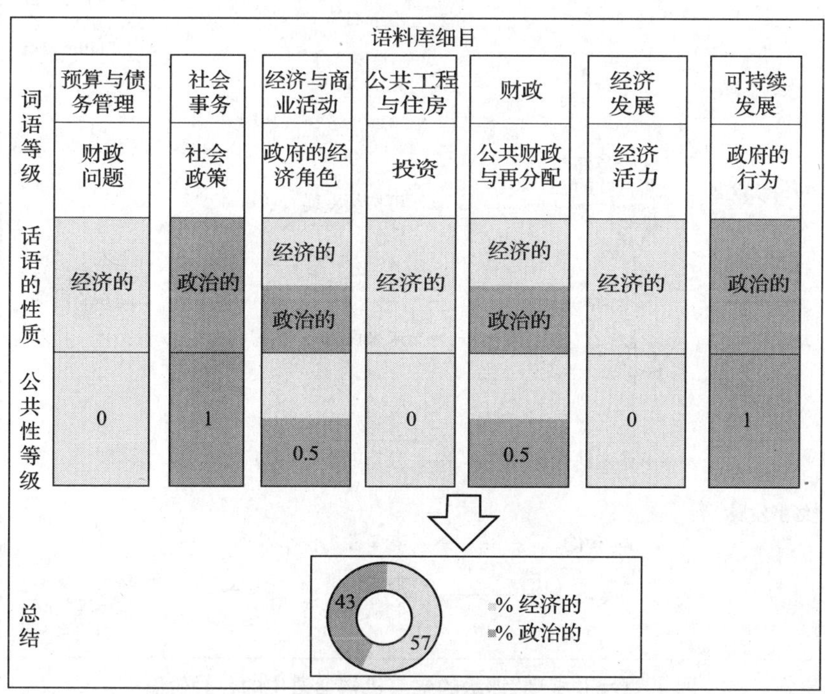


图 3 测量"未提到"评级的政府机构话语中的公共性

从更确切的比较分析上来看，在报告中提到其评级情况的政府机构的公共性等级，要比未提到其评级过程的政府机构的公共性等级低。换言之，“提到”评级的政府机构(75%)表明，它比“未提到”评级的政府机构(接近 57%)更多地受到经济管理机构的限制。前者关注通过投资或培训发展经济的迫切问题，政治首先提供的是一个财政或制度框架。后者并未忽视经济增长问题，通过社会行动、经济干预主义、再分配机制或者可持续发展政策，把自己更多地定位成一个地方权力机构。

这个结果是可以预期的；然而，它不能只归因于在公报内容中出现了评级过程，因为从方法上来看，“提到”评级的政府机构不是在所有的情况下都包括评级机构的报告。然而，从实证上证明这一点似乎是必要的。的确，从选举视角(源自公共选择理论的功利主义)来看，我们不可能排除这样的先验推理，即在没有影响话语性质的情况下，高等级的分数被炫耀用作市场化论据(相当肤浅，但是代表等级的简洁字母[16]应该是对普通公众有吸引力的)。

公共性的等级还必须与公报内容所显示出的公共价值相比较。在图 4 和图 5 中，我们比较了语料库中表现突出的词语及其与乔根森和博兹曼观点(Jorgensen and Bozeman，2007)的近似性。

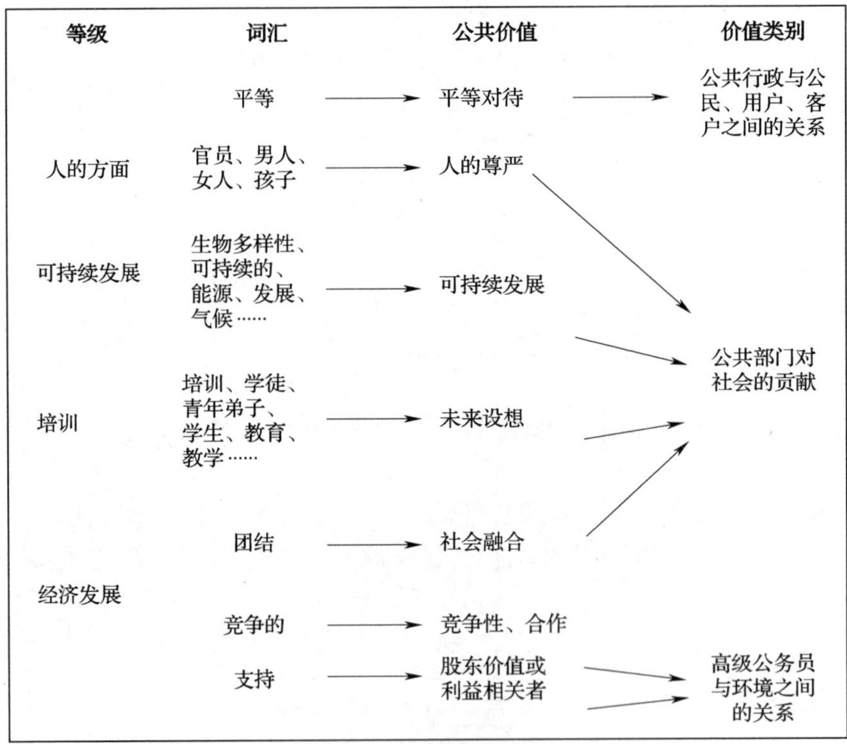


**图 4 检测“提到”评级的政府机构话语中的公共价值**

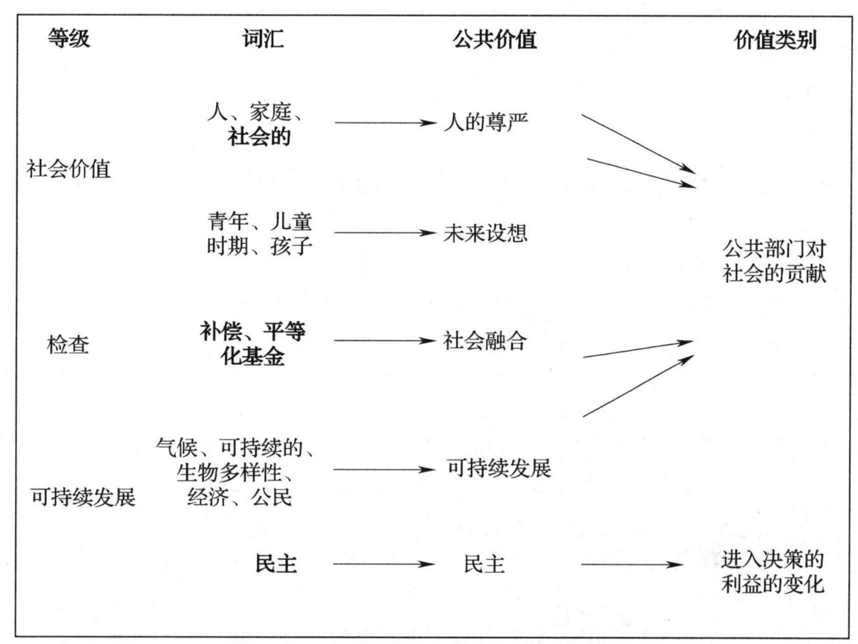


**图 5　检测“未提到”评级的政府机构话语中的公共价值**

虽然公共性程度较低，但是，提到信用评级的公报并不比故意忽略评级的话语中的公共价值少。相反，它们以特殊的形式表达了更广的范围。

实际上，公共价值的统一基础围绕着人类尊严、社会融合、未来设想以及可持续发展等话题凸显出来，指向共同的基本原则。相比之下，所谓“提到”评级的政府机构，一般都在其话语中采用“市场”方法：公共价值发展非常明确地吸收了市场机制。在其附加价值中，还包括对竞争与合作、创造股东价值或利益相关者价值[17]的考虑。

那些“提到”评级的政府机构也表现出了引人瞩目的特定价值：平等——法兰西共和国的创始价值，堪比微观经济模型中纯粹和完全竞争（平等主义视野并且没有绝对支配）的市场架构中的原子性[18]条件。此外，令人惊讶的是，民主的价值只有在未提到其评级的政府机构的话语中才有明确的显现。然而，根据定义，只有公共价值才会影响法国地方政府的存在。

价值分类（Jorgensen and Bozeman，2007）证实了政府机构截用评级结果这一市场文化假设。所有政府机构都秉持与“公共部门贡献于社会”相关的大部分公共价值。“未提到”其评级的实体，以一种补充的方式，通过利益向决策转化的范围，发展了民主价值，从而反映出对公共价值的政治关切。虽然宣传其评级结果的政府机构受到市场价值的影响，但是区分它们的价值类别一方面和行政管理与公民—用户—顾客之间的关系相关联，另一方面则与公务员和环境间的关系相联系。这些是商业和公司的考虑，就像公司关心顾客的满意度,以及任何战略手段都必须理解危险与机会并存的环境一样。所谓"提到"评级的政府机构群,认为市场是一个"适用所有法律的冷静而公正的法官"(Le Velly,2012),出现了市场的文化表征问题。

## 五、评级机构的分析报告:公共性与公共价值的工具

评级机构报告的内容是文本分析的主题,在图6中作了归纳总结。这项分析是对上述研究的必不可少的补充,因为自功能潜变(如上面所定义的)产生的那一刻起,评级报告的内容就可能影响政府机构的财政公报。

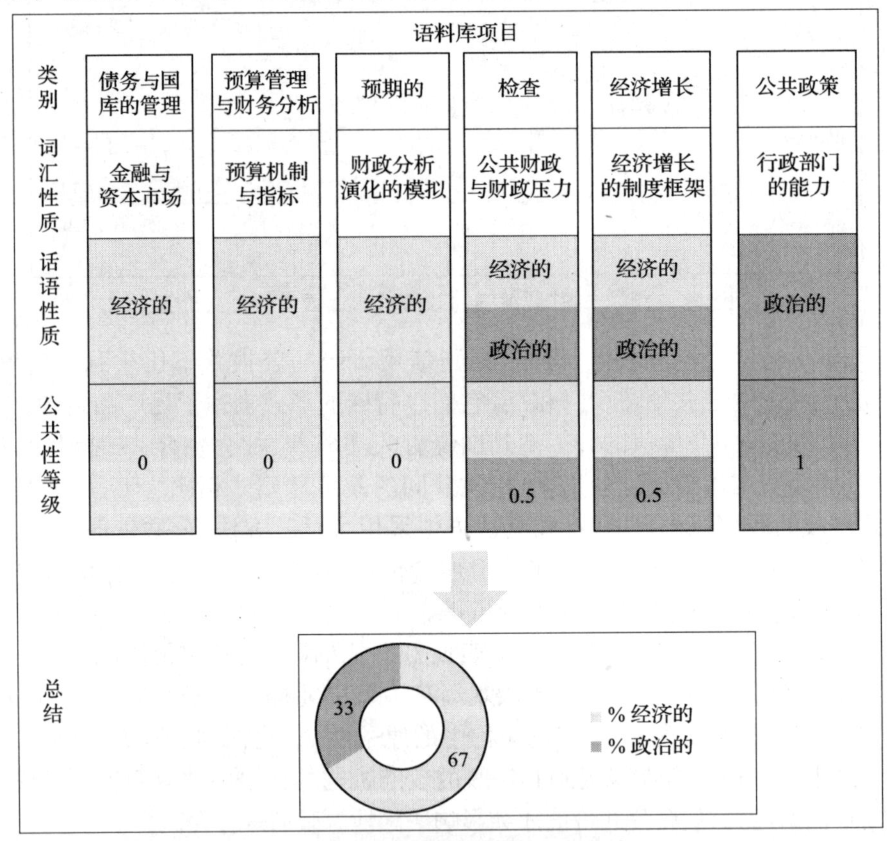


**图6 测量评级机构报告的公共性**

本研究对评级机构在其评级报告中的话语设定了正的公共性等级。标准普尔和惠誉因此提出了政治维度上而不仅仅是经济维度上的约束。

我们还发现了一份细目,与评级机构在确定等级时所显示的标准完全一致:制度框架、经济数据、财务信息,即33%的政治内容对67%的经济内容。文本分析完美地揭示了这些比例。除了对于评级机构的信任程度,我们还研究了如实传递方法论要素的话语。

此外，评级机构的公共性等级应该与提到评级的政府机构的公共性等级相比较。尽管有极大的困难，这些政府机构的公共性更低：它们比评级机构本身更重视经济与财政约束。

除了公共性等级，文本分析还揭示了在未提到其评级的政府机构的证明材料中检测到公共价值，诸如社会融合、人的尊严、民主等(见图7)。

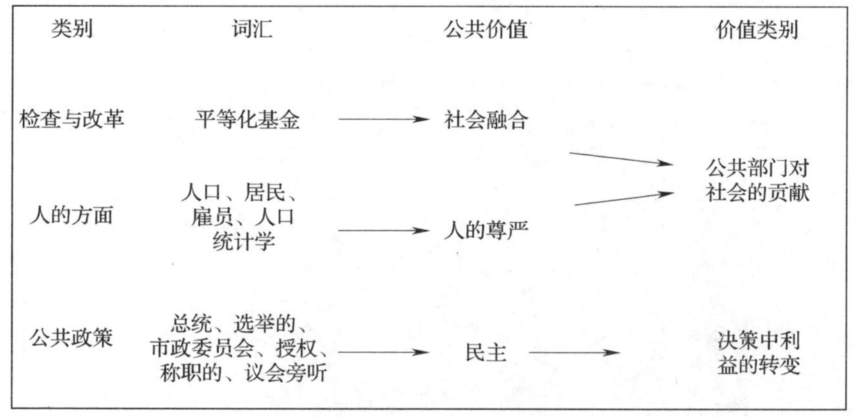


**图7　检测评级机构话语中的公共价值**

在这个意义上，尽管评级机构的话语侵入地方公报可以看作是主权的丧失，但是我们证明它依然具有公共价值。评级机构并没有刻意去传递公共价值。然而，对其话语中这些价值(与乔根森和博兹曼的理论框架相一致的价值，Jorgensen and Bozeman，2007)的检测，证实了次主权实体的评级主要包括权力下放的制度环境以及与中央权力(检验其政治稳定与对民主的尊重)的关系。

此外，当凸显这些价值的词汇被认为(见图6)属于人的因素所主导(人口、居民、雇员、人口统计学)的"经济增长"范畴时，它也强调中央政府的支配地位(国家的、大都会的、法国)。因此，为评级机构提供了讨论机会的地方政府非常重视中央权力。

### 信用评级的功能潜变产生了公共价值

除了对公共价值的列举，评级在"提到"评级的政府机构的功能潜变表现在，其自身就是透明性这一公共价值的创造者。就胜任该领域的外部实体所做的评估进行沟通，有助于降低地方政府与利益相关者，并且最重要的是地方政府与公民之间的信息不对称。除了"只是"问责，这种信息不对称的减少产生了公共价值。

然而，"提到"评级的政府机构的公共性等级明显地表现得比"未提及"评级的政府机构低。[19]实际上，乔根森与博兹曼(Jorgensen and Bozeman，

2002,2007)所列举公共价值既具有政治性,也具有经济性。因此,经济价值的出现,降低了所属的公共性等级(测量话语中"政治"的程度)。反之,政治价值的出现增加了公共性等级。公共价值的检测及其在功能潜变中对公共性的影响,在图 8 中作了总结。

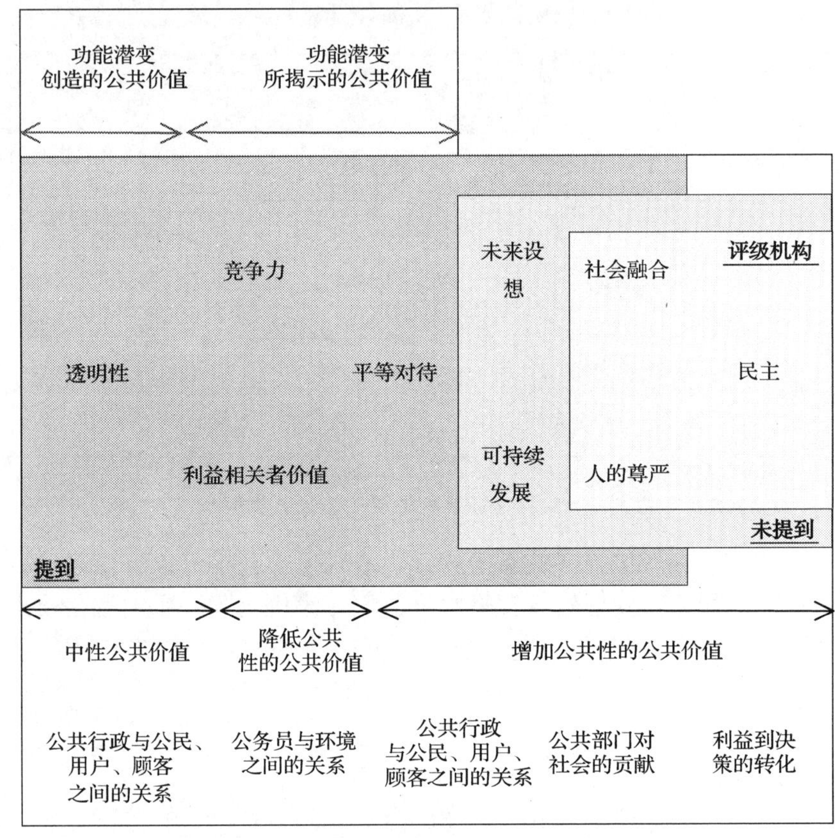


**图 8　对公共价值、公共性以及功能潜变的总结**

这样,对宣传其评级结果的政府机构进行特征描述就存在着挑战。在我们面前似乎有两种意见:经济/财政的或是政治的。

如果认为经济和财政方面的理由不足以作出区分,那么就放弃。评级的目的正是要对它们进行总结。然而,对大多数政府机构而言,评级都非常接近或相同。此外,2012 年法国具有多数党党派色彩的政治考虑太一致了,不能作为解释变量。

因此,突出的辨别标准是地方政府官员任职的年数:未提及评级的政府机构往往经历了最长的任期。当涉及影响地方政府的财政公报内容时,个别地方政府的历史及其在职年资似乎超越了政治党派。

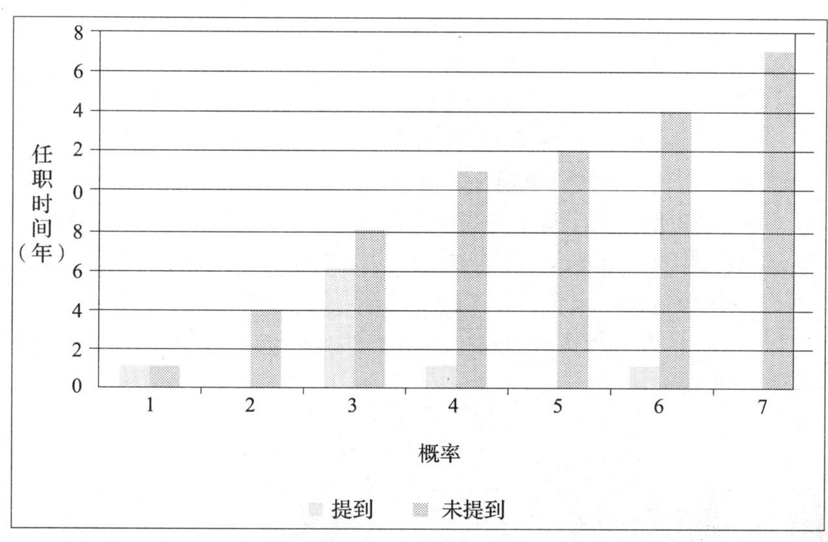


**图 9　“提到”评级与“未提到”评级的行政机关中政府官员任职年限的比较**

虽然地方官员根据定义深深地扎根于他们的土地，但是他们迟早还会给自己定位。这是决定性选举的暂时性问题：“与时间相关的问题因此被用于阐明公共行为与政治行动之间的关系”（Marrel and Payre，2006：82），两者都是公共价值与公共性的载体。公共选择学派在传统上视当选官员为采取短期行为的顾客至上主义者（clientelist）或功利主义者。然而，政府机构“（也）承载价值，坚守身份，具有某种政治文化”，而且“在价值方面具有政治倾向的以及与其党派政治认同一致的提案是必要的”（Sine，2005：23）。我们提出了如下假设：建构公共价值需要时间。因此，我们将它比作 2012 年执政的政府官员行使权力的年数（见图 9 中的频率柱形图）。

该图展现了强烈的视觉趋势：未提到其评级的政府机构对应着最长的执政任期。把评级机构纳入地方公共沟通之中，并未放弃多少权力，但是却显示这种权力的所有权花费了时间。执政前期是从事管理的时间，受到经济与财政的限制。接下来的执政年头是从事政治的时间，为了形成具有高度公共性的公共价值，似乎必然要花费一定的时间。因此，任何禁止或限制连选连任的规则都可能降低公共性和促进经济价值的发展（以牺牲政治价值为代价）。

信用评级的功能潜变似乎不仅展示了公共价值，还证明是公共价值的创造者。把评级作为沟通工具的地方政府，展示了“市场”导向的价值，以及相应地，在话语中更低程度的公共性。另外，围绕着财政评级的沟通创造了一种新公共价值：透明性。

实际上,虽然评级机构是为了市场并且通过市场而存在的,但是它们对降低“地方政府—公民”之间的信息不对称做出了贡献,最重要的是它们成了变化的公共价值中的利益相关者。资本市场并不是与公共价值对立的,这完全不是陈词滥调。最后,政治色彩因此似乎对财政公报内容的影响要小于对任期的影响。然而,这个研究结果在地方执政的多数派真正多元化的背景下是否如此仍有待证实。

默兹省总理事会的主席认识到了其评级过程功能潜变:“没有财政目标。部门的情况是艰难的……我采取了严厉措施……所以是能显示我们决策优点的挑战”(Christian Namy,August 2011[20])。它为评级更广泛的用途铺平了道路,可能不仅会控制关于所实施政策的沟通,除此之外,还会控制公共行为本身。

**注释**

[1]作为定位于字母等级制上的评级。

[2]只有 1978 年 7 月 17 日的法律提供了这种动力,从而奠定了公民信息权的基础。

[3]共和国的地方行政管理(Administration Territoriale de la République)。

[4] 1990—2003 年期间,美国、英国以及斯堪的纳维亚国家最重要的出版物,依据“新公共管理”运动极为推崇的定义选取。

[5]三大公司在很大程度上主导了评级市场,它们是标准普尔公司、穆迪投资服务公司、惠誉评级公司。

[6]这的确是地方政府部门(即被称为地方与地区政府的机构)评级中的一个重要问题。这个盎格鲁—撒克逊术语具有次主权和次国家的双重含义(参见惠誉评级公司,“美国之外国际地方政府的评级标准”)。

[7]作为公共服务的委派机构。

[8]建立财务绩效制度是为满足政策所设立项目的需要并且优化所调配的资源(Pettigrew,1997)。它的测量指标将更复杂:产出、成本、目标集、用户满意度、政治权力的责任(Boyne and Walker,2002)、促进公共利益特别是子孙后代总体利益的公共服务质量(Pollitt and Bouckaert,2004)。

[9] Image 编辑的 2012 年 Alceste 手册。

[10]源自所用的统计方法(递减层次分类法),“等级”一词被定义为该软件所做的一种词汇分类。

[11]如果我们把分析中的 ECU 的数量用 n 表示,则 n1 表示所要研究等级中 ECU 的数量,n2 表示词汇出现地方 ECU 的数量,n12 表示在词汇出现的等级中 ECU 的数量:卡方计算的是观察值与理论值之差,即 $n12-(n1\times n2)/n$。统计显著性水平从其理论值到自由度进行估计。

[12]只有很少的法国地方政府还由该机构来评级(2014 年 2 月时只有留尼汪省)。因此,没有穆迪并不会破坏分析的代表性。

[13] 针对部门的 L3121—21 条款和针对地区的 L4132—19 条款。

[14]这在1982年是针对部门的做法，后来扩展到居民超过3 500人的自治市以及1992年《共和国地方行政管理法》时期的地区。

[15]公共性等级的测量分四个步骤进行：①构成每个等级的词汇使得分配标签（例如，社会事物、税收）成为可能。②这个标签以及词汇的性质使得描述"政治"或"经济"或"政治与经济"主题成为可能。③公共性等级展现了政治的重要性，被认定为"政治性的"等级得分是1分；被认定是"经济性的"等级得分是0分；被认定兼具"政治性与经济性的"等级得分是0.5分。④最后以百分比的形式给出一个总结性记录，作为语料库总分与它所包含的等级数之比（例如，语料库"提到"的总分1.5/6级＝25％的话语是政治性的）。

[16]例如：AAA，AA，A，BBB等。

[17]"股东或利益相关者价值"（Jorgensen and Bozeman，2007：360）。

[18]该特征意味着卖家和买家不计其数而且相比于市场整体而言规模很小；个人决策不会影响其他代理人的地位；另一方面价格适用于所有人。

[19] 25％对43％的政治活动。

[20]"评级机构：法国城市排名"，www. rue89. com，2011年8月12日。

**穆里尔·米歇尔·克鲁珀特（Muriel Michel-Clupot）**，洛林大学（University of Lorraine）金融职业学院（IUP Finance）的管理学讲师、欧洲财政经济学与商业管理学研究中心（CEREFIGE，EA 3942）研究员。她的研究领域是地方政府财政，包括债务与国库管理。她近期的研究工作主要是地方政府的财政沟通。

**瑟奇·鲁奥特（Serge Rouot）**，洛林大学（University of Lorraine）国家企业管理学院—高等行政与管理学院（ISAM-IAE）的管理学讲师、欧洲财政经济学与商业管理学研究中心（CEREFIGE，EA 3942）研究人员。他的研究主题是金融学、公司与组织战略。他最近的研究工作主要是地方政府的财政沟通。

两位作者联合发表了《地方政府的财政报告：互联网对于变化中的财政体系的新用途》，《公共政策与管理》30(2)：159—180，2013；《有关地方政府与银行之间的金融风险讨论中的悖论》，《农业金融杂志》198：70—89，2012。

## 参考文献

Angotti P and Laurent P (2000) La communication financière des collectivités locales: enjeux et perspectives. *Revue Française de Finances Publiques* 71 (septembre): 9–24.

Boyne GA and Walker RM (2002) Total quality management and performance: An evaluation of the evidence and lessons for research on public organizations. *Public Performance & Management Review* 26(2): 111 131.

Bozeman B (2007) La publicness normative: comment concilier valeurs publiques et valeurs du marché. *Politiques et management public* 25: 179–211.

Chahine S and Mathieu JP (2003) Valorisation stratégique par contextes de valeur: le cas des introductions sur le nouveau marché. *Finance Contrôle Stratégie* 6(2): 91–114.

Chekkar R and Onnee S (2006) Les discours managériaux dans le processus de communication financière: une analyse longitudinale du cas Saint-Gobain. *Entreprises et histoire* 42(1): 46–63, 42(4): 179–211.

Ewald F (1998) Le risque dans la société contemporaine. In: Tubiana M, Vrousos C, Carde C and Pages J-P (eds) *Risque et Société*, actes du colloque, Cité des sciences et de l'industrie de Paris-La Villette, 18–20 November, Gif-sur-Yvette, Nucléon, 42–43.

Gaillard N (2010) *Les agences de notation*. Paris: La Découverte (Repères).

Gavard-Perret M-L, Gotteland D, Haon C and Jolibert A (2008) *Méthodologie de la recherché*. Paris: Pearson Education.

Gourmel-Rouger C (2000) Emissions obligataires des collectivités territoriales françaises: le choix de la notation ou du rehaussement de crédit. *Banque & Marchés* 47(juillet–août): 44–53.

Hood C (1998) *The Art of the State: Culture, Rhetoric and Public Management*. Oxford: Oxford University Press.

Huteau S (2008) *La nouvelle gestion publique locale. LOLF et collectivités territoriales*. Paris: Editions Le Moniteur.

Jorgensen TB and Bozeman B (2002) Public values lost? *Public Management Review* 4(1): 63–81.

Jorgensen TB and Bozeman B (2007) Public values: An inventory. *Administration & Society* 39(3): 354–381.

Le Velly R (2012) *Sociologie du marché*. Paris: La Découverte (Repères).

Marrel G and Payre B (2006) Temporalités électorales et temporalités décisionnelles. *Pôle Sud* 25(2): 71–88.

Megard D (2012) *La communication publique et territorial*. Paris: DUNOD (Les Topos).

Megard D and Deljarrie B (2009) *La communication des collectivités locales*, 2nd edn. Paris: LGDJ (Politiques locales).

Michel-Clupot M and Rouot S (2012) Communication financière des collectivités locales françaises et crise internationale: des pratiques en mutation. *Politiques et Management Public* 29(3): 343–367.

Michel-Clupot M and Rouot S (2013) La communication financière des collectivités territoriales: nouveaux usages de l'Internet pour un système de financement en mutation. *Politiques et Management Public* 30(2): 159–180.

Negre E and Martinez I (2013) Une analyse lexicale des communiquées de presse volontaires émis lors des OPA/OPE. *Comptabilité Contrôle Audit* 19(2): 71–100.

Paget-Blanc E and Painvin N (2007) *La notation financière. Rôle des agences et méthodes de notation*. Paris: Dunod.

Pettigrew A (1997) Le new public management conduit à un nouveau modèle hybride public–privé. *Revue française de gestion* 115(septembre–octobre): 113–120.

Pollitt C and Bouckaert G (2004) *Public Management Reform: A Comparative Analysis*, 2nd edn. Oxford: Oxford University Press.

Raimbourg P (1990) *Les agences de rating*. Paris: Economica (Gestion).

Raimbourg P (2000) Les enjeux de la notation des collectivités locales. *Politiques et Management Public* 18(4): 47–60.

Reinert M (2007) Contenu des discours et approche statistique. In: Gauzente C and Peyrat-Guillard D (eds) *Analyse statistique de données textuelles en sciences de gestion*. Paris: Editions EMS, Collombelles.

Sine A (2005) Politique ou management public: le temps de la politique et le temps de la gestion publique. *Politiques et Management Public* 23(3): 19–40.

Zemor P (2008) *La communication publique*, 4th edn. Que sais-je? Paris: PUF.

# Public values and function creep of the financial rating by local authorities

**Muriel Michel-Clupot and Serge Rouot**
University of Lorraine, France

**Abstract**
As issuers, local authorities have credit ratings that are used in the search for direct funding from the capital markets. However, some local officials also use their ratings as instruments of local public reporting. Does this function creep affect the public values of local authorities? In line with the theory of publicness (Bozeman, 2007), a measurement of this publicness and the detection of public values (Jorgensen and Bozeman, 2002, 2007) are proposed both for the authorities that expressly mention their rating and those that make no mention of it. A textual analysis of their respective discourses reveals a function creep that conveys a lesser degree of publicness and 'market'-oriented public values, but also generates one public value: transparency.

**Points for practitioners**

There is nothing neutral about using a financial rating for purposes of political communication, whether on the part of the local communicator or those who are locally elected. This function creep conveys more public values, but with a greater economic and market bent. It thus shapes the content of public values. The function creep is also revealing: it tends to be used by politicians recently elected, as if the first years of mandate focused on management, while the following years are coloured by politics and public values with a high degree of publicness. It raises the question of the restriction of re-election.

**Keywords**
financial rating, local authorities, local public reporting, publicness, public values, textual analysis

国际行政科学评论

# 新实践与公共价值观之间的公共品牌

科琳·罗切特
Corinne Rochette
翻译：孙春晖　　审校：王欣红　孙彩红

【摘　要】 公共品牌是公共领域的一个相对较新的问题。它是公共市场营销的一种表现形式，是新公共管理(NPM)的产物，是公共组织获得认同、主张其合法性、为其行为评价提供指标的一种手段。但是目前对其实际内容的研究很少。本文根据社会代表性分析框架，或更具体地说，中央核心理论分析框架，基于20个公共品牌样本，来识别品牌价值，确定背景对价值观构成的影响，以及从更广义上确定背景对公共品牌使用的影响。

## 对实践工作者的启示

在竞争加剧、合法性危机、财政压力的背景之下，技术革命改变了用户—客户及职员之间的关系，公共组织的场所和运行发生了天翻地覆的变化。品牌是一个重要但未开发的手段，可以用以恢复公共组织的职责和合法性、主张其差异性、表述其技能、动员其官员。品牌是一种方式，可以将传统价值观与绩效导向的新实践结合起来。太多的公共品牌注册了但没

通信作者：
Corinne Rochette，EUM Pole tertiaire site Rotonde，26 avenue Léon Blum，Clermont Ferrand 63000，France
E-mail：corinne. rochette@udamail. fr

有实际使用。品牌的建立首先需要确立主导思想，通过确定主要价值观，把实践（有时会被误解或接受不充分）与公共服务相关的历史价值观结合起来。价值观是讨论的基础，它们构成了代表性，是识别公共组织的关键。而且，公共行为的特征由品牌的层次决定，品牌层次依赖于公共组织的合法性程度。

【关键词】 新公共管理；公共品牌；公共价值观

## 一、引言

公共组织[1]营销方法的实施源自新公共管理运动，其提倡将私营部门中使用的管理原则和技巧应用到公共组织，以提高绩效，确定市场导向（Hood，1991；Pollitt，2007）。新公共管理推出新的工具和实践，由此引发大量的批评和观点冲突（Mazouz et al.，2012）。与新公共管理不同，公共组织的营销方法的步伐较小，因为不可能把全面的营销方法完全移植到公共组织内部。顾客维度的市场导向通常被认为是运用营销方法的主要标志，但对一些人来讲（Brewer，2007；Denhardt and Denhardt，2000；Muller，2006），市场导向无法提供一个令人满意的、综合性的解释框架来理解公共组织营销方法的特殊性，因为它强调经济价值，而弱化了核心价值（合法、诚信、公平、平等、连续性）（Hood，1995）；对政治维度考虑不足，对客户过度关注（Brewer，2007）；除利益外对其他目标缺乏认知。（Gromark and Melin，2013）。由于没有整体的分析框架，只能从公共组织实践的角度来讨论营销的地位和相关事宜。但是，除了用户满意度，对营销实践的研究太少了。

厄德（Urde，1994）和莫林（Melin，1997）建议从品牌入手研究营销如何促使组织转型。

尽管公共部门是品牌发展活动的重要部分，并且普通民众熟识这些公共组织的名称和标识，品牌识别对这些组织又至关重要（Brunsson and Sahlin-Andersson，2000），对公共品牌发展过程的研究却很少。对一些人而言，公共部门的品牌发展是新公共管理的逻辑延续，是伴随市场导向而发生的；对另一些人来讲（Gromark and Melin，2013），应该基于品牌定位提供的新框架进行研究，该框架由瑞典研究者提出（Melin，1997；Urde 1994）。这些观点为我们克服反对市场导向的批判主义，从公共品牌开始在整体上理解公共组织的营销实践提供了可能。

对在压缩运行预算，行政机构合并（在法国国家就业中心和工商就业局合并、大学合并、地区组织合并）。公民信任危机的困难环境中运行的公共组织而言,公共品牌是一个关乎存活的问题。公共组织试图利用强有力的品牌来表达其承诺和合法性,从而彰显其地位(Dahlqvist and Melin,2010)。公共品牌必须为机构的顺利运转创造必要的诚信(Delgado-Ballester and Munuera-Aleman,2005),促进其透明性和可见性。它有两个目的:战略目的(Urde,1997)和组织目的(Urde,1994)。公共品牌是组织的战略资源(Melin,1997),是建立在核心价值观基础上的组织管理工具(Urde,1999;Urde,2003)。但公共品牌到底是什么?它包含一系列情境,本研究意在以概括的分类对其予以识别和重构。公共品牌使用可能相互冲突的价值观(公共服务使命和源自新公共管理的绩效目标)。这些价值观是如何共存的?中央核心理论把价值观作为输入量,提供了一个简单但可靠的理论框架,以混合价值观和对行为合法化的关注为基础,解析公共组织的品牌代表性。我们基于这一理论框架和公共品牌分类,在提出方法论框架之后,将对20个品牌进行分析,然后讨论结果,最后提出结论。

## 二、公共品牌

公共品牌的开发和使用是发展国家非物质遗产的更广泛战略的一部分。在莱维和茹耶(Lévy and Jouyet,2006)看来,政府对其无形权力(包括品牌)管理不善。正是在这种情景下国家非物质遗产中心[2]得以创立。

### (一)公共品牌:促进公共行为的发展和合法化

在研究公共品牌问题时遇到的第一个障碍就是如何定义它。浏览文献发现,公共品牌是没有定义的,原因可能是这一学科的最新概念和少量的研究还不足以固化其概念要素。在几个具体部门的应用领域有简单的定义(医院品牌、博物馆品牌、大学品牌)。对于国家非物质遗产中心,公共品牌基本上以企业品牌形式出现。在便于定义品牌的因素(图像、法律保护、身份的实践和实用维度、认知、维护)上,公共品牌与私营品牌(企业和产品)是类似的,但在更多主要方面,包括主导性议题、本质、期望达到的优先效果、目标和定位(见表1),二者是不同的。

不能将公共品牌与公共组织的简名混淆,它也不是为短期目的设计用来交流机构信息的,因为它隐含着驱动力,是以长期逻辑为基础的。要实施品牌战略,公共组织不得不考虑它们的身份、特定价值观和它要表达的具体方案(意图)(Vernette,2008),以及它们要传达的形象和对公共组织发生重大转型具有重要意义的元素(运行规则、由新公共管理所触发的价值观)。公共品牌可以定义为"一种具有管理和沟通意义的工具,作用在于赋予组织可见度、承载组织价值观、支持组织与使用者间的关系转变、促进内部动员和外部集聚”。它表达一种意图，有助于强化组织的特质、技能、技巧，通过铺就“责任”之路支持用户的满意度，“基于能力在任何时间都充分考虑一系列价值观”。

表 1　　私营品牌和公共品牌的特征

| | 私营品牌 | 公共品牌 |
|---|---|---|
| 主导性议题 | 经济的 | 政治的 |
| 市场价值的基础 | • 经济的（效率、质量、价格承诺等）<br>• 社会的，伦理的 | • 公民的<br>• 经济的（公共资金使用得当、财政稳定） |
| 主要关切 | 品牌的形象（评价、定位） | 识别（身份、建构、传播） |
| 品牌表达 | 承诺（由客户评价） | 目的（Urde，1997）、承诺（由利益相关者评价，包括选举的代表，高级公务员） |
| 优先追求的效果 | • 创造经济价值<br>• 获取顾客忠诚度<br>• 在竞争中胜出 | • 将公共行动转变为公民意识，合法化<br>• 防止挪用企图（担保）<br>• 改变公共组织的实践和形象 |
| 品牌的优先目标 | 外部目标 | 内部和外部目标 |
| 主要定位 | 交易/经济 | 信息/关系 |
| 次要定位 | 关系 | 经济 |
| 工具的本质 | 商业（要约的一部分） | 管理（指导工具，保障行为的一致性） |

资料来源：Author's own.

## （二）公共品牌：不协调的集合

纵览在法国专利局（INPI）[3]注册的公共品牌，可以发现品牌显著的异质性和复杂性。这些品牌与地方政府、公共机构或国家（大多数情况下是部委）相关。它们可能是组织机构的标记（the Marine Nationale，INSERM，CHU），可能是一个具体事物（Parc natural regional des Ardenne，Vulcania），也可能是提供的服务（AMELI，Bison Futé），一个项目或行动（Nutrition santé，Vigipirate），或者事件（Annecy，2013），还可能是地区性的管理项目(Le Grand Paris)。这样一个公共品牌的集合可以用那些为商业开发的品牌管理或品牌结构(Kapferer,1999)的原则来解释吗?经证明这种转换的解释是困难的。近来的现象表明出现了品牌管理过程的萌芽,尽管是自发而非有意的,受版权保护品牌的使用也非常随机。

在对法国专利局注册的 100 个公共品牌进行检视后,我们根据公共治理的分析水平(Facal and Mazouz,2013)和品牌结构的原则[4](Aaker and Joachimsthaler,2000; Kapferer,1991),对品牌商标进行广义的分类(见图 1)。

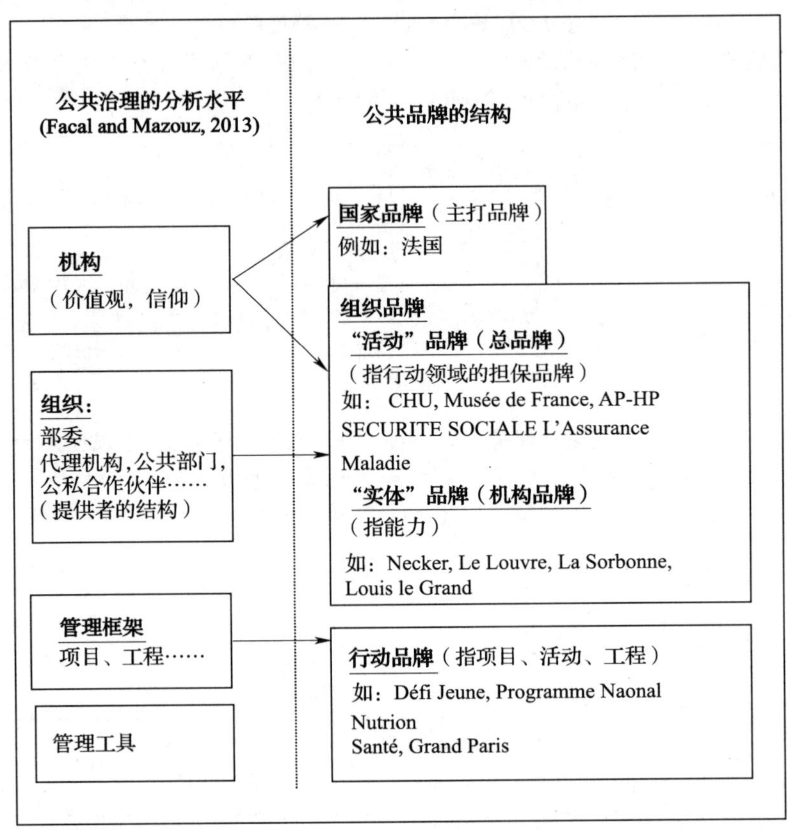


**图 1 公共品牌的分类**

资料来源:Author's own.

公共品牌分为以下四类。第一大类指超级实体,即国家品牌。它是横向的主打品牌,守卫社会所承载的主要规则和价值观。它不同于新创造出来的"法国品牌",这是一个集合性品牌(由公共和私人组织共享),更近似于标签,为加强地区吸引力而设计,基本是为了经济目标。"国家品牌"要保证一致性和涵盖其他所有公共品牌,这是公共官员的责任。第二大类是组织品牌,包括"活动"品牌和"实体"品牌这两种,这一层次是公共品牌发展关注的重点。它们是供应结构的结果，即分配资源和支持公共行动的结果(Facal and Mazouz，2013)。活动品牌是公共干预的主要领域，它们为用户所熟知，与某种标准化服务相关，第一眼看去，它们非常像商业总品牌。实体品牌则代表特性、能力、特定专业，通常是在一个“机构”内得到高度重视，并被视为标志，是不可替代的、独一无二的。第三大类是行动品牌，与沟通因素相关，为提升和解释某个项目、工程或活动而设计。这些不同类型的公共品牌或多或少地共同存在，不分等级和主导控制。没有等级划分的概念是公共品牌的一个特性。

尽管公共品牌指的是公共主体的行为领域，作为公共管理现代化工具的公私合作伙伴关系(PPPs)的发展(Guzman and Sierra，2012)，却模糊了品牌与组织间的关系。起先，就品牌而言，公私合作伙伴关系从技术上就划为品牌联盟的一种形式(共享发展，联合品牌，互通有无)，这一观点由塞加拉和米歇尔(Cegarra and Michel，2001)提出。的确，即使伙伴关系结构(合资企业、财团等)就是品牌的所有者，公私合作伙伴也可以展示他们的贡献，将他们的名字与伙伴关系联系起来，以强化自己的形象(Kirovska and Simonovska，2013)。但实际上，在困难条件下，公私双方的形象是不对称的。失败首先会影响公共组织的形象，就像勒芒的勒芒体育场一样。这就产生了品牌分离效应，对公私结构产生了正面效果，而对公共组织产生了负面效果，就好像是公共组织的责任更大一些，他们必须对公共资金的良好管理负责，说明发展强有力的、一致性的普遍价值观是有难度的。

### (三)公共品牌：调和公共价值观和新公共管理

已有研究文献强调，使特定的公共组织机构的价值观(Schedler and Proeller，2007)与市场价值(Kernaghan，2000，2003)和民主价值(Denhardt and Campbell，2006；Pierre，2009)共存是困难的。这个问题不只是与公私合作伙伴关系有关。在公共服务中引入市场机制的确会导致内部运行的变化(Suleiman，2003)，产生将公共价值观与新公共管理所要求的有效性和效率相结合的问题(Rondeau，2007)，也为公共行政的新概念和实践带来新的模型(Denhardt and Denhardt，2000；Olsen，2008；Pollitt and Bouckaert，2004)。有研究探究了身份逻辑与行动逻辑相结合的问题和过程，更好地理解变化是如何产生(Fortier，2013)、如何通过公共服务动机和发展以及权力逻辑来加强的。由管理逻辑催生的新的运行方法被引入公共领域，而公共组织的紧张感就来自这种新的运行方法与传统价值观之间的摩擦(Fortier，2010a)。

作为一种社会表达，公共品牌如同解释现实的系统那样发挥作用。从功能角度看，它为行为赋予意义，使人们有可能抓住现实。它传递了公共

组织的行为和实践。可以将其看作是具有以下四种功能的社会表达(Abric,1994):

- 知识功能:理解、解释现实;了解某个目标(这里指有关某公共组织的知识)
- 认同功能:定义同一性,保证特殊性
- 支持功能:经验证明立场和行为的正确性
- 导向功能:指导行为和实践

中央核心理论是对社会表达的结构研究,为持有品牌的组织强调价值观提供有用的工具。这一理论是以这样的事实为基础的,即社会表达是社会思想的表现、是一些集体的历史信仰的表现形式,其质疑改变了事物的同一性和连续性(Abric,2001)。因此,表达是围绕一个中央核心的,该核心直接与价值观、标准外围元素相关,它们的作用是确保真实性。中央核心赋予元素某种意义,将它们组织起来,稳定其表达。它为元素赋予意义(组织功能),但也是通过该元素改变其他元素(发动功能)。它发展缓慢,与现实脱钩。作为其组成部分的外围系统,通过促使现实可理解、可交流,来实现真实化功能。改变有多种形式:在环境中整合进新的信息或变化,给它们一个次要的或特殊的地位,在中心维度上重新解释它们(控制功能)。在品牌实践和核心元素之间的不一致给中央核心造成威胁时,外围系统起到防御功能。这一理论虽然很强大,但在管理研究中却极少运用。有些研究者在研究品牌、品牌识别、名称变化(Cegarra and Michel,2001; Michel,1999; Vernette,2008)、合用政治品牌(Albouy et al.,2014; Cegarra and Michel,2001)或品牌延伸(Michel,1999)时会使用它。它与“品牌心脏”和“品牌核心”有一定的相似性,但与后者不同的是,它能够更好地说明动态性以及辨识出变化背后的原因。

品牌是建立在价值论基础上的(Urde,2003),因此确认它所表达的价值观是必要的。大多数研究者(Perry and Rainey,1988;Rainey,1989;Sayre,1958)在探索价值观时一致发现,私人价值观和公共价值观之间是有差异的。然而,私人价值观的识别看起来很容易,公共价值观的识别却更加困难(Bozeman,2007)。

价值观的概念化通常是在个体和私营价值观层面上完成的,而公共价值观也可以个体化,它们也是社会的价值观。公共价值观通常是内在的、共享的、指向公共部门自身目标的价值观。许多研究者都认为对价值观进行概念化、工具化有难度。这里对个体公共价值观和社会公共价值观进行区分。前者指公民个体的偏好,与公民所赋予的权利和利益以及对他们的代表所应承担的义务是相关的。社会价值观源自规范性共识,涉及公民应有的权利、利益和特权,他们对社会、国家和他人的义务,以及行动和政策应遵循的原则。由于个体公共价值观可以通过调查来识别,有些人主张利用直觉来确定社会价值观(Ramsey and De Paul,1999),发现它们(Antonsen and Jorgensen,1997),或通过个案研究识别如何通过公共服务来管理价值观(Frederickson,1994,2002; Frederickson and Hart,1985)。

公共和私人文化的混合是公民世界价值观和商业世界价值观混合的结果(Buffat,2014)。朗杜(Rondeaux,2007)以及艾默瑞和马丁(Emery and Martin,2010)强调了从私营组织借用的价值观(营利能力、生产力、重视绩效指标等)与反映公共部门的价值观(公共利益的使命、公平对待、合法性、诚实性等)之间的紧张关系。作为一种识别表达的公共品牌,反映了这些价值观的组成结构,可以把它看作是公共组织识别结构或再定义的一个元素,是由价值观所支撑的。它通过肯定和评论表达了一种组织认同(Ashforth and Mael,1989,1996)。对一些研究者来说,组织识别存在于组织成员之外;而对另一些研究者而言,组织识别是由组织成员建构的(Ravasi and Schultz,2006)。外部视角有助于研究组织是如何看待其在大环境中的身份识别,从而理解它所要传达的形象和要强调的价值观。

在过去的十年里,一些国家(加拿大、丹麦和西班牙)着手调查传统价值观以及与公务员有关的新价值观,其结果与萨利卡尼白皮书(Silicani White Paper)(2007)中法国公务员制度的未来的结果以及 2012 年发表在法国行政学院网站的调查结果一致,并证实了公共服务动机方面的研究结果(Fortier,2010b; Hondeghem and Vendenabeele,2005)。

基于这些研究,可以确定两大类普遍认同的价值观:

——传统导向的价值观,具有共和本质,来自公民领域:自由、平等、博爱与世俗主义、公共利益、连续性、中立性、公平待遇、团结、忠诚、尊重分歧、诚实、无私、合法、模范、正直。

——更具"管理性"价值观,借自商业,源自环境变化和新公共管理原则的传播,是传统上与商业领域相关的价值观:有效性、效率、安全性、质量、绩效、评价、自主。

## 三、方法论框架

对公共品牌的研究有助于理解由新公共管理启发的改革与变化实践的经验在多大程度上转化为公共组织的各个概念。品牌的内容使我们有可能了解到公共组织希望赋予自身的表达。品牌是对这种识别的一种表达方式,也是激活价值观的一种方式,因为价值观激活的知识是不完整的(Rondeaux,2007)。公共组织领域引入新的概念和实践,这使得核心价值观产生混乱,并引发其变化。社会表达(Abric,1994)和中央核心理论

(Abric,1979)为理解价值观及其结构的取舍、变化提供了一个有意义的解释性框架。公共品牌是将经典价值观与新公共管理要求的效率/有效性结合起来了(Brereton and Temple,1999),还是坚持历史价值观,表现出后退和抗拒的现象? 基于品牌是叙述的原则(Kapferer,1991; Lewi and Lacoeuilhe,2007),福柯(Foucault)认为话语隐藏于识别建构之后,基于这两点,我们所采用的方法是通过确定其关联目标来获得公共品牌的表达(Abric,2001; Moliner,2001)。所以,我们试图辨别与品牌相对应的价值观,因为是它们建构了"话语",重新定位它们(社会表达功能),识别它们是否与变化同步(外围元素)及其稳定性(中央核心)。为评价公共品牌是如何逐渐呈现公共价值的,我们根据前面提出的品牌分类法(见图1)选取了20个"组织"型品牌(见表2)。这些选择是搜索了与"公共品牌"相关联的公共组织之后作出的,是根据对在法国专利局注册的100个品牌的观察,以及对国家非物质遗产管理中心所呈现的公共品牌进行识别后的结果。我们有意排除了分析过的与PPP相关的品牌,因为其特殊性,它们已不再是公共品牌,同时排除了地方政府,它们的品牌代表的是地区性营销维度,是专门的"区域品牌"的研究对象。我们聚焦在组织品牌这一类别,因为它受管理实践的直接影响,直接反映了传统价值观(重要核心)与现实(实践的现代化、管理主义)间的紧张关系。

**表2　　研究公共品牌选择的样本组成情况**

| 组织类型 | 研究机构的名称(品牌) | 在法国专利局注册时间 | 参见网站 |
|---|---|---|---|
| 国家 | 法国统计学和经济学国立研究所 | 2014年 | http://www.insee.fr |
| | 法国海军 | 2014年 | http://www.defense.gouv.fr/marine<br>http://www.colsbleus.fr/<br>http://www.etremarin.fr/ |
| 国家机构 | 法国旅游发展署 | 2009年 | http://atout—france.fr |
| 科学和技术公共组织 | 国家科学研究中心 | 2012年 | http://www.cnrs.fr |

续表

| 组织类型 | 研究机构的名称（品牌） | 在法国专利局注册时间 | 参见网站 |
|---|---|---|---|
| 科学和技术公共组织 | 法国国家医学与健康研究院 | 1999 年 | http://www.inserm.fr |
| 公共行政主体 | 法国气象局 | 2009 年 | http://www.meteofrance.com<br>http://www.meteofrance.fr<br>http://educationmeteofrance.fr |
| | 法国国家图书馆 | 2009 年 | http://www.bnf.fr |
| | 法国就业指导中心 | 2008 年 | http://pole—emploi.org |
| | 法国马术研究所 | 没有注册* | http://www.ifce.fr |
| | 法国社会事务与卫生部 | 2011 年 | http://www.securite — sociale.fr/<br>http://www.ameli.fr/ |
| 科学、文化和专业公共组织 | 巴黎—索邦大学 | 2013 年 | http://www.paris—sorbonne.fr |
| 教育和研究公共机构 | 巴黎综合理工大学 | 2014 年 | https://www.polytechnique.edu |
| 工商业公共机构 | 法国国家空间研究中心 | 2013 年 | http://www.cnes.fr |
| | 法国国家铁路公司 | 2013 年 | http://www.sncf.com/fr |
| | 巴黎国家歌剧院 | 2012 年 | http://www.operadeparis.fr |
| | 法国国家科学中心 | 2011 年 | http://www.universcience.fr |

续表

| 组织类型 | 研究机构的名称(品牌) | 在法国专利局注册时间 | 参见网站 |
|---|---|---|---|
| 医疗卫生机构 | 鲁昂大学医疗中心 | 2012年 | http://www3. chu－rouen. fr/internet |
| | 诺尔省西南医院 | 2011年 | www. lhopitalnordouest. fr |
| | 法国尼克尔儿童医院 | 没有注册 | http://hopital－necker. aphp. fr/ |
| 公共机构 | 卢浮宫 | 2011年 | http://www. louvre. fr/ |

注:* 法国马术研究所没有在法国专利局注册,可能是因为该品牌在2004年被一个私营培训公司注册。

信息收集渠道包括:这些组织的官方网站,可获得的文件,如商业报告、宣传手册、宣传单、新闻稿、绩效合同、战略计划等。总共有20页记录,按照普通网格编码(见表3)。研究思路是以组织所要传达的思想,也是其品牌所要传达的思想为基础的。

**表3　　公共品牌的分析与编码格式**

| | 目的与兴趣 | 被选来用作分析的特征 |
|---|---|---|
| 知识功能 | 组织基本信息(这一公共组织的职责)。<br>了解现实。<br>从历史和社会变化的情境重构公共组织的存在 | 是否解释组织的背景?是否具有发展的连续性?<br>运行的环境(经济/竞争,社会,监管)是特定的吗?其变革是否受到重视?<br>活动、职业是否有发展?是否提供新的活动(服务)?新活动是否受重视?<br>公共组织是保持不变(稳定性的参考),还是发生过变革? |
| 识别功能 | 强调一种特殊的保护。<br>定义是否具有一种身份 | 品牌是否在法国专利局注册?<br>提及监护关系(优先考虑公共维度)。<br>有标识物,口号或表达其使命的语句。<br>价值观是否可视化?对其解释是否有发展变化?<br>所提出的价值观(传统的、管理的)是什么? |

续表

| | 目的与兴趣 | 被选来用作分析的特征 |
|---|---|---|
| 导向功能 | 指导行为。<br>判断并解释实践 | 呈现的导向是什么形式的?<br>外部导向(公民、用户、顾客、伙伴等)或者内部导向(职员)。<br>“社会”导向:公共利益。<br>“顾客/用户”导向:用户调查、服务质量章程、透明度。<br>“经济和财务绩效”导向:成本控制、盈利能力、生产率。<br>“组织绩效”导向:灵活性、速度、创新、重组、理性 |
| 支持功能 | 判断后续立场、行为和行动 | 组织是否强调对会触发非自愿辩论的行为元素? 如果是,组织是否为解释这些选择提供论据和证明? |

## 四、研究结果和讨论

分析表明创造和使用品牌的方法存在显著差异。企业利用广泛传播的结构化方法来创造、展示它们的品牌,而公共组织使用的方法则显得碎片化。

证据显示公共品牌确实存在,但其他证据却迫使我们限定其范围,因为应用范围太窄。结果可综述为以下四项主要发现:

第一个发现,如果我们参考所研究的公共品牌的注册和申请保护的日期[5](在法国专利局),可以发现,意识到品牌的潜在价值是近来发生的事。所有的品牌都是在 1997 年后注册的,大部分集中在 2010 年后(见表 2)。主要原因是国家非物质文化遗产中心的宣传工作。

第二个发现,背景十分重要,它触发了品牌政策,甚至是最成功形式的真实战略。品牌发展的基础显然就是环境变化:竞争、预算限制、技术变化、组织合并是决定性因素。经济变量被反复提出;法国社会事务与卫生部通过历史性和监管性变革的过程不断更新,清晰地宣扬“花得更少保障更好”的诸多责任,就像新的管理实践由于不同于传统价值观的非正统性而需要重新定位一样。法国的研究环境日新月异,各大学依法获得更多研究自由和责任权力,从而减少了法国国家科学研究中心的干预,在此背景下,科学研究中心用伙伴政策稳固其品牌。变化的需求被当作是“现代化”

的主张,寻求最大程度减少对变革的抵触,公共舆论通常把这些变革与公共组织联系起来。品牌可以看作是个参照物,从逻辑上看,公共组织或者围绕其技能、专业知识和专门知识来架构其话语(如法国马术研究所、国家医学与健康研究院、国家旅游发展署、国家科学研究中心、国家空间研究中心、法国统计学和经济学国立研究所、法国气象局、国家科学中心、综合理工大学),或是围绕它们提供的服务来组织(如尼克尔儿童医院、卢浮宫、国家铁路公司),通过对其活动和职业的解释清楚地说明它们提供的服务。竞争是含蓄的;我们可以隐约感觉到它们希望留住“顾客”[6]或者吸引新客户,但只有少数组织由于激烈的竞争,将其品牌作为服务吸引力的工具(如巴黎—索邦大学、法国旅游发展署、国家科学研究中心、综合理工大学)。对于环境变化这一现实,公共组织似乎都不太适应,但它们通过揭示并利用它们作为工具引进新的实践和价值观,从而减少中央核心与现实间的不和谐。外围元素包含的思想有,少花钱多办事(如国家图书馆),为公共财政恢复做贡献(如巴黎国家歌剧院),应用经济规则(如法国海军)。品牌的知识功能都得以明示,但支持功能的呈现却不均衡,一些公共组织甚至都没有这项功能(如国家空间研究中心、诺尔省西南医院、巴黎—索邦大学、法国旅游发展署)。财政和经济环境、用户的期望,在较小程度上,技术和竞争发展等都在改变行动的框架,引发对实践的适应,甚至是组织变化(如法国海军、综合理工大学、国家铁路公司、鲁昂大学医疗中心)。

第三个发现,是对品牌传统价值观的重视不够,虽然有植根于集体无意识中的强有力的原则。有些组织将其明确地显示出来(如法国马术研究所、法国海军、国家科学研究中心、法国社会事务与卫生部、鲁昂大学医疗中心、诺尔省西南医院、综合理工大学),大部分组织只是在它们的使命或目标中简单提及(如巴黎国家歌剧院、法国统计学和经济学国立研究所、巴黎—索邦大学、国家科学中心、卢浮宫、综合理工大学、国家图书馆、国家医学与健康研究院),其他的则干脆没有提及(如法国旅游发展署、国家空间研究中心、国家铁路公司、法国气象局、尼克尔儿童医院)。价值观各种各样,但总体说来没有传统价值观(如法国社会事务与卫生部的“平等、团结”;鲁昂大学医疗中心的“平等、中立、持久、顺应”;卢浮宫的“便利”;国家科学研究中心的“自由”)。最常被采用的是职业价值观,例如“承诺、可靠”(如法国统计学和经济学国立研究所)、“自治”(如国家科学研究中心)、“专业、效率、卓越”(如法国马术研究所、国家科学中心)、“纪律”(如法国海军)、“透明”(如法国统计学和经济学国立研究所)、“品质”(如尼克尔儿童医院)和“创新”(如国家图书馆、尼克尔儿童医院、诺尔省西南医院)。还有一些人文价值观被提及,例如“共享”(如国家图书馆)、“信任、荣誉”(如法国海军)、“人道主义”(如诺尔省西南医院)、“正直”(如巴黎综合理工大学)。职业价值观似乎是不断加剧的竞争、苛求的利益相关方造成的受制于经济的环境,与大型公共服务使命要求的传统价值观之间的交界点。通过对职业价值观的表达(大部分浸染了新公共管理的原则),公共组织表明它们与时俱进,在行动之外使其角色合法化。职业价值观试图调和传统价值观与管理价值观。组织的使命和/或目标有条不紊地顺应发展,对于品牌的持有者来说,是其价值观的具体体现。对于有些公共组织,传统价值观强有力地表达了"承前启后"(如法国马术研究所)、"要与时俱进"(如卢浮宫),因而强调了一个特性:保护它们(识别功能)。

第四个发现使我们有可能确定公共品牌的外部导向。大部分公共品牌是面向普通公众的(如法国海军、国家科学研究中心、法国统计学和经济学国立研究所、国家图书馆、卢浮宫),或再具体些,面向用户(如医疗保险、国家铁路公司、巴黎综合理工大学)、个体消费者(如巴黎国家歌剧院、法国气象局)、公司(如国家空间研究中心)、选举出来的官员和政策制定者(如国家空间研究中心)、机构(如法国马术研究所)、专业人士(如尼克尔儿童医院的医生、国家科学中心的教师)以及公共组织的伙伴(如法国旅游发展署)。出资方和赞助方是公共品牌的可明确识别的目标(如巴黎国家歌剧院、国家科学中心、卢浮宫、尼克尔儿童医院)。品牌的外部导向一旦建立,就很少作为内部管理工具。不过对于强化归属感,给官方的行为赋予意义还是很有用的。在管理主义广泛传播、变革遭遇抵制的背景下,外部导向很少被调动起来。在这些案例研究中,只有法国海军通过使用内部品牌,开发了品牌的"雇员"成分:"蓝领"(Cols bleus)网络杂志品牌。另外,人力资源的专业知识和职业技能经常成为其交流成分。类似地,人们可以通过"我们正在招募"或"加入我们"将一个不确定的公共品牌识别为一个雇主品牌(如巴黎综合理工大学、鲁昂大学医疗中心、尼克尔儿童医院)。法国海军再一次走在前面,推出真正的雇主品牌"海军一员"(Etre marin)征兵网页,突出强调其价值观。

在所研究的案例中,遵循研究而非机械的过程和特殊性,组织集群的特殊案例使我们对公共品牌的本质获得很有价值的知识。新组织的产生对品牌的发展过程似乎有加速和建构效应,例如法国马术研究所和国家科学中心。这两个组织都是作为组织集群的一部分于 2010 年成立的。从成立之初,新机构就有条不紊地使用品牌。"品牌提供者"的价值观、使命、目标、背景、地位的发展方式与大公司内部做法一样。它们(法国马术研究所、国家科学中心、巴黎国家歌剧院)借鉴并购机构的形象资源,把它们作为子品牌保留下来。它们的品牌把历史价值观与更注重简化流程和绩效的新方法、新实践提出的要求结合起来。

本研究的发现强调了"组织"分类中的一系列易混淆、不透明的公共品牌。通过关注用户、参考环境变化及其带来的限制,可以轻而易举地识别出所研究的大部分品牌的市场导向。创新、现代化、行动测量和效率都是促使公共组织及其实践发展变化的具体要素,与传统价值观和环境变化相一致。品牌的经济发展不仅表现在提供市场服务,也表现在专业知识的“营销”,如同卢浮宫和国家铁路公司所做的那样。传统上与公共部门相联系的价值观很少被提及,这与布鲁尔(Brewer,2007)的研究是一致的,尽管在厄德(Urde,1994)和莫林(Melin,1997)看来这些是“品牌定位”的前提条件。组织在创立、开发品牌前首先必须找出其想要表达的价值观。诊断价值观的益处在此得以充分体现。公共品牌似乎更多的是一种交流工具而非管理工具,尽管其管理维度被看作是重点,是其特性(Gromark and Melin,2013)。

公共品牌应该是生动的、有表现力的,也就是说,其价值观能保证开发出成熟的品牌,而不只是名字。不过,通过强调目标和使命,公共组织倾向于把更多的精力放在证明其实践合理,而不是使其行为合法化上。对合法性的探索是公共品牌的参照点,是其驱动因素。公共组织负责找出合法性支持(活动品牌或实体品牌),后者提出品牌治理的问题。确定能塑造其识别以重构行为的价值观(传统的价值观、管理的价值观或二者相结合的价值观)也是公共组织的职责。

## 五、结论

本研究在公共组织的营销实践框架内进行,这种营销实践很大程度上是由新公共管理驱动的。利用中央核心理论的原则,本研究对于公共品牌与价值观之间的关系进行了更精确的研究,检验了相关现象。对公共品牌构成的分析是从公共品牌传达的形象的描述维度进行的。公共组织所有的机构品牌被设计用于赋予组织生命,强调其合法性,使公共空间更具活力,通过对20个案例的研究,我们可以确定一个比较松散的、异质的概念和用途。这可以由以下事实解释这些公共组织处在学习曲线和品牌管理过程的不同阶段。虽然有些与公共品牌的表达相关,但实际上它们并没有自己的品牌。

本研究提出的公共品牌分类还需要微调,但它首次提供了解释性框架。本研究没能在所有维度上对品牌定位进行研究。由使命、愿景和核心价值观所体现的哲学基础没有表达出来,或者是以微妙的方式表达出来。类似地,外部研究很清晰,而大部分案例的内部研究是缺失的。后续可以对品牌的管理者进行访谈,以期对使用品牌的意愿有更深入的理解。

## 致谢

笔者真诚地感谢校对人员为改进本研究所提出的评论和建议。

## 注释

[1]有关公共部门营销运作的争论早已有之，格林汉姆(Graham，1994)指出在1919年由耶鲁大学组织研究者和实践工作者们参加的一个会议，主题为“探索和开发政府性市场”，强调了在公共部门进行市场化改革的难度。

[2]国家非物质遗产中心创立于2007年，隶属于经济、财政和工业部与预算、公共会计和国家改革部，其使命包括支持公共组织保护品牌，确定战略。

[3]法国工业产权局。

[4]品牌结构被定义为品牌组合的组织结构，明确了品牌的角色以及品牌之间关系的本质(担保等)。翻译自艾克与乔幸斯瑟勒(Aaker and Joachimsthaler，2000)。

[5]应该指出，我们发现同一品牌有多个注册日期，对应不同的产品或服务。如卢浮宫在2011年为某些分类进行注册，在2012年又为其他分类进行注册。

[6]这里“顾客”是广义的，指用户、病人、公民，本文目的不是讨论这些术语的特定对象。

**科琳·罗切特(Corinne Rochette)**，克莱蒙费朗第一大学的管理学讲师。她教授战略学、关系营销、公共和地区营销。她是巴黎第二大学和克莱蒙大学的教学研究者。在公共关系管理、市场定位、公共市场营销和地区战略等领域有独著或合著的研究成果出版。她目前正在进行公共品牌的创立和使用方面的研究。

## 参考文献

Aaker D and Joachimsthaler E (2000) The brand relationship spectrum. *California Management Review* 42(4): 8–23.

Abric J-C (1979) Représentations sociales et interaction conflictuelle: Etudes expérimentales. In: *Conference on Social Representations, Laboratoire européen de psychologie sociale*, Paris.

Abric J-C (1994) Les représentations sociales: aspects théoriques. *Pratiques sociales, representations*. Paris: PUF, 11–35.

Abric J-C (2001) L'approche structurale des représentations sociales: développements récents. *Psychologie & Société* 4(2): 81–104.

Antonsen M and Jorgensen TB (1997) The 'publicness' of public organizations. *Public Administration* 75: 337–357.

Ashforth BE and Mael FA (1989) Social identity theory and the organization. *Academy of Management Review* 14(1): 20–39.

Ashforth BE and Mael FA (1996) Organizational identity and strategy as a context for the individual. *Advances in Strategic Management* 13: 19–64.

Bozeman B (2007) La publicitude normative: comment concilier valeurs publiques et valeurs de marché. *Politiques et Management Public* 25(4): 179–211.

Brereton M and Temple M (1999) The new public service ethos: An ethical environment for governance. *Public Administration* 77(3): 455–474.

Brewer B (2007) Citizen or customer? Complaints handling in the public sector. *International Review of Administrative Sciences* 73: 549–556.

Brunsson N and Sahlin-Andersson K (2000) Constructing organizations: The example of public sector reform. *Organization Studies* 21: 721–746.

Buffat A (2014) 'C'est l'étiquette État, mais comme une PME!' Hybridation organisationnelle, sentiments d'appartenance et stratégies identitaires des collaborateurs d'une caisse publique de chômage en Suisse. *Revue Internationale des Sciences Administratives* 80(1): 71–89.

Cegarra J and Michel G (2001) Co-branding: clarification du concept. *Recherche et applications en marketing* 16(4): 57–69.

Dahlqvist U and Melin F (2010) Varumärken i offentlig tjänst [*Brands in public service*]. Malmô: Liber.

Delgado-Ballester E and Munuera-Aleman JL (2005) Does brand trust matter to brand equity? *Journal of Product & Brand Management* 14(3): 187–196.

Denhardt JV and Campbell KB (2006) The role of democratic values in transformational leadership. *Administration and Society* 38: 556–572.

Denhardt RB and Denhardt JV (2000) New public service: Serving rather than steering. *Public Administration Review* 60(6): 549–559.

Emery Y and Martin N (2010) *Le service public au XXIème siècle: Identités et motivations dans l'après-fonctionnariat*. Paris: L'Harmattan.

Facal J and Mazouz B (2013) L'imputabilité des dirigeants publics, éléments de théorie et observations tirées de l'expérience Québécoise. *Revue française de Gestion* 237(8): 117–132.

Fortier I (2010a) La modernisation de l'état québécois: la gouvernance démocratique à l'épreuve des enjeux du managérialisme. *Nouvelles pratiques sociales* 22(2): 35–50.

Fortier I (2010b) Expérience des réformes et transformation de l'ethos de service public dans l'administration publique québécoise. *Pyramides: Revue du Centre d'études et de recherches en administration publique* 19: 71–86.

Fortier I (2013) Ethos public et quête de sens dans cette ère de réforme: le NPM, ses critiques et les luttes pour la reconnaissance d'une spécificité du secteur public. *@GRH* 9: 157–189.

Frederickson HG (1994) Can public officials correctly be said to have obligations to future generations? *Public Administration Review* 54: 457–464.

Frederickson HG (2002) Confucius and the moral basis of bureaucracy. *Administration & Society* 33(6): 610–628.

Frederickson HG and Hart DK (1985) The public service and the patriotism of benevolence. *Public Administration Review* 45(5): 547–553.

Graham P (1994) Marketing in the public sector: Inappropriate or merely difficult? *Journal of Marketing Management* 10: 361–375.

Gromark J and Melin F (2013) From market orientation to brand orientation in the public sector. *Journal of Marketing Management* 29(9/10): 1099–1123.

Guzman F and Sierra N (2012) Public–private collaborations: Branded public services? *European Journal of Marketing* 46(7/8): 994–1012.

Hondeghem A and Vandenabeele W (2005) Valeurs et motivations dans le service public. *Revue française d'administration publique* 3: 463–479.

Hood C (1991) A public management for all seasons? *Public Administration* 69: 3–19.

Hood C (1995) Contemporary public management: A new global paradigm? *Public Policy and Administration* 10(2): 104–117.

Joannidès V and Jaumier S (2013) De la démocratie en Amérique du Nord à l'accountability à la française Comprendre les origines sociopolitiques de l'accountability. *Revue française de gestion* 237(8): 99–116.

Kapferer JN (1991) *La marque capital de l'entreprise, créer et développer des marques fortes*. Paris: Les éditions d'Organisation.

Kapferer JN (1999) *La marque capital de l'entreprise*. Paris: Les éditions d'Organisation.

Kernaghan K (2000) The post-bureaucratic organization and public service values. *International Review of Administrative Sciences* 66: 91–104.

Kernaghan K (2003) Integrating values into public service: The values statement as centerpiece. *Public Administration Review* 63(6): 711–719.

Kirovska Z and Simonovska K (2013) Branding and its sustainability in the public sector. *Journal of Sustainable Development* 4(7): 55–70.

Lévy M and Jouyet JP (2006) *L'économie de l'immatériel: La croissance de demain*. Paris: La Documentation française.

Lewi G and Lacoeuilhe J (2007) *Branding management: La marque, de l'idée à l'action*. Paris: Pearson Education France.

Mazouz B, Grazon C and Picard P (2012) Les déviances dans les organisations publiques en quête de performance. Vers une gestion prophylactique des risques de deviance. *Management International* 16(3): 91–100.

Melin F (1997) *Varumärket som strategiskt konkurrensmedel. Om konsten att bygga upp starka varumärken* [The Brand as a Strategic Competitive Tool: The Art of Building Strong Brands] Lund: Lund University Press (Malmö: Team offset and media).

Michel G (1999) L'évolution des marques: approche par la théorie du noyau central. *Recherche et Applications en Marketing* 14(4): 32–53.

Moliner P (2001) *La dynamique des représentations sociales*. Grenoble: PUG.

Muller P (2006) Le client-centrisme: une nouvelle forme de relation entre l'État et les citoyens. *Politiques et Management Public* 24(3): 1–4.

Olsen JP (2008) Institutional autonomy and democratic government. Working Paper No. 20, ARENA.

Perry J and Rainey H (1988) The public–private distinction in organization theory: A critique and research strategy. *Academy of Management Review* 13(2): 182–201.

Perry JL and Wise R (1990) The motivational bases of public service. *Public Administration Review* 50: 367–373.

Pierre J (2009) New governance, new democracy? QoG Institute for Quality of Government, Working Paper Series 2009, 4.

Pollitt C (2007) The New Public Management: An overview of its current status. *Revista administratie si management public* 8: 110–115.

Pollitt C and Bouckaert G (2004) *Public Management Reform: A Comparative Analysis*. Oxford: Oxford University Press.

Rainey HG (1989) Public Management: Recent Research on the Political Context and Managerial Roles, Structures, and Behaviors. *Journal of Management* 15(2): 229–250.

Ramsey W and DePaul M (1999) *Rethinking Intuition: The Psychology of Intuition and its Role in Philosophical Inquiry*. Lanham, MD: Rowman & Littlefield.

Ravasi D and Schultz M (2006) Responding to organizational identity threats: Exploring the role of organizational culture. *Academy of Management Journal* 49(3): 433–458.

Rondeaux G (2007) L'identité des agents face aux réformes publiques, perte de repères ou nouvelles raciness? In: Emery Y and Giaque D (eds) *Dilemmes de la GRH publique*. Lausanne: LEP, pp. 65–87.

Sayre WS (1958) Premises of public administration: Past and emerging. *Public Administration Review* 18(2): 102–105.

Schedler K and Proeller I (eds) (2007) *Cultural Aspects of Public Management Reform*. Oxford: Elsevier.

Silicani JL (2007) *Livre blanc sur l'avenir de la fonction publique*. Paris: La Documentation française.

Suleiman E (2003) *Dismantling Democratic States*. Princeton, NJ: Princeton University Press.

Urde M (1994) Brand orientation: A strategy for survival. *Journal of Consumer Marketing* 11(3): 18–32.

Urde M (1997) *Märkesorientering: utveckling av varumärken som strategiska resurser och skydd mot varumärkesdegeneration* [Brand Orientation: Development of Brands as

Strategic Resources and Protection against Trademark Degeneration]. Lund: Lund University Press.

Urde M (1999) Brand orientation: A mindset for building brands into strategic resources. *Journal of Marketing Management* 15: 117–133.

Urde M (2003) Core value-based corporate brand building. *European Journal of Marketing* 37: 1037–1040.

Vernette E (2008) Les atouts et les pièges de la personnalité de marque. *Décisions Marketing* 1: 9–31.

# The public brand between new practices and public values

**Corinne Rochette**
University of Clermont Auvergne, France

**Abstract**
The public brand is a relative newcomer to the public sphere. It is an expression of public marketing and an outcome of New Public Management (NPM). It is a lever that allows public organizations to get across their identity, assert their legitimacy and provide markers for the evaluation of their actions, but little research has been conducted into what it actually covers. The analytical framework of the social representation and, more specifically, that of the central core theory, makes it possible to identify, on the basis of a sample of 20 public brands, the values it carries, the influence of context on the configuration of the values and, more broadly, the use made of the public brand.

**Points for practitioners**

In a context of growing competition, a legitimacy crisis, fiscal pressures, technological revolutions that change relations with the user-client and staff, the place and operation of public organizations are being turned upside down. The brand is an important but under-exploited lever to restore legibility and legitimacy to public organizations, and also to assert its difference, express its skills and mobilize its officials. It is a way of combining traditional values and new practices dictated by performance requirements. Too many public brands are registered without coming into any real use. The establishment of the brand first calls for thought to be given to its anchoring, by defining pillar values that allow practices (that are sometimes misunderstood or poorly accepted) to be converged with the historical values associated with public services. Values are the basis of the discourse, they build the representation and are the key to the identity of public organizations. Furthermore, the field of public action is characterized by several branding levels that need to be considered according to the potential for legitimation presented by each.

**Keywords**
New Public Management, public brand, public values

国际行政科学评论

# 欧洲中央政府新兴的协调实践

皮尔·莱格雷德　蒂纳·兰德玛·利夫　丽萨·H. 瑞卡　库丽·萨拉普
Per Lægreid　Tiina Randma-Liiv　Lise H. Rykkja　Külli Sarapuu
翻译：王芳霞　审校：杨　阳

本次研讨会讨论了欧洲公共部门应对复杂社会挑战的新的协调实践。政府艰难应对多层面的政策问题，这些问题不仅横跨组织边界和部委的责任领域，而且纵连各行政层级，不能用简单方法解决。因此，公共部门协调成为政府政策能力的关键(Governments for the Future，2013；Painter and Pierre，2005)。新公共管理依靠市场和竞争，后新公共管理试图(重新)整合碎片化的行政机构，这些都是对传统科层协调的补充。为了应对当今棘手的政策挑战，欧洲国家引入了跨界协调安排，如网络、合作和共同的绩效目标，涌现了各种新的协调实践(Lægreid et al.，2014)。这些协调实践形态不同、标签各异，如整体政府、联合政府、整体性治理、新公共治理、网络、合作、互连型政府和合作型公共管理。

本次研讨会将要发表的论文是研究项目"协调：为了未来公共部门的凝聚"的一部分，该项目由欧盟第七框架计划资助。该项目第五工作单元是"社会凝聚的治理：公共管理中的创新协调实践"，旨在识别和检视公共管理中的最新协调实践和相关指导工具，分析和评估这些实践在应对公共部门碎片化和传递公共价值观中的功能和作用。本次会议深入讨论了该

**通信作者：**
Per Lægreid，University of Bergen，Bergen，Norway. Christiegt. 17，Bergen 5007，Norway
E-mail：Per. Lagreid@aorg. uib. no

项目的三个案例。这些案例关注中央政府部门内部协调,评估跨部委责任领域问题的应对做法。在这种情况下,中央政府特别重要,因为他们面临的压力日益增加,需要解决复杂的"棘手"的跨界问题,在这些跨界问题中,问题结构与组织结构之间并不匹配。

这些案例研究描述和分析新的协调实践,解释它们的约束因素和有利因素,确定它们的预期效果,总结一般公共部门协调的教训,特别关注旨在提高中央协调能力的安排。这些案例探讨了中央政府围绕跨界目标协调各方参与者的能力,检查相关的有利因素和存在的障碍,评估这些新工具在实践中的应用。通过爱沙尼亚、挪威和英国三个欧洲国家的案例研究,本次研讨会强调不同政治一行政背景下的协调困难和案例间的有趣差异。这三篇文章阐述了具体的"棘手"的跨界政策领域,如内部安全、共同目标和跨界管理工具,这些跨界管理工具具有平和的或持续的服务提供特征,如建立高级公务员发展体系。

中村和詹姆斯(Nakamura and James)的文章关注共同绩效目标,英国中央政治领导将其作为促进横向协调的工具。尽管人们已相当重视协调和联合措施,但是对共同绩效目标的研究仍然不足。作者假定的理论是,人们预期共同绩效目标体系如何促进横向协调,并能依据英国的公共服务协约实践对这些预期进行评估。他们发现,在跨部门的共同政策目标讨论中,公共服务协约能够促进提升一个台阶。然而,尽管有这些好处,但是各部委和各部门根本不同的问责结构,导致结果目标模糊、绩效报告不够和服务提供的碎片化。

克里斯坦森、莱格雷德和瑞卡(Christensen, Lægreid and Rykkja)讨论协调内部安全过程中的"棘手问题"。文章检视了 2011 年 7 月挪威应对恐怖袭击的中央应急和危机管理,特别关注司法部的协调作用。袭击暴露了国家危机管理中的严重协调问题,包括碎片化的政策领域和严重的问责问题。作者用结构—工具和文化—制度的视角去解释结果,他们发现,在问题是什么方面上能够取得共识,但是在如何解决上难以取得一致。因此,2011 年 7 月袭击后的组织变革一直是谨慎的和递增的,大部分协调问题依然存在。

兰德玛 · 利夫、尤德尼普和萨拉普(Randma-Liiv, Uudelepp and Sarapuu)探讨在一个碎片化的中央政府中建立中央协调工具的机遇和挑战。特别是,他们检视了爱沙尼亚高级公务员发展系统的创立,分析了十年中协调机制在这一举措下的转变过程。结论是,在碎片化的行政体制中,要鼓励新的协调实践,网络是科层之外的一个选择。然而,一旦协调工具成熟,仅靠网络可能不够,需要引入科层元素进一步制度化和正式化。此外,资金安排可能引起基本协调机制的转变。

通过分析变化过程和结果，检视新的协调安排在实践中的实施情况，案例研究让我们对协调安排的机遇和困难获得了新的认知。虽然所选案例代表不同的行政传统（即盎格鲁—撒克逊、北欧和中东欧），但还是可以得出一些重要结论，吸取一些经验教训。

首先，这些文章都强调，在中央政府的优先事项和各个部委之间需要平衡——这是协调能力建设的主要挑战。他们探讨的问题超越了盛行于欧洲中央政府的“部长竖仓”（ministerial silos）。总的来说，按照目的或任务实行的部长责任制和专业化原则，限制了应对跨界问题和任务的横向协调和组织建立。这些新方法讨论了“棘手问题”，试图应对新公共管理改革带来的碎片化问题。其目标是应对公共部门的“条条化”（pillarization）或“部门化”（departuentalization），整合公共部门的不同部分，增进相互了解和共同解决跨组织边界问题。这往往导致中央权威加强——也就是说，增加了对一些部门的控制，扩展了其职能，政府机构从整体上更多地由中央来控制。因此，新的协调实践往往会增强中央行政主体的行为能力。通过知识技术和物质资源的新结合，能力和专业知识得到运用，就有可能进行指导和决策了。这在政府面临危机时特别重要，例如，挪威自 2011 年 7 月以来，协调内部安全的组织结构一直在演变。

新的协调安排不仅提供了新的解决方案，也带来新的问题。如果行政体制具有强大的职能部委、部门划分和“竖仓”安排，协调往往局限于“消极协调”，这意味着不干涉，使得管理域之间的冲突最小化。要推动协调从消极走向积极，可以实施整体性和连贯性的计划，因此结构安排和服务提供就是一个重大挑战（Bouckaert et al.，2010）。协调安排本质上既不是中性的，也不只是简单的技术性的。相反，它们的设计和实施往往偏向某些价值观、利益和规范。因此，改变协调实践往往是复杂的权衡和相关主体之间权力关系的改变。结果，正如研讨会上的文章所揭示的，这可能导致冲突、紧张和意想不到的后果。

此外，新的在一起工作的方式也带来新的挑战，这涉及问责及随后的决策和机构的合法性。联合政府和新的协调安排通常意味各主体之间的问责关系是分散的或共享的，问责关系变得越来越复杂、混合。例如，英国的案例研究表明，部门起主要作用的问责结构，阻碍了横向目标的设置和服务的联合提供。复杂的问题需要复杂的解决方案，正是因此本性导致了分歧和矛盾。

其次，迄今为止只有少数研究关注特定背景下不同类型协调机制的可行性（Bouckaert et al.，2010）。为了可操作，协调机制必须反映环境特征，如行政结构的类型以及此结构中决策权力的分配。本次研讨会的文章表明,背景是至关重要的,能够解释协调实践为什么演化,如何演化,它们如何被认识,又如何发展。这些文章阐明,分权化的制度环境对提出标准化导向的措施与增强中央控制提出了挑战。一个重要教训是,不能用单一的解决方案来处理跨界协调的难题。也没有一个"正确公式"可以协调相互竞争的利益,克服不确定性和模糊的政府结构,作出所有人接受的政策选择。

虽然传统方法(Bouckaert et al.,2010)区分了三种主要协调机制——科层、市场和网络——但现实情况更为复杂,涉及多种混合机制而不是明确的选择。与横向合作关系相比,科层似乎仍然是强有力的协调机制。本次研讨会的文章强调,中央通过科层控制是后新公共管理改革的又一个核心内容。同时,没有横向组织间的合作,"棘手问题"便不能解决。挪威的案例研究表明,尤其在不可预测和复杂的情况下,垂直和分层协调必须辅以通过网络的横向协调。爱沙尼亚的案例研究表明,在碎片化的行政体制中,集权化在政治上和行政上都很困难,要创新协调实践,网络是科层之外的一个现实选择。

只凭借网络协调来应对政策"竖仓"和强势利益相关者的利益是非常不可能的。网络往往缺乏成功协调所必要的人力、财力和技术资源。爱沙尼亚高级公务员发展系统和英国的核心执行能力的案例研究揭示,资金安排对于横向协调十分重要。因此,科层与网络结合的机制往往是可行的协调机制:各种协调机制互相补充而不是彼此取代。因此,在此背景下,稳健性和灵活性都很重要。

最后,本次研讨会的三项研究都表明,新的协调安排不能被看作是提供了一剂灵丹妙药或者权宜之计。虽然新的协调实践往往基于简单的想法,但极少产生简单的安排。改变组织文化比改变自身结构更困难。此外,克服部门冲突和自私利益与创新共同文化认同是耗时的。无论是专业社会化,还是发展共同价值观,抑或是提升新技能和新能力,都是长期的工作。要改变行为,控制结构十分重要,英国的共享目标系统就是一个很好的例子。创新协调实践需要耐心。参与者需要适应,领导人的指导必须一致。一方面,行政体系必须努力使新的协调工具生效;另一方面,他们应该保持开放,借鉴经验,并愿意调整现有的协调安排,因为他们处在不断变化的环境中。

我们可以得出这样的结论:当今制度具有多样性,而且互相依赖,这对多维度协调框架形成巨大压力。在科层工具和网络解决方案之间寻找可行的平衡点是复杂的,而且要依赖背景条件。然而,它仍然是应对复杂的、跨界协调难题的最好方式。

## 参考文献


Bouckaert GB, Peters G and Verhoest K (2010) *The Coordination of Public Sector Organisations*. Basingstoke: Palgrave Macmillan.

Governments for the Future (2013) *Governments for the Future*. Helsinki: Ministry of Finance.

Lægreid P, Sarapuu K, Rykkja LH and Randma-Liiv T (eds) (2014) *Organizing for Coordination in the Public sector. Practices and Lessons from 12 European Countries*. Basingstoke: Palgrave Macmillan.

Painter M. and Pierre J (eds) (2005) *Challenges to State Policy Capacity: Global Trends and Comparative Perspectives*. Basingstoke: Palgrave Macmillan.

国际行政科学评论

# 国家安全管理协作面临的挑战<br>——以挪威恐怖袭击为例

汤姆·克里斯坦森　皮尔·莱格雷德　丽萨·H. 瑞卡
Tom Christensen　Per Lægreid　Lise H. Rykkja

翻译:闫佳馨　审校:韩志明　孙春晖

【摘　要】 本文讨论一个“棘手问题”:内部安全和社会安全的组织,考察了2011年7月挪威遭遇恐怖袭击时,中央政府的应急管理和危机管理情况,特别关注了司法部的协调作用。我们的研究以深入定性分析为基础,分析对象是相关的官方文件和对政府官员的访谈,分析方法是从结构—工具视角和文化—制度视角来解读结果。本文作者一致认为问题归结于碎片化、问责的支离破碎以及协作安排不足。然而组织改革一直是谨慎和渐进的。作为首要协调部门的司法部正逐步升级,但没有对部长责任制的现有原则提出挑战。建议的解决方案模棱两可,充满矛盾,问题与可用的解决方案并不匹配。

## 对实践工作者的启示

现代公共行政中协作面临的挑战显而易见,这种协作既涉及纵向协作,也涉及横向协作,其面临的挑战在国家安全和危机管理领域尤为明显。有关新公共管理的改革产生了进一步的协作问题,在跨越部门界限的政策领域和公共服务中更是如此。被称为“后新公共管理”的新型安排一直试图应对所谓的日益碎片化。在危机管理领域,挑战非常明显,需要将组织

**通信作者:**
Lise H. Rykkja,University of Bergen,Department of Administration and Organization Theory and the Uni Research Rokkan Centre for Social Studies,Bergen,Norway
E-mail:Lise. Rykkja@uni. no

协作和灵活性相结合。然而重大危机并非总是带来彻底的改变。工具和形式上的改变往往受到当前文化的影响，结果现代公共行政成为一个多层次的融合产物。

【关键词】 7 月 22 日；中央政府；协作；危机管理；内部安全；组织改革；棘手问题

## 一、引言

2011 年 7 月 22 日，挪威遭遇双重恐怖袭击，规模前所未有。中央政府办公大楼一带遭炸弹袭击，造成多座政府大楼受损。当天晚些时候，制造炸弹袭击的这名恐怖分子又在于特岛上向参加工党青年营的集会者肆意开枪射击。两起袭击事件共造成 77 人死亡，多人受重伤。挪威通常被视为一个和平开放的民主国家，遭遇如此袭击令人震惊（Fimreite et al.，2013；Rykkja et al.，2011）。袭击事件触动了挪威民主制度的核心，因此政府和内阁感到压力极大(Christensen et al.，2013)。

内部安全和社会安全的政策领域可被称为一个典型的“棘手问题”(Harmon and Mayer，1986；Head，2008)，超越了政治—行政层面、部委领域和公共组织。这是一个高度复杂的领域，涉及的因果关系难以预料，在某些情况下甚至是未知的。此外，危机的跨界程度正变得越来越高(Ansell et al.，2010；Boin，2008)。早期的研究强调，协作对于应急准备和危机管理至关重要(Brattberg，2012；Fimreite et al.，2014；Kettl，2003)。恐怖袭击发生后，改革内部安全结构采取的措施包括提高能力及推进协调与合作(Kettl，2004；Reinares，2009)。然而，挪威的特点是应急管理与危机管理中的横向协作薄弱，在中央政府层面表现尤为明显(Lango et al.，2011)。2011 年的恐怖袭击事件暴露了国家和地方危机管理中的重大协作问题(Lango et al.，2013；NOU 2012：14)。

政府调查委员会即 7 月 22 日委员会(以下统称委员会)在袭击事件发生一年后发布了一份报告(NOU 2012：14)，该报告强烈批评了挪威的应急准备和危机管理情况。缺乏协作是核心问题。我们分析了委员会指出的主要的协作问题和解决方案，询问了建议进行怎样的制度改变，改变过程和初步结果的特点是什么。

我们对考察中央政府层面的协作特别感兴趣。近年来，欧洲各国政府日益推行创新的协作实践和相关的指导工具来抑制公共部门的碎片化、传递公共价值观和处理复杂问题。本文关注 2011 年危机发生的背景下司法部的协作能力。司法部负责整体协作，在内部安全和危机管理中应发挥驱动作用。鉴于司法部门的特殊协作职能及其发挥首要作用的经验和这一作用发展的过程,无论从应急准备和危机管理的角度来看,还是从更一般意义上的中央政府体制来看,对司法部门实践的研究都是令人关注的。

新公共管理鼓励分权和结构性权力下放(Bouckaert et al.,2010;Christensen and Lægreid,2008;Lægreid et al.,2013),基于新公共管理的改革过后,协作已经成为一个核心关键词(Peters,1998,2006)。这个时期引入的结构被称为"后新公共管理",提供了更多的跨部门、跨层级的协作,表明这些结构是结合了跨越政策领域的不同组织原则而产生的融合物(Bogdanor,2005;Bouckaert et al.,2010;Christensen and Lægreid,2007)。此外,进一步认识到自然灾害、流行病和恐怖主义构成的威胁使该政策领域变得政治化(Ansell et al.,2010)。

我们的分析基于组织理论的两个视角。主要的假设是,正式组织和文化特征对于理解公共行政如何为危机做准备,如何响应及管理危机都是至关重要的。结构—工具视角认定正式组织的重要性,文化—制度视角关注的是历史传统和途径依赖性(Christensen et al.,2007)。

本文以深入的定性文献分析为基础。文献的一个主要来源是委员会最终发布的报告。除此之外也参考了相关公共机构的评估报告、有关的政府白皮书、议会辩论和听证会,以及受影响的机构和各部的文件。另一个重要文献来源是对高级公务员和部长的访谈,访谈由委员会开展,在其发布报告后公开。其中的局限在于原始资料仅对危机作了简要说明,且只提供了袭击事件发生后那一年里的解决方案,没有说明长期的进展情况,而长期的进展情况才能反映出制度的变化。

本文下面内容分为四个部分。第一部分提出了核心概念和两个理论视角。第二部分阐明了背景因素、重要原则和组织安排。第三部分论述了应急准备和危机管理的情况,以及恐怖袭击过后吸取的经验教训。第四部分分析并解释了这个过程。本文结尾部分讨论了主要的研究结果和影响。

## 二、理论框架

### (一)核心概念

我们认为危机是"对一个系统的基础结构、基本价值观和规范的严重威胁,该系统在时间压力和非常不确定的情况下,需要作出重要的决定"(Boin et al.,2005:5)。因此,危机的特点是不确定性、模糊性和不可预知性,这使得最优化和理性的决策变得困难,只得在复杂、混乱和动态的情况下作出决策。跨界危机超越了行政层面、部委领域和组织的界限,对组织间现有的接口提出挑战，由此产生了协作问题（Fimreite et al.，2014；Kettl，2003）。

如果一个行政体系的设置高度直线化、部门化和管状化，其协作往往局限于“消极的”协作，即参与者达成一致避免侵入对方的项目和政策（Scharpf，1994）。这种“最少的协作”意味着互不干涉，从而将行政领域的矛盾减少到最小。每个部长控制的都是自己政策领域内的政策和管理。通过建立融合的、一致的项目来实现从消极协作到积极协作的转变是一个巨大的挑战（Bouckaert et al.，2010）。

我们在结构上区分了外部—内部与纵向—横向维度的协作（见表1）（Verhoest et al.，2010）。近来，通过启动“整体政府”和“合作政府”的项目，纵向协作和横向协作的问题再次引起关注（Christensen and Lægreid，2007）。项目的主要目标是让公共部门的组织摆脱新公共管理瓦解的影响，加强融合与协作（Christensen and Lægreid，2007）。新公共管理引起的碎片化使人们认识到很多社会问题无法按现有的部门界限划分，也无法仅在某一个部长的管辖领域里得到解决。政治官员发现他们缺乏必要的控制、影响和信息，但仍要负责。这引发了加强核心能力和控制的新一轮行动，尤其是在政治意义突出的部门里（Dahlstrøm et al.，2011）。当今世界变得越来越不安全，遭受到恐怖主义、金融和环境问题、自然灾害及流行病的威胁，面对这种情况，各个国家通常寻求加强中央政治控制，同时寻找应急协作途径和网络途径（Christensen and Painter，2004；Kettl，2003；Wise，2002）。

**表1　不同维度的协作**

| | 纵向协作 | 横向协作 |
|---|---|---|
| 内部（组织内）协作 | 政治和行政管理人员之间，或高级公务员和下级官员之间 | 一个部的各个部门之间 |
| 外部（组织间）协作 | 各部和下属机构之间 | 各部或机构之间 |

内部安全政策领域里的挑战将政府协作的现有形式提上了议程。根据凯特尔（Kettl，2003）对应急协作的定义，协作应当适应存在的问题。然而危机不会是完全相同的，因此处理危机时需要灵活性与合作。特别是在不可预知和复杂的情况下，纵向协作和科层协作必须通过网络由横向协作来补充。

### （二）工具视角和文化视角

古利克（Gulick，1937）强调了专业化和协作之间的动态关系。一个公共组织的专业化程度越高,协作的压力就越大;反之亦然。不同组织在协作中面临不同的挑战,取决于结构性专业化的目的、过程、服务对象或地理位置。

古利克(Gulick,1937)区分了通过正式组织进行的协作和通过思想进行的协作,后者暗指文化。工具组织视角指导我们把注意力转移到正式安排上(Christensen et al.,2007)。正式组织在此被视为一种达到目标的工具,引导并影响公务员的思维模式和决策行为(Egeberg,2012;Simon,1957)。其潜在的行为逻辑是"结果逻辑"(March and Olsen,1989),"受限的"理性参与者能预测其选择的结果并找到合适的方法(Simon,1957)。这意味着领导者在合理计算和政治控制方面得分高(Dahl and Lindblom,1953)。他们有相对明确的意图和目标,选择符合这些目标的结构,洞察潜在的影响,并且有能力实现自己的决策。科层模式和协商模式的区别是,科层模式中领导者的控制和合理计算是核心,而协商模式允许各种各样的利益和妥协出现(March and Olsen,1983)。

另外,文化视角强调那些通过制度化过程产生并伴随时间而发展的非正式规范、价值观和实践。中央的组织特征源于相互适应内部和外部压力并创造文化身份(Selznick,1957)。有关路径依赖性的一个重要论据是:公共组织建立时的环境、规范和价值观,即这个组织的"根"将强烈影响其选择的"路线"或路径(Krasner,1988)。与核心组织、能力、目标和服务相关的还有"适当性逻辑"(March and Olsen,1989)。高水平的互信往往能加强适当的行为,反之亦然。在以强大的垂直部门关系为特点的公务员制度中(例如挪威),公务员知道他们应该做什么及怎样去做。这样在各部门内部就保持了信任关系,但是限制了跨部门的信任与协作(Fimreite et al.,2007)。

从这个视角来看,尽管改变受限,重大危机还是能制造"间断平衡",这意味着会产生一种冲击效应,可以改变制度化的信条和惯例,为更激进的改革开辟道路(Baumgartner and Jones,1993)。这些制度改革可能有所不同,取决于改革是渐进的还是突然的,结果是连续的还是不连续的(Streeck and Thelen,2005)。

## 三、挪威的背景情况

挪威中央政府的特点是相关经济部门强大,而负责跨部委领域协作的大部门较弱。首相办公室历来很小且协作力量薄弱。部长责任制是核心概念,即部长对自己在部里和下属机构中的行为承担最终责任。按目的或任务进行专业化是占主导地位的原则,这使得交叉安排十分困难。于是各部作为单独的"竖管筒仓"(Silos)运作,理解交叉政策问题的能力有限

(Bouckaert,et al.,2000)。因此,与横向协作相比,纵向协作发挥了主导作用。

挪威的另一个特点是共识导向和合作决策方式,该方式改变了纵向碎片化和横向碎片化。合作安排如咨询、参与和妥协比对抗更加普遍。此外,挪威是一个高信任度社会(Rothstein and Stolle,2003),公民之间的普遍信任、公民对政府的信任及公共机构内部的相互信任通常程度很高。高信任度也是应急准备和危机管理领域的特点(Christensen et al.,2011)。不仅如此,挪威被认为是欧洲边围的避风港,在 2011 年以前没有遭遇过任何重大的恐怖袭击(Fimreite et al.,2013;Rykkja et al.,2011)。

## (一)内部安全原则

在挪威,有三条重要原则指导负责内部安全的当局进行工作(St. meld. 22,2007—2008)。责任原则意味着每个机构对本部门的内部安保和安全负责。这与部长责任制的信条密切相关,相关经济部门和纵向协作因而变得强大。另外,分散原则强调尽可能在最低操作层面管理危机。按地理位置进行专业化在此是一个重要的组织概念。一致性(或相似性)原则制造了进一步的组织压力。该原则强调,危机情况下的组织形式应尽可能类似于日常的组织形式。这点在“非同寻常的”危机中很难做到。当重大灾难发生时,以临时行动和临时组织来补充现有的正式组织是至关重要的(Czarniawska,2009)。

## (二)一个不情愿的改革者

自冷战以来,挪威内部安全政策最重要的发展是逐步强化了司法部的整体协作责任,建立起一些新的机构,增加了特设组织安排(Lango et al.,2011),其中包括司法部的政府应急管理委员会和政府紧急支援单位。朗戈等人(Lango et al.,2013)强调,多年来部长优势原则对于如何形成、跟进和实施立法与组织提案设置了明显的限制。这导致冷战结束后对新形势的适应有点谨慎。

这种发展揭露了重要的协作问题。军事防御和民用部门之间的关系一直紧张,主要表现在缺乏沟通和地盘之争(Lægreid and Serigstad,2006)。与此同时,对军事防御的关注转移到了民用部门(Fimreite et al.,2014;NOU 2006:6)。司法部下辖的协作机构如民防局及国家安全局得到了发展和强化,引入了“简化版”的领头部委。无论在横向上还是纵向上,司法部协调作用的发挥一直都是个挑战。

经历的一些危机表明当局并非总是做好了充分的准备。责任原则在组织单位、部门和行政层面之间制造了严重的紧张局势。例如,2004 年东南亚海啸暴露了责任部门内部和责任部门之间存在的协作问题,促使中央行政部门重组(Jaffery and Lango,2011)。尽管如此,全新的安排并没有出现,只是现有结构作了渐进式的调整。

## 四、恐怖袭击

### (一)应急准备

2011年的恐怖袭击暴露出政府在应急准备和处理此类危机方面的能力严重不足。委员会将此归结为缺乏风险意识,学习过往经验的能力不足,缺乏执行能力,尤其是与危机规划相关的执行能力(NOU 2012:14)。这场危机暴露了政策领域、问责和组织结构等方面的碎片化及协作程度低的问题。这个诊断与以往研究得出的结论一致(Fimreite et al.,2014)。解释政策领域渗入的协作问题,可以首先考察2004年的一个安全项目的执行情况,然后再考察政策领域内的审计程序。

2004年,挪威政府安全委员会启动了"政府大楼安全项目",推出了一些新措施以确保政府大楼免遭潜在的袭击。其中一项行动是封锁部分街道,禁止公众通行,声称这项工作具有高度优先性。然而7年后,恐怖分子在首相办公室和司法部所在政府大楼的入口处引爆了汽车炸弹。根据委员会的报告,当时没有专门的规章或临时措施来确保项目的实施。这归因于中央政府部门之间存在僵局,这些部门包括首相办公室、政府行政部、司法部和警察署(NOU 2012:14,ch. 14)。根据委员会的分析,司法部似乎对项目"态度懒散",缺乏决心和意愿来发挥其作为协作机构和推动力的作用。

我们访谈了中央政府部门的公务员,通过分析这些访谈可以发现内部对司法部的批评,总体而言司法部在战略层面上缺乏主动性,在操作层面上后续工作不到位。司法部的领导在"听,但没有动力,也不主动"(对首相办公室政府秘书的采访)。这种缺乏主动性和风险意识的表现很难引起政府行政部长的注意。行政部长负责政府大楼的安全,她因缺乏参与而遭到严厉批评(NOU 2012:14)。相反,首相办公室发挥了更加积极的作用。来自首相办公室的官员也批评司法部协作程度低。

> 尽管已经有好几份白皮书强调司法部的应急准备的责任,但司法部的作用仍模糊不清。7月22日的事件发生后,最重要的一个教训就是司法部必须清楚、明确并加强对于应急准备的协调作用。(对首相办公室政府秘书的采访)

政策领域内的审计和控制系统使协作问题进一步暴露出来。民防局在与司法部的科层关系上有很大麻烦。采访表明,民防局局长认为民防局比司法部表现得更加主动。民防局采取了一系列主动行动，但感觉并没受到司法部领导层的关注。而司法部的救援和应急规划局（层级上高于民防局）在部内努力争取领导的关注（对司法部秘书长和民防局局长的采访）。下面的引述证实了这些纵向的紧张关系：

民防局体会到与司法部的接触显然仍有提升的空间。一般来说，民防和应急规划局与司法部能自然进行亲密对话的那些事情很难引起司法部的关注。加强与司法部的对话是绝对必要的。（民防和应急规划局给司法部的信，2012 年 9 月 25 日）

民防局负责对不同直线部委的应急计划进行定期审计，但民防局没有任何强大的监管工具，且审计报告不公开。民防局还审计其主管部门——司法部。其他系统内部委的审计报告提交给司法部，由司法部负责处理所有问题。民防局认为责任原则和部长负责制往往胜过组织间的审计活动，这是个主要问题。（对民防局局长、现任司法部部长的采访）

这些问题与司法部的指定角色有关，即成为“内部安全的推动力”，这个角色似乎不是非常清晰。总体而言，政策领域里缺乏强有力的指导工具和执行工具。审计报告大体上相当谨慎，而司法部似乎也不愿批评其他部门（对司法部秘书长的采访）。这导致审计系统的运作基于例行公事的象征性行动而不是有效的执行。

国家安全局的组织也引发了协作问题。国家安全局是混合组织形式，行政上隶属于国防部，但是在民事案件上向司法部汇报。两部在合作上关系紧张。司法部部长和国家安全局局长都认为，向两个部长汇报不是一个好的解决办法，且关于两个部门应该跟进哪些工作的问题仍不明确（对司法部部长和国家安全局局长的采访）。联合安排导致两部关系紧张，主要体现在资源配置、核心目标和工作重点的确立以及指导措施等方面。责任原则被视为一致安全的阻碍，且直线部委不愿让司法部带头（对国家安全局局长的采访）。

司法部负责确保国家安全局在民事方面达到 1998 年颁布的安全法的要求，例如审计重要对象的安全。准备法案时许多利益相关者曾提出了担忧，花了 13 年时间制定了详细的规定。在那之前，对于中心目标（人或建筑物）安全问题的识别没有监督。在与委员会的谈话中，国家安全局说道：

……没有最低水平的具体规定来加以控制。在听证会上，对于规定的重要部分很多人表示反对。此外，部门的具体规定、警察的任务和民防局的任务有大量重复，界限不清。所有这些因素限制了国家安全局的审计能力。（给司法部的信，2012 年 9 月 7 日）

这种情况解释了主要的协作问题。部长责任制原则使当事人不愿提出跨界问题。纵向协作占主导地位，尽管司法部和下辖机构之间的关系也存在挑战。

## (二)危机管理

除了与有效的应急准备相关的问题以外,委员会的报告还揭露了有关危机管理的关键问题。重要的是,司法部在危机期间没有遵照“领头部门”的原则行动。司法部本身在炸弹袭击中严重受损,因此政府紧急支援单位不得不接管原本分配给司法部的几项危机管理任务(对政府紧急支援单位和司法部领导的采访)。根据司法部的应急规划,本应建立应急响应队伍,但并未得到实施。此外,现有的“民事应急系统”也没有得到使用。结果很难将危机管理任务与维护司法部自身业务和员工的任务区分开来。

委员会的调查进一步表明,政府应急管理委员会存在运行问题,精力浪费在错误的问题上,过多关注各自部门的情况及如何让政府机构重返工作,而不是如何处理眼前的危机。当危机升级时,中央政府与警方之间的整体战略危机管理和协作问题没有得到充分解决(对国防部副秘书长的采访)。与此同时,由于这场危机影响太广,所有部门都被邀请参加政府应急管理委员会。因此,提出不是核心任务问题的门槛降低了。此外,由于司法部没有建立起应急响应队伍,政府应急管理委员会只得处理超出授权范围的任务。

政府应急管理委员会的内部评估进一步暴露了管理与协作的不足(MJ,2012a)。信息从警方传达到政府应急管理委员会,再传达到司法部和内阁,最终传达给公众,整个过程缓慢且信息不充分。媒体报道比政府传出的消息更及时。这最终促成警察部门与首相办公室之间建立起一条直接的沟通渠道,绕过了已经建立起来的沟通渠道。

## (三)解药——该怎么做?

委员会表示,袭击事件后吸取的经验教训主要与领导力、文化和态度相关,而不是缺乏资源,或者需要新的立法、组织改革或价值观选择(NOU 2012:14,16)。尽管提出了批评,但委员会似乎对过去十年里渐进式的调整感到满意。正式组织大体上没有被看作是一个限制因素(NOU 2012:14,456),且建议不包括对现有组织结构进行重大改变(NOU 2012:14,257)。

委员会提出的最重要的建议是,各级领导应系统地强化核心工作态度与文化,这种态度和文化关系到风险意识、执行能力、互动交流、信息和通信技术的利用和以结果为导向的领导力。此外,委员会建议政府安全委员会与应急委员会应定期召开会议,建立一套现代化的规划并演习和实施这套规划,制定更好的惯例以促进沟通和信息流动。然而这引发了两个重要问题。首先,一方面委员会揭露了正式组织在预防和危机管理方面的失败，另一方面又表示组织改革不重要，两者自相矛盾。其次，委员会指出了碎片化、协作、沟通、管理文化和领导力的问题，但没能把这些问题与正式组织结构联系起来。委员会认为正式责任与良好管理相结合能使责任得到有效落实。但是缺乏落实正式责任的能力不一定是不良管理或文化带来的结果，它可能只是公共行政中基本组织困境造成的难以解决的问题（Allison，1971；Christensen，2013）。

## 五、经验教训——制度改革？

恐怖袭击发生后，司法部的应急准备和危机管理能力受到热议。关于司法部责任的一份内部报告建议强化司法部的协调作用和危机管理功能。这一目标的实现需要内部重组，确立司法部为固定的牵头部门，巩固政府紧急支援单位，在中央政府内部加强对应急准备和危机管理的监督和控制（MJ，2012b）。2012 年司法部更名为司法与公共安全部，标志着该部门重新关注应急准备。部门的两名最高领导被撤换，新成立了一个危机管理与安全司。

中央危机管理结构的重组紧随其后，更名为政府应急管理委员会，以强调其非政治的作用。政府紧急支援单位成为固定部门，全年无休，获得了更多的人员和资源。支援单位还负责新成立的民事情况中心，该中心有指定的办公设施和技术装备，目的是为了监控民事领域的事件、危机和训练。7 月 22 日后，支持单位直接向司法部的秘书长汇报工作，并且从 2013 年起被纳入新成立的危机管理与安全司。支援单位还成为政府应急管理委员会的常设秘书处。

在恐怖袭击发生 11 个月后，在委员会准备好报告不久前，政府发布了一份关于内部安全的白皮书（St. meld. 29，2011—2012）。白皮书没有暗示任何根本性改革，但倡议加强司法部作为协调者和驱动力的作用。措施之一是引入普遍的合作原则。长期以来，合作原则是让私营部门和民事部门组织参与应急准备和危机管理的核心战略，但现在（重新）引入该原则是为了加强中央政府内部的跨界协作。然而很难确定这在实践中意味着什么。有些矛盾的是，根据白皮书，现有的责任关系不会改变，部长责任制的原则也不会改变（St. meld. 29，2011—2012：40）。白皮书强调（St. meld. 29，2011—2012：51）：

单一机构仍然负责自己职务内的危机管理，汇报的主要渠道仍是先向主管部门汇报，然后逐级向上汇报给牵头部门……（司法部的）协调作用不会超越专业审计或责任，这些属于各部委垂直系统及其下辖机构。

因此，仍有必要澄清司法部的协作责任及民防局的指导工具和指导权力。

一份新的协作决议在2012年发布,澄清了司法部的作用(Kgl. res 15 June 2012)。决议承认了司法部在国家民事危机中的领导作用,敦促司法部加强对其他部门行使责任的监管,引入更多的目标管理和结果管理,改善培训和训练制度。决议明确指出,除非另有决定,司法部在应对所有国家危机时应发挥带头作用,决议还强调了加强关注审计的重要性。尽管如此,这些改革没有改变部长责任制的根本原则(Kgl. res 15 June 2012):

> 指定一个领头部门不意味着宪法上的职责有任何变化,所有部长仍在自己职务范围内承担责任并拥有决策权。

2013年发布了一份新的白皮书(St. meld. 21,2012—2013),其中强调了改变领导哲学、文化和态度的重要性。在组织方面,白皮书鼓励小幅度调整而不是重大改变,文件提到要加强司法部的协调和激励作用,加强对下辖单位的监管及提高自身的危机管理能力,但主要是在现有组织结构内进行。此外对协作问题作了概述,而没有讨论关于责任原则和部长准则的困境。白皮书强调实施协作的主要责任在于每个部、每个司或每个单位。这意味着"积极地有意识地相互依赖,清楚自己应当与哪些参与者合作"(St. meld. 21,2012—2013:120)。

总而言之,司法部的协作责任仍不清晰。虽有强化横向协作的意图,但选择的工具模棱两可,存在争议。正式组织进行了一些改革,但似乎是听从了委员会的建议,主要理念是改变文化和态度而不是组织。

## 六、工具解读和文化解读

我们如何理解内部安全措施的这种发展?根据工具视角,正式组织和规划很重要。应急准备和危机管理在此被视为一个深思熟虑的战略选择过程。然而在挪威遭遇恐怖袭击时,仅在一定程度上遵循了已确定的指挥结构和规划。临时行动和机会非常重要,不幸和不可预知的状况妨碍了最佳的危机管理。因此,响应不能被看作是一个连贯的、有计划的协调程序的结果。这不是典型的危机管理(Czarniawska,2009)。相反,危机和风险管理通常发生在不确定和模糊的条件下(Boin,2008;Head,2008)。在这些情况下,普遍进行理性选择是不切实际的,理性选择的特点是目标清晰、稳定和一致,对当前的目标和可用的方法有一定了解,有明显的权威和权力中心。灵活的政治上和行政上的协作基于制度上固定的准则、惯例和作用,也许可以合理地替代适当的规划(Olsen,1997)。因此挪威对危机的响应表明了规划的局限性,对应了布安(Boin,2008)所谓的"规划综合征":规划在可预见的事件和常规事件中可能很奏效,但在危机情况下往往被证明不足，因为危机的特点是极大的不确定性和紧迫性。

另一个问题是迫切地寻找更多的信息，这对于理解事件和决定该做什么至关重要。这在危机管理中是一个典型的挑战（Boin et al.，2005）。中央的参与者不愿做出重要的决定，除非他们掌握了完整情况，但事实往往不足，且通常是不确定或不准确的。7 月 22 日那天，信息的获得基于多种来源，但很快就过时了，而且信息经过多层批准才到达中央决策者那里。结果决策者了解到的是一个矛盾和混乱的情况。

恐怖袭击进一步暴露出领导层面临的挑战及在能力、沟通和协作方面存在的严重问题。这证实了我们的论断：内部安全是一个“棘手问题”，超越了组织和部门领域。严重的纵向和横向协作问题变得明显，体现在中央和地方政府之间，政府部门和机构之间，以及各部内部和各部之间。我们已经通过考察两个案例解释了这点，一个案例是安全项目实施失败，另一个案例是政策领域里主要政府机构的责任和权力模糊不清。

挪威的例子说明内部安全是一个需要争取足够关注和资源的政策领域。通常情况下，很难获得足够的资源来预防危机，而在危机发生后则较容易得到资源。袭击事件之后的预算分配显然证明了这一点。2012 年的国家预算中，内部安全和警察部门的预算显著增加。

挪威中央政府机构内的结构安排限制了外部的纵向合作。主要结构的基础是科层、按目的与任务进行的专业化及部长责任和宪法责任的原则，它实现了不同政策领域内的纵向协作，但严重限制了跨部委领域的横向协作。横向协作受到的限制通过应急准备和现有的危机管理组织原则得到了减轻。在面对棘手问题时，缺乏横向协作尤其严重，那些棘手问题跨越了组织边界、部委领域和行政层面。

政策领域内协作问题的解决主要是依赖于次要结构，这些结构基于团组、董事会、理事会、网络、非正式领域和合作安排。这样的补充安排通常在科层的影响下发挥作用，并对现有的组织形式提出挑战。然而这种安排往往缺乏资源、能力、权力和强大的指导工具，通常是暂时性的，没有清晰的授权，其目标是处理组织之间浮出水面的问题，其设计的目的是避免消极协作并转向积极协作。凭借这种安排，不仅科层变得很重要，协商也变得很重要。关于这个领域里的政治问题，在思想和隐含假设上产生政治冲突对推动改革是很重要的（Peters et al.，2005）。因此，看起来领头组织的理念是受到参与者自身的利益和权力的限制。

文化视角将根据既定的体制文化来预测应急准备和危机响应。我们的分析表明，危机发生后，挪威政府和司法部的响应看起来非常符合组织应急准备和危机管理的现有历史路径。部长责任制的制度化传统在挪威政体内仍很稳固。这限制了加强横向协作的努力。到目前为止，组织只有轻微的变化,符合之前的谨慎态度。委员会的报告指出了许多需要改进的方面,但没有提出任何重大的组织重组计划。

我们的分析表明,既定的安排和机构已被灌输价值观、身份、传统、文化及已经制定的惯例和规则(Selznick,1957),这些特征对应急准备和危机管理有重要影响。相关机构和在这些机构工作的公务员不容易适应变化的外部压力或政治领导变化的信号。因此,路径依赖过程与政治冲突和体制冲突成为政策领域的特点(Peters et al.,2005)。与此同时,政策领域通常不会得到政治人物的关注,除非发生重大危机。因此,政治冲突往往在体制机构内的公务员之间上演,这些公务员是为了保卫自己的体制领域。

根据有限理性的概念,这些组织的领导似乎更专注于将决策成本降至最低,而不是尽最大努力达成目标。这种行为的结果对现状有利,参与者可以寻找与以往相近的解决方案(Cyert and March,1963)。新的组织解决方案必须通过文化兼容性检验,且倾向于选择那些在本质上没有与现有安排断开的解决方案(Brunsson and Olsen,1993)。先前的决策代表一种行政政策遗产,那些决策限制了后来的选择。因此,嵌入的制度安排如部长责任制原则限制了未来可能出现的行政安排。部长责任制原则已经打造了强大的垂直部委系统,这些部门捍卫自己的职务不受外部入侵。同时,司法部一直只有很少的自我决定权和执行权。这表明改革过程的特点是有强大的否决参与者(Mahoney and Thelen,2010)。关于司法部作为协调者和驱动力的作用,其解释空间只得到小程度的开发。司法部似乎对政策领域采取了更放松的态度,对其授权做了相当严格的解释。结果分层成为制度改革的特点,现有安排上增加了新的、谨慎的组织安排。7 月 22 日后的这些改革能否让司法部拥有更多的自我决定权、执行权和更强大的指导工具,从而摆脱之前的安排,这些还有待观察。

## 七、结论

在诊断挪威应急准备和危机管理的政策领域内存在的问题时,我们的分析达成一个广泛共识。这些问题被确定为碎片化、问责的支离破碎和虚弱的协作。同时,针对这些问题建议的解决方案模棱两可,充满矛盾,问题与可用的解决方案不匹配。尽管遭到严重的外部冲击,组织改革一直是谨慎和渐进的,遵循一种典型的模式。我们观察到司法部作为一个首要的协调部门和领头部门在不情愿地逐步升级,这种发展没有影响部长责任和宪法责任的基本原则。

本文得出的一个主要结论是,组织应急准备和危机管理在很大程度上是路径依赖的（Krasner，1988；Selznick，1957）。已经确定的治理信条，如部长责任和宪法责任，限制了可能采取组织上的解决方案，甚至在发生了严重的恐怖袭击后还是如此，而恐怖袭击表明现有的组织安排存在重大缺陷。到目前为止，寻求的解决方案是努力将通过科层进行的协作与通过网络安排、团组和理事会及合作原则进行的协作结合起来。导致结构分散的责任原则仍然占主导地位。一个主要的挑战是给予合作原则足够的权威，避免合作原则成为一个不具约束力的象征性工具。确保做到这点的方法之一是为司法部提供更多的权威和权力，鼓励其在危机情况下增加风险意识和协作行为，但预计会遭到相关部门的反对。

我们的案例说明重大的重组是困难的，即使在对重要问题已经理解并达成一致的情况下也是如此。要获得重要的经验、知识和专业技能以及单一的责任和任务，专业化是必要的。此外，这意味着协作是一个永恒的挑战。我们的分析表明，引入协作措施主要是为了应对关键的政治—行政参与者察觉到的一些问题，而通常不是经过对现有的结构安排进行系统分析发现的问题。这些协作措施能否取得成功，或者说能否得到实施，主要取决于事件的紧迫性及想要实施新措施的人拥有的资源。即使面对重大危机，重要的改革也很难完成。选择新的协作安排似乎都是临时发生的，是从实用角度考虑作出的选择——通常是危机管理失败的结果。现有的制度结构、不同参与者的既定作用与相互关系、与资源和继承的权力相关的组织对新安排出现、发展和实现功能的方式有强烈影响。

看起来司法部和其他利益相关者之间的关系有个主要特点是“消极协作”，局限于在其他垂直关系的部委没有具体责任的领域进行监督。后续工作和主动行动一直被忽视，司法部配备的指导工具和指令工具似乎效率低下，这使得司法部很难支配垂直关系的部委。主要的挑战在于将基于地方的问题与按功能组织的服务匹配起来，在内部安全与当前仍然重要的任务之间保持平衡，在一个零碎的系统中满足公民的期待。解决这些挑战需要一个新的应急协作系统，能灵活地开发并适应政府的能力来处理不可预测的新危机和新情况，这些危机和情况造成的影响会很大，但发生的概率很小（Kettl，2003）。到目前为止，科层协作占据优先位置，但通过网络安排进行的协作正日益补充进来。

挪威应对恐怖袭击的特点是相互影响的因素之间复杂的相互作用。外部冲击对所有参与者造成了深刻影响。与此同时，到目前为止制度上和环境上的限制似乎成了理解结果的一个重要维度。挪威的应对在很大程度上受到了两个因素的影响：一个是已经确定的组织安排，另一个是限制了中央领导人的行动范围的信条和原则。深思熟虑的政治行动是重要的，但没有带来任何重大改变。此外，过程和结果不能仅仅被称为理性规划的结果,明显还有基于协商的特征,这些特征是通过冲突和妥协的因素表现出来的,符合基于协商版本的工具视角。

应急准备和危机管理的政策领域的确是一个棘手问题,超越了组织边界、政策领域和行政层面。从我们的角度来看,似乎有更多的空间可以进一步系统化地了解如何组织应对这样的挑战,从而减少一些明显的"棘手性"。理解并认可存在于结构内的遗留问题、既定作用、规范和实践,不要只是依靠限制较多的理性一技术解决方案,这似乎会是一条颇有收获的路线。特殊事件,如灾害,可能需要新类型的政策响应。

**致谢**

本研究获得了欧盟第七框架项目在社会经济科学和人文科学第266887号(COCOPS项目)拨款协议下的部分资助。

**汤姆·克里斯坦森(Tom Christensen)**,奥斯陆大学政治学系公共行政与政策专业教授,卑尔根大学斯坦因·罗坎社会研究中心高级研究员,香港城市大学兼职教授。主要研究领域是比较公共部门改革,重点关注问责问题,这些政策领域包括福利、移民、大学治理、医院、政策和安全管理。他最近的出版物有:《新公共管理阿什盖特研究指南》(2012),与皮尔·莱格雷德合著;《全球观念和现代公共部门的改革:新制度理论的理论阐述和实证讨论》,发表于《美国公共行政评论》2012,42(6):635—653,《新公共管理及其他——公共部门改革的混合化》,收于G.德罗里、M.奥莱雷尔和P.瓦尔根拜克编辑的《全球主题及组织和管理的当地变化:展望全球本土化》(Routledge,2013)。

**皮尔·莱格雷德(Per Lægreid)**,卑尔根大学行政与组织理论系教授,斯坦因·罗坎社会研究中心高级研究员。研究兴趣包括从广泛的制度视角研究公共行政,这些视角结合了政治学和组织研究,重点研究中央政府组织的制度改革、民主治理、行政改革、福利国家的改革,以及从国内视角和比较视角研究内部安全、危机管理与行政政策。他最近的出版物包括:《组织公共部门的协作》(与K. Sarapuu、L. H. Rykkja和T. Randma-Liiv合著)(Palgrave Macmillan,2014),《政府机构:来自30个国家的实践和教训》(与K. Verhoest、S. van Thiel和G. Bouckaert合编),《新公共管理阿什盖特研究指南》(2012),与汤姆·克里斯坦森合著,及发表在《治理》《突发事件和危机管理期刊》《国际行政科学评论》《公共组织评论》上的文章。

**丽萨·H.瑞卡(Lise H. Rykkja)**,卑尔根大学行政与组织理论系博士后,斯坦因·罗坎社会研究中心高级研究员。主要研究领域是公共行政的发展、治理和公共政策,聚焦于公共部门的内部安全和危机管理的组织。她最近的出版物包括《组织公共部门的协作》（与 K. Sarapuu、L. H. Rykkja 和 T. Randma-Liiv 合著）（Palgrave Macmillan，2014），《奥斯陆和于特岛之后：挪威的安全和自由之间平衡的转变》（与 A. L. Fimreite、P. Lango and P. Lægreid 合著），《对冲突和恐怖主义的研究》（2013）36，839—856，《恐怖袭击过后——挪威的政治和行政领导力面临的挑战》（与汤姆·克里斯斯坦森和皮尔·莱格雷德合著），《突发事件和危机管理期刊》（2013）21，167—177。

## 参考文献


Allison GT (1971) *Essence of Decision*. New York: Little, Brown.

Ansell C, Boin A and Keller A (2010) Managing transboundary crises: Identifying building blocks of an effective response system. *Journal of Contingencies and Crisis Management* 18(4): 195–207.

Baumgartner F and Jones B (1993) *Agendas and Instability in American Politics*. Chicago, IL: University of Chicago Press.

Bogdanor V (2005) *Joined-up Government*. British Academy Occasional Paper 5. Oxford: Oxford University Press.

Boin A (2008) Fundamentals of crisis development and crisis management: An introduction to critical crisis readings. In: Boin A (ed.) *Crisis Management*., Vol 1. London: Sage.

Boin A, t'Hart P, Stern E and Sundelius B (2005) *The Politics of Crisis Management – Public Leadership Under Pressure*. Cambridge: Cambridge University Press.

Bouckaert G, Ormond D and Peters BG (2000) *A Potential Governance Agenda for Finland*. Helsinki: Ministry of Finance.

Bouckaert G, Peters BG and Verhoest K (2010) *The Coordination of Public Sector Organizations: Shifting Patterns of Public Management*. Basingstoke: Palgrave Macmillan.

Brattberg E (2012) Coordinating for contingencies: Taking stock of post 9/11 homeland security reforms. *Journal of Contingencies and Crisis Management* 20(2): 77–89.

Brunsson N and Olsen JP (1993) *The Reforming Organization*. London: Routledge.

Christensen J (2013) 22. juli kommisjonen. *Nytt Norsk Tidsskrift* 30(3): 243–253.

Christensen T and Lægreid P (2007) *Transcending New Public Management*. Aldershot: Ashgate.

Christensen T and Lægreid P (2008) The challenge of coordination in central government organizations: The Norwegian case. *Public Organization Review* 8(2): 97–116.

Christensen T and Painter M (2004) The politics of SARS – Rational responses or ambiguity, symbols and chaos? *Policy and Society* 23(2): 18–48.

Christensen T, Fimreite AL and Lægreid P (2011) Crisis management: The perceptions of citizens and civil servants in Norway. *Administration & Society* 43(5): 561–594.

Christensen T, Lægreid P, Roness PG and Røvik KA (2007) *Organization Theory and the Public Sector: Instrument, Culture and Myth*. London: Routledge.

Christensen T, Lægreid P and Rykkja LH (2013) After a terrorist attack: Challenges for political and administrative leadership in Norway. *Journal of Contingencies and Crisis Management* 21: 167–177.

Cyert RM and March JG (1963) *A Behavioral Theory of the Firm*. Englewood Cliffs, NJ: Prentice Hall.

Czarniawska B (ed.) (2009) *Organizing in the Face of Risk and Threat*. Cheltenham: Edward Elgar.

Dahl RA and Lindblom CE (1953) *Politics, Economics, and Welfare*. New York: Harper & Row.

Dahlstrøm C, Peters BG and Pierre J (2011) *Steering from the Centre*. Toronto: University of Toronto Press.

Egeberg M (2012) How bureaucratic structure matters: An organizational perspective. In: Peters BG and Pierre J (eds) *The SAGE Handbook of Public Administration.*, 2nd edn. London: Sage.

Fimreite AL, Flo Y, Selle P and Tranvik T (2007) Når sektorbåndene slites. Utfordringer for den norske velferdsmodellen [When the sectorial ties break: Challenges for the Norwegian welfare model]. *Tidsskrift for Samfunnsforskning* 48(2): 165–196.

Fimreite AL, Lango P, Lægreid P and Rykkja LH (2013) After Oslo and Utøya: A shift in the balance between security and liberty in Norway? *Studies in Conflict & Terrorism* 36(10): 839–856.

Fimreite AL, Lango P, Lægreid P and Rykkja LH (2014) *Organisering, samfunnssikkerhet og krisehåndtering [Organizing, societal security and crisis management].*, 2nd edn. Oslo: Universitetsforlaget.

Gulick L (1937) Notes on the theory on organizations: With special reference to government. In: Gulick L and Urwin L (eds) *Papers on the Science of Administration.* New York: A.M. Kelley.

Harmon MM and Mayer RT (1986) *Organization Theory of Public Administration.* Glenview, IL: Scott, Foresman.

Head BW (2008) Wicked problems in public policy. *Public Policy* 3(2): 101–118.

Jaffery L and Lango P (2014) Flodbølgekatastrofen [The tsunami disaster]. In: Fimreite AL, Lango P, Lægreid P and Rykkja LH (eds) *Organisering, samfunnssikkerhet og krisehåndtering [Organizing, societal security and crisis management]*, 2nd edn. Oslo: Universitetsforlaget.

Kettl DF (2003) Contingent coordination: Practical and theoretical puzzles for homeland security. *American Review of Public Administration* 33(3): 253–277.

Kettl DF (2004) *System under Stress: Homeland Security and American Politics.* Washington, DC: CQ Press.

Kgl.res 15 (June 2012) *Instruks for departementenes arbeid med samfunnssikkerhet og beredskap, Justis- og beredskapsdepartementets samordningsrolle, tilsynsfunksjon og sentral krisehåndtering* [Instruction on the Ministry's work on societal security and preparedness: The Ministry of Justice's supervisory role and central crisis management]. Available at: http://www.lovdata.no/cgi-wift/ldles?doc = /sf/sf/sf-20120615-0535.html.

Krasner SD (1988) Sovereignty: An institutional perspective. *Comparative Political Studies* 21(1): 66–94.

Lægreid P and Serigstad S (2006) Framing the field of homeland security: The case of Norway. *Journal of Management Studies* 43(6): 1395–1413.

Lægreid P, Randma-Liiv T, Rykkja LH and Sarapuu K (2013) The governance of social cohesion: Innovative coordination practices in public management. Research Report. COCOPS Work Package 5 – Deliverable 5.3. Available at: http://www. cocops. eu/wp-content/uploads/2013/07/COCOPS_D5.3_Report.pdf.

Lango P, Lægreid P and Rykkja LH (2011) Organizing for internal security and safety in Norway. In: Nota G (ed.) *Risk Management.* Rijeka: Intech.

Lango P, Lægreid P and Rykkja LH (2013) Samordning for samfunnssikkerhet. Utviklingen av Justisdepartementets ansvar [Coordinating for societal security and safety: The development of the Norwegian Ministry of Justice's coordinating role]. *Nordiske Organisasjonsstudier* 15(3): 7–33.

Mahoney J and Thelen KA (2010) *Explaining Institutional Change: Ambiguity, Agency and Power.* Cambridge: Cambridge University Press.

March JG and Olsen JP (1983) Organizing political life: What administrative reorganization tells us about government. *American Political Science Review* 77: 281–297.

March JG and Olsen JP (1989) *Rediscovering Institutions: The Organizational Basis of Politics.* New York: The Free Press.

MJ (2012a) Intern rapport. Justis- og beredskapsdepartementets ansvar for samfunnssikkerhet og beredskap [Internal report. The responsibility of The Ministry of Justice and Preparedness for societal security and preparedness]. Oslo: The Ministry of Justice and

Preparedness.
MJ (2012b) Sammenfatning av Regjeringens kriseråds interne gjennomgang etter terroranslaget 22. juli 2011 [Summary of the Government Emergency Management Council's internal analysis of the terrorist act 22 July 2011]. Letter of 11 January 2012. Oslo: The Ministry of Justice and Preparedness.
NOU 2006: 6. *Når sikkerheten er viktigst – Beskyttelse av landets kritiske infrastrukturer og kritiske samfunnsfunksjoner* [When security is most important: Protection of the country's critical infrastructures and societal functions]. Oslo: Departementenes servicesenter.
NOU 2012:14. *Rapport fra 22. juli-kommisjonen* [Report from the 22 July 22 Commission]. Oslo: Departementenes servicesenter.
Olsen JP (1997) Civil service in transition – dilemmas and lessons learned. In: Hesse JJ and Toonen TAJ (eds) *The European Yearbook of Comparative Government and Public Administration*, Vol III. Baden-Baden: Nomos, pp. 389–406.
Peters BG (1998) Managing horizontal government: The politics of coordination. *Public Administration* 76(2): 295–311.
Peters BG (2006) Concepts and theories of horizontal policy management. In: Peters BG and Pierre J (eds) *Handbook of Policy Management*. London: Sage, pp. 115–138.
Peters BG, Pierre J and King DS (2005) The politics of path dependency: Political conflict in historical institutionalism. *Journal of Politics* 67(4): 1275–1300.
Reinares F (2009) After the Madrid bombings: Internal security reforms and prevention of global terrorism in Spain. *Studies in Conflict & Terrorism* 32: 367–388.
Rothstein B and Stolle D (2003) Introduction: Social capital in Scandinavia. *Scandinavian Political Studies* 26(1): 1–26.
Rykkja LH, Fimreite AL and Lægreid P (2011) Attitudes towards anti-terror measures: The role of trust, political orientation and civil liberties support. *Critical Studies of Terrorism* 4(2): 219–237.
Scharpf F (1994) *Games Real Actors Play*. Boulder, CO: Westview Press.
Selznick P (1957) *Leadership in Administration*. New York: Harper & Row.
Simon HA (1957) *Administrative Behavior*. New York: Macmillan.
St. meld. 22 (2007–2008) *Samfunnssikkerhet* [Societal security and safety]. Oslo: Ministry of Justice and Police.
St. meld. 29 (2011–2012) *Samfunnssikkerhet* [Societal security and safety]. Oslo: Ministry of Justice and Police.
St. meld. 21 (2012–2013) *Terrorberedskap* [Preparedness for terror attacks]. Oslo: Ministry of Justice and Police.
Streeck W and Thelen K (eds) (2005) *Beyond Continuity: Institutional Change in Advanced Political Economies*. Cary, NC: Oxford University Press.
Verhoest K, Roness PG, Verschuere B, Rubecksen K and MacCarthaigh M (2010) *Autonomy and Control of State Agencies*. Basingstoke: Palgrave Macmillan.
Wise LC (2002) Special report: Organizing for homeland security. *Public Administration Review* 62(Special Issue): 44–57.

# The challenges of coordination in national security management – the case of the terrorist attack in Norway

**Tom Christensen**
University of Oslo, and the Uni Research Rokkan Centre, Bergen, Norway

**Per Lægreid**
University of Bergen and the Uni Research Rokkan Centre,
Bergen, Norway

**Lise H Rykkja**
University of Bergen and the Uni Research Rokkan Centre,
Bergen, Norway

**Abstract**
The article addresses a 'wicked problem': Organizing for internal security and societal safety. It examines the central emergency and crisis management under the terrorist attack in Norway in July 2011, with a special focus on the coordinating role of the Ministry of Justice (MJ). Our analysis is based on an in-depth qualitative analysis of relevant official documents and interviews with government officials, using a structural-instrumental and a cultural-institutional perspective to understand outcomes. There is a consensus when it comes to diagnosing the problems, identified as fragmentation, pulverization of accountability and weak coordination arrangements. The organizational changes have been cautious and incremental, however. A gradual upgrading of the MJ as an overarching coordinating ministry does not challenge the existing principles of ministerial responsibility. Suggested solutions are beset with ambiguity and conflicts, and there is a mismatch between problems and available solutions.

**Points for practitioners**

Challenges of coordination are evident in modern public administration, related to both vertical and horizontal coordination, and particularly so within the field of internal security and crisis management. New Public Management (NPM)-related reforms have created further coordination problems, especially in policy areas and public services that cross sector boundaries. New arrangements, labeled post-NPM reforms, have tried to counter the alleged increasing fragmentation. The challenges are quite evident when it comes to crisis management, where a combination of organizing for coordination and flexibility is necessary. Major crises do not always lead to radical changes, however. Instrumental and formal changes are often mediated by the existing culture. The result is a rather hybrid and multi-layered modern public administration.

**Keywords**
22 July, central government, coordination, crisis management, internal security, organizational change, wicked problems

国际行政科学评论

# 从网络到科层:爱沙尼亚高级公务员发展体制的演变

蒂纳·兰德玛·利夫　安尼卡·尤德尼普　库丽·萨拉普
Tiina Randma-Liiv　Annika Uudelepp　Külli Sarapuu
翻译:杨　柳　审校:杨　阳

【摘　要】 本文旨在探讨在高度碎片化的中央政府中建立中央协调机制的机遇和制约因素。本文基于案例研究,首先检视爱沙尼亚高级公务员发展体制的创立,之后描述并解释过去十年在这一举措下协调机制的变化。研究结论认为,在碎片化的行政体制中,网络可以替代科层用于协调实践的创新。然而,一旦协调机制成熟,网络手段就不够充分,需要引入科层元素使其更为制度化和正规化。本研究也表明,资助制度也会引起基本协调机制的变化。因此,作者建议未来的研究要系统检视资助实践,要将其作为协调制度的必不可少的一部分。

## 对实践工作者的启示

本文揭示在没有立法的前提下,公务员借助欧盟结构基金,通过协调举措,构建政府“卓越之岛”。在爱沙尼亚高级公务员发展体制的演变中,关键是建立能力模型和评估系统。协调机制最初基于自愿原则,要实现其制度化,必须经常学习、逐渐赢得目标群体的信任和支持。本文也发现,解决某一协调问题可能会引起问责、持续性和协调方面的新问题。

【关键词】 协调;爱沙尼亚;科层;网络;高级公务员

---

**通信作者:**

Tiina Randma-Liiv,Tallinn University of Technology,Ragnar Nurkse School of Innovation and Governance,Akadeemia tee 3,Tallinn 12618 Estonia

E-mail: tiina.randma-liiv@ttu.ee

## 一、引言

为了应对公共部门日益增长的复杂性及其碎片化，整个西方世界越来越需要协调和整合。整体型政府、联合型政府等后新公共管理模式层出不穷，试图解决这些“棘手问题”，应对“部门主义”“管状视野”和政府“条块”(Christensen and Lægreid,2007)。在碎片化和分权化的行政体制中，中央协调对于强化集体精神和文化尤为重要；然而近期的新公共管理改革，强调个体和个体组织的绩效，弱化了集体精神和文化(OECD,2003：16)。

现有研究表明，碎片化现象层出不穷，不仅专业化和分权存在协作困难，而且部长和高级公务员的个人日程安排也存在协调困难。以一致的方式一起工作，需要制定和实施共同项目和计划，而这又需要高级公务员具有共同的价值观(Bourgault,2007：258)。因此，统筹高级公务员的发展，实现共同角色认知，跨越组织边界合作，可以解决碎片化、整合公共服务和应对“棘手问题”(Bouckaert et al.,2010；Verhoest et al.,2007：344)。高级公务员的领导力、专业化、共同价值观以及一起工作的能力是成功协调的关键先决条件(Hansen et al.,2012)。然而，尽管英美国家在实践中将高级公务员看作独立群体，并对其进行了广泛研究(Bhatta,2001；Bourgault,2007；Halligan,2012；Hansen et al.,2012；Kim,2007；OECD,2008)，但在西欧和中东欧，这一话题很大程度上被忽视了。

本文探究了爱沙尼亚高级公务员发展体制的演变历程。重点是相关安排的制度化过程，以及这一中央协调手段背后的原因和参与者。持续的时间跨度从 2004 年到 2013 年。除了阐明新协调实践的演变外，爱沙尼亚高级公务员发展体制研究与协调性研究相关，因为爱沙尼亚高级公务员工作的政治和行政背景。爱沙尼亚中央政府的特点是高度碎片化和分割化，很少进行横向协调。这样的机构设置和相关的条块效应在过去十年中变得尤为明显(OECD,2011；Sarapuu,2011；Tõnnisson and Randma-Liiv,2008)。此外，严重的部门分割阻碍新的中央协调程序的引入。爱沙尼亚高级公务员发展体制演化的案例，尤其是这个过程中从临时网络协调到正式体制的变化，是一个有趣的例子。作者系统分析了这一新的中央协调手段背后的原因，并分析了基本协调机制的变化，这些都为协调方面的学术文献添砖加瓦(Bouckaert et al.,2010)。在协调和政策网络文献中引用的近期证据表明，网络有取代科层的趋势(Bevir and Richards,2009；Bouckaert et al.,2010；Klijn and Koppenjan,2000)，然而本文分析的案例阐明了相反的变化——从网络到科层。

本文探讨以下研究问题：①在高度分割和中央协调手段缺乏的情况

下,新的横向协调手段是如何产生的?②在这一手段演变过程中,混合的基本协调机制是如何改变的?③如何解释从网络到科层的变化?

案例分析基于爱沙尼亚公务员培训体制的深入分析,这一体制由爱沙尼亚财政部委任(Sarapuu et al.,2011)。本研究使用了一系列数据来源和研究方法:对相关学术文献和政府文件进行了案头研究,之后对31位爱沙尼亚公务员进行深入访谈和焦点小组分析。本文作者都参与了参与式观察研究:一位担任高级公务员发展体制创始阶段某部的秘书长;另外两位参与设计和实施了该体制的几次发展活动。

## 二、分析框架

### (一)协调机制

公共部门协调被定义为有目的地调整单位或参与者以达成某一明确目标(Verhoest and Bouckaert,2005: 95)。协调过程的推进要借助于具体活动或结构——协调手段(Bouckaert et al.,2010)。在学术文献中,协调机制大致分为三种基本类型,其依据是不同的协调手段:科层、市场和网络(Bouckaert et al.,2010)。不同的协调机制依赖不同的刺激类型,这些刺激来自于自愿协议、通用规则和文化、正式制度甚至强迫等。在科层类协调机制中,互动基于正式授权,而授权来自立法、行政命令、通用标准、检查权利和干涉权利。使用科层权力进行协调,旨在有目的地设计和控制不同参与者的目标以及达成这些目标的程序。这一方式具有相当多的优势,除其他事项外,这些优势表现为坚定性和速度、潜在的平等性和客观性以及明确的责任(Bouckaert et al.,2010: 269)。其劣势包括缺乏合法性和所有权、僵化的组织结构与复杂动态的环境之间的可能错配、行政过载以及危害正式官僚体制的其他瓶颈(Bouckaert et al.,2010: 35)。

市场类协调机制的基础逻辑源于新制度经济学。市场类协调基于交换和竞争,通过供给和需求、价格机制,以及赢取利润和避免损失的自身利益这些"看不见的手"进行引导和控制。这些机制中的主要资源与信息、交易和权力相关(Bouckaert et al.,2010: 35)。市场(自然的或人为创造的)的潜在优势是对绩效的刺激、契约清晰以及供给和需求平衡。市场类协调的劣势包括参与者之间过度竞争、机构之间利益冲突、体制的不稳定性、信息不对称以及规模效益的潜在损失(Verhoest and Bouckaert,2005: 35)。

网络作为协调机制的理论基础来自政策网络理论(Bouckaert et al.,2010: 34),该理论假定众多相互依赖的参与者之间存在着复杂的互动,政策就是在这些互动过程中形成并实施的(Klijn and Koppenjan,2000:

139)。政策网络的关键特征是参与者及其关系(Klijn et al.,1995:439)。互动源自于资源依赖,并假定参与者在联合过程中愿意交换他们的资源(Rhodes,2007)。这意味着互动过程的吸引力至关重要。因此,以网络为基础的协调机制依赖于参与者之间的合作和团结,相互依赖、信任、共同价值观和互惠等因素塑造并控制他们之间的关系(Bouckaert et al.,2010:35—36)。网络的主要优势是合法性和决策的有效性,强调通用规范和高度信任(Verhoest and Bouckaert,2005)。网络的巨大潜力是包容不同的伙伴和学习(Koppenjan and Klijn,2004:127—128),处理动态不稳定的环境(Kickert et al.,1999:54),以及引入创新(Goes and Park,1997)。然而,网络也表现出严重的缺点——缓慢而困难的决策过程,缺乏清晰的责任和执行能力(Verhoest and Bouckaert,2005),有限的权力范围,以及权力不对等(McGuire and Agranoff,2011:280)。

在实践中,人们混合使用各种基本协调机制,这表明这些机制是相互补充的而不是相互替代的(Christensen and Lægreid,2008:112)。政府在不断寻找协调机制的最佳混合方式,实证研究结果表明,在过去的几十年中,具体协调机制的优势地位发生了明显的变动(Bouckaert et al.,2010)。在20世纪80年代,总体趋势是废除科层,加强市场类协调机制;90年代,焦点转移到了网络的运用。然而,自21世纪以来,网络机制中添加了一些正式元素,这样人们现在可能会说是科层的部分回归(Bouckaert et al.,2010:262—263)。人们越来越多地混合运用这些机制,说明需要用某一机制的长处来平衡另一机制的短处。那么在新治理模式中,网络多大程度上替代了科层?通过对这一问题的关注,政策网络理论明显有助于人们理解科层、市场和网络之间的关系。一方面,权力依赖的代表认为,网络"是市场和科层的替代,不是市场和科层的混用"(Bevir and Richards,2009:5)。另一方面,科菲吉博格和合著者们(Koffijberg et al.,2012:265—273)描绘了科层和网络的动态混合结构,通过引入不同类型的协调策略,科层能够干涉网络。

数位作者已经认识到,网络传递结果和处理问题的能力依赖于实施过程,即如何管理网络参与者之间的互动(Cole and John,1998;Klijn et al.,1995;Kickert et al.,1997;Rhodes,2007)。以往研究表明,网络管理中不可避免地存在一些科层(Keast et al.,2006;Koffijberg et al.,2012)。例如,当以网络为中心进行管理时,一些横向关系被转变成了纵向关系,科层的阴影也抬头了。建立网络中心通常是为了明确和控制最重要的问题,如策略决定、关键绩效指标的设定或资源划拨(Diefenbach and Sillince,2011)。核心参与者使用(财政)资源,可能会触发引入某些科层元素,例如,形成负责这些资金使用的核心网络参与者。尽管人们普遍将网络隐喻为“家庭”，迪芬巴和塞林斯（Diefenbach and Sillince，2011：1527）总结认为，正如在一个家庭中，网络中的一些角色和责任很可能被正式确定下来，并形成科层组织。这点已经通过“网络中心性”（Cole and John，1998）的概念得以诠释，这一概念试图依据网络参与者与其他人的联系来界定网络参与者，并分析核心参与者在网络决策和信息处理方面的关键作用。通过审视网络实际功能在一段时间中的动态变化，网络内使用科层元素已经被实证研究所证实。在网络早期发展阶段，由于少有正式规则、规定、结构、程序和政策，其成员的实际活动将网络塑造为更正式的组织类型（Diefenbach and Sillince，2011）。任何具体的混合协调机制很少静止不变——不同参与者及其利益的不断平衡会导致动态变化。随着网络的进化，其制度化水平很可能进一步提高。制度化水平反映了参与者之间的互动已在多大程度上扎下了根，某种规则和价值观是否已浮现（Dowding，1995）。目前还没有实证研究来勾勒这些混合协调机制的实际功能，也没有考察和解释其随时间变化的动态过程。

此外，迄今为止，只有少数研究关注具体环境下不同协调机制的可行性（Bouckaert et al.，2010）。为了具有可操作性，协调机制必须反映环境特点，其中，必须反映组织结构中的行政结构类型和决策权力的分配。新公共管理改革增加了行政体制的碎片化和复杂度，这在行政体制所采用的协调手段中也有反映，例如，网络广泛使用中的伙伴关系和协作安排（Bouckaert et al.，2010；Keast et al.，2006；Rhodes，1997）。但是，在具体环境下具体协调机制的可行性方面，仍然存在相当大的分析空间。因此，通过着眼于爱沙尼亚中央政府协调手段的演变历程，本文旨在更好地了解塑造不同协调机制动态变化的因素，以及这些协调机制与周围环境之间的关系。

### （二）作为协调手段的高级公务员

高级公务员的团队协调发展可被看作政府促进横向协调的一种手段（Halligan，2012；Verhoest et al.，2007：344）。高级公务员通常包括核心公共服务系统中部委、部门、局办等的（行政）领导，以及中央政府指定的其他高级官员（Halligan，2012：116）。在高级公务员中发展共同价值观和角色认知，激励其团队协作的身份认同，已被视为克服碎片化和解决“棘手问题”的重要手段（Bouckaert et al.，2010；Verhoest et al.，2007：344）。要在公共服务机构中发扬共同文化，高级公务员被视为关键的参与者。其个人领导力和榜样作用成为跨越中央政府合作与协调的重要动力和先决条件（Bourgault，2007；Kim，2007）。

然而，公共行政中管理方法的个体化倾向日益明显，弱化了人们期望中的高级公务员在公共服务系统所发挥的“黏合”作用(Hansen et al.,2012)。如果只关注单个组织的绩效,可能会忽视更为广泛的政府目标和价值观(Bouckaert et al.,2010：20)。所以,随着对协调的强调,扩展了人们对高级公务员的角色和能力的理解,高级公务员的作用远远超出其具体区域的专长 (Kim,2007：137)。人们认为,现代公共管理者不仅服务于政府相关领域的某一部长,也服务于将整个政府视为一体的“公司”(Bourgault,2007：258)。

关注政府整体绩效,这一转变也反映在高级公务员的培训和发展上(Bhatta,2001; Bourgault,2007; Kim,2007)。一般来说,以集中的方式能更有效地处理共同价值观、道德观和联合过程管理相关的问题(Christensen and Lægreid,2007：162)。促进高级公务员发展的因素包括:共同愿景,依赖于适合的人力资源管理系统(如依赖于统一能力框架和评估系统);共同行政文化,是单独组织协调一致的黏合剂;中心领导力,来自于内阁大臣或类似人物(Bourgault,2007：272; Bhatta,2001)。学者们也强调,对目标团队的信任和主人翁感觉,是成功的先决条件。

虽然有几位作者认识到高级公务员网络在促进政府横向协调方面的作用,但是要将具体协调机制用于高级公务员的设置和功能,研究仍然不足。协调的高级公务员体系很可能在碎片化或分权化的行政环境中最为有益,通过提供必要的“胶水”将系统的不同部分黏合起来。然而,现存文献并没有研究如何在碎片化的行政环境中建立集中的高级公务员系统,在这样的环境中,参与者的个体化目标很可能阻碍集中化的举措。同时,对个体组织结构和高级公务员而言,自愿合作的激励措施有限。下文的案例研究专门审视在这样碎片化的行政体制中,建立和推进高级公务员系统所面临的挑战。

## 三、案例研究:爱沙尼亚高级公务员发展体制

### (一)爱沙尼亚中央政府

自从 1991 年重新获得独立以来,爱沙尼亚经历了一系列重大的政治、经济和行政改革。作为中心协调权力的共产党已消失,需要建立发挥作用的政治和行政系统,在过去 20 年中,所有政府都面临着改革行政结构和系统内协调机制的挑战(Sarapuu,2011)。

爱沙尼亚中央政府运行着一套高度碎片化的行政系统,系统中各部委承担公共政策和项目的责任。尽管各部委的自治功能相对较小,但是对其政府职权范围的事项有相当大的影响力,他们是强势的行政参与者。最高

协调权力归于政治行政首脑——部长内阁。内阁和首相的工作由政府办公室支撑,政府办公室是由不关心政治的国务卿主持。政府办公室的角色很大程度上是内阁的技术支撑,最近加强了其协调功能。该机构负责欧盟事宜的协调,以及高级公务员的战略规划与发展。此外,财政部负责预算过程,也拥有强大的协调手段。然而,系统中中心协调单位的协调权力有限,通常受限于有限的财政资源和人力资源,如下文行政部门案例研究所示(Järvalt and Randma-Liiv,2010; Sarapuu,2011)。

这种碎片化的系统一直不愿意将协调权力交给中央单位。也曾提出多种加强中央协调的措施,除了少数例外,都十分费力和缓慢,最终证明毫无用处。现有的协调手段(例如,法例草案的协调程序、欧盟事务中的政府政策的阐释程序)大多基于网络类协调,这种方式强化了部委的中心决策者角色。

近年来行政体制中与碎片化相关的问题变得越来越明显(Sarapuu,2011)。正如经济合作与发展组织所指出那样,爱沙尼亚行政体制以"联合方式"工作的能力,只表现在危机时刻或者需要做出即时政策响应的时刻,而不是在日常工作中(OECD,2011)。在压力之下,协调严重依赖私下交往和非正式网络。然而,在一帆风顺之时,人们日益需要政策部门更好的横向整合和整体型政府方法。

## (二)高级公务员发展体制的演变

爱沙尼亚公共服务机构包括中央政府公共服务机构和地方政府机构。本研究单独聚焦于公共服务机构。只有公共行政的核心机构(部委、政府组织和县级政府)是公开的以职位为基础的公务员系统,该系统于 1995 年建立。爱沙尼亚中央政府大体上呈碎片化的特点,这也体现在公务员政策上,其特点是"没有中心人力资源策略"(Järvalt and Randma-Liiv,2010)。到 2013 年为止,就公务员发展而言,既没有全面的公务员策略,也没有任何系统的协调尝试。没有一个中央政府层面的机构拥有权力和必要资源来开发和实施政府范围内的公务员政策。每个部委和行政机构都有权招募和培训其官员,并进行绩效评估和支付薪水。由于公务员系统内部没有中心培训机构,每个机构实际上依赖私营部门的培训市场。

本案例研究调查公务员功能的一个具体方面:高级公务员发展体制的建立和制度化。在爱沙尼亚,大约有 90 个职位属于"高级公务员"范畴。这些职位包括:2011 年的国务卿(1),各部秘书长(11),各部副秘书长(50),各行政机构(执行行政功能的各种董事会和督察组)的局长(28)。这 90 位高级公务员占爱沙尼亚公务员总数 22 286 位(2011 年数据)的 0.4%。国际认可的高级公务员比例范围是占总公务员比例的 0.13%~2.1%,很多情况下低于1%,爱沙尼亚的比例在其范畴之内(Halligan,2012:116)。

第一部公务员法(有效期从1996年到2013年)并没有就高级公务员核心发展体制作出规定。那时唯一的中心化手段是政府办公室的高级公务员选举和评估委员会。在为某些高级公务员职位(如部委的副秘书长和行政机构的局长)进行筛选和列举最终候选人名单时,该委员会起着顾问的作用。但是,选择高级公务员的最终决策权留给了部长。直到2004年,各公共部门机构才以高度分权的方式接手高级公务员的培训和发展。2012年通过了新公务员法,在高级公务员发展的中央化管理中引入新的正式化元素,由此在高级公务员相关问题上翻开了新的一页。

高级公务员发展体制的建立是一个动态的过程,时间从2004年到2013年。在下文中,通过其三个主要阶段,对这一协调手段的演变进行描述。每一阶段都从主要发展、参与者、资源和协调机制等方面进行概括。

1. 形成阶段:2004—2007年

2004年5月,内阁采用了公共服务发展观念,并将其作为制定新公务员法的主要背景材料。虽然设想的新公务员法由于政治分歧(与高级公务员无关)最终不成功,但是该观念中的某些思想得到了进一步发展。其中,该观念强调需要发展高级公务员,过去认为这些公务员缺乏其职位要求的管理技能。该观念建议,在政府办公室的责任范围内,基于统一能力模型和中心评价系统,启动一个高级公务员的培训和发展项目。

政府办公室成立了一个专门小组,让其在2005年前拟订一个高级公务员能力模型和实施方案。能力模型的目的在于支持每个高级公务员的自我发展,并服务于新高级公务员筛选(Järvalt and Veisson,2005:5)。政府办公室的角色被设想为高级公务员的战略伙伴,作用在于协调发展体制并提供支持和建议,然而达成发展目标的责任仍然留给了每个高级公务员及其直接领导。基于能力模型,向目标群体建议了各种各样的一次性开发活动。这些活动包括专门设计的培训和发展项目、个体指导、未来领导发展课程等。数年后,为了促进能力评估、记录开发活动的计划和完成情况,创立了一个名为电子能力中心的特别电子环境,其中使用了270度评估方法。在讨论评估结果和计划下阶段的开发活动方面,政府办公室为每个高级公务员提供支持。此外,在采纳能力模型作为选择新高级公务员的参考材料方面,制定了初步举措。

形成阶段可利用资金十分有限,尽管配备了一些“种子基金”,为项目小组的工作提供支持,这些资金有些来源于加入前欧盟文件规定,有些来源于政府办公室的预算。2005年,在《2005—2008年中央培训总规划》名下,划拨了一项特别预算用于高级公务员发展。该资金主要来自于欧盟的结构基金(85%)，这为政府办公室核心小组所需资金提供了保证。然而，这些资金难以支持大规模的开发活动。

这一阶段主要关注高级公务员的个人发展，并没有将高级公务员作为一个协调团队进行集体开发。这一措施的主要参与者是政府办公室中无政治倾向的官员，该办公室由国务卿领导。最初，专门小组也发挥了重要作用，该小组由目标小组的15位代表和学术界的几位专家组成，由外部顾问主持。专门小组依赖共同价值观和共识。专门小组发挥的重要作用是向高级公务员灌输主人翁意识和接纳感。结果，网络类协调实践在中央高级公务员发展体制的建立中占据了主导地位。专门小组和来自政府办公室的关键官员一起组建了最初的网络，其中也包括了政府办公室，政府办公室是网络的推动者，并没有可观的资源，也没有针对网络的具体专长或决策权力。由于这一举措没有任何法律基础，要吸引目标群体，主要依赖个人方式，也依赖开发活动对高级公务员的吸引力。

2007年上任的政府重新开始公务员改革。文件分析表明，设想的公务员法新草案包括更细致的高级公务员细则，但是，相应的法案再一次由于政治分歧未能在议会通过。然而，那时人们清楚认识到发展高级公务员的需求，新法案的相应部分在议会并没有受到质疑。

2. 制度化阶段：2008—2012年

这个阶段，为了更细致地论述能力需求，修改了能力模型。更重要的是，这个阶段发生了重要变化，即高级公务员发展体制开始制度化，并加强了网络中心性(Sarapuu et al.,2011)。

这个阶段伊始，项目文件《2008—2009年高级公务员发展》得到了官方批准，这一活动的总目标为"发展能推动国家战略目标实现的有能力的高级公务员"。这标志着公务员发展目标从增强个人管理技能向着完成政府战略目标转变。有了这份文件，高级公务员发展正式从中央公务员培训项目中分离了出来。这份文件也成为继续高级公务员发展体制工作的半正式基础。此外，采用这份项目文件确保了提供给高级公务员开发活动的慷慨资助，资助中85%来自于欧盟的结构基金，这个资助计划一直持续到现在。将政府办公室的资源与财政部支配的资源——该资源用于为其他公务员开展的中央计划培训活动——进行比较，这些最高行政官员明显享有优先权。例如，2010—2011年，107万欧元拨款用于90位高级公务员发展，而为其他公务员(大约有28 000人)组织的中央开发活动仅获得65万欧元拨款。这样，高级公务员发展成了公务员之中单独的卓越之岛，为高级公务员提供了诱人的开发活动，诸如秘书长去国外的联合学习之旅。

这个阶段最重要的结构变化是,2010年在政府办公室建立了一个高级公务员发展的专门单位——高层公务员卓越中心,由国务卿直接领导。高层公务员卓越中心成为中央政府的独立单位,不隶属于任何部委。高层公务员卓越中心的任务为:为高级公务员的选择提供支持,管理高级公务员的发展,与其他相关地方及国际机构与网络进行合作。高层公务员卓越中心是在政府办公室核心小组的基础上建立起来的,该小组自2004年以来一直领导着高级公务员的发展。在不同阶段,这个小组成员为3~5人。国务卿一直是核心参与者之一,通过其个人承诺和努力以推动高级公务员发展。高层公务员卓越中心的建立只是结构变化的一部分,该变化旨在将塑造公务员政策的主要责任推给财政部。结果,中央公务员管理建立了一个二元系统——整个公务员的总体指导把握在财政部手中,政府办公室的高层公务员卓越中心管理着高级公务员的发展。

在这个阶段,网络类协调继续盛行。建立一个专门单位,实行专门预算,在招募和选择高级公务员时更精心运用能力模型,这些系统的制度化表明网络中心性进一步增强,并出现了科层。这与前一阶段有限中央指导的网络特点形成了鲜明对比。高层公务员卓越中心的独立体制位置,结合来自欧盟结构基金的大量经费,赋予高层公务员卓越中心很大的权力,尽管这权力并不是源自于正式授权。此外,高层公务员卓越中心多年来收集了目标群体的大量有价值信息,能够积累具体的内部专有技术,这也有助于增加其权力。

3. 正式化阶段:2013年至今

2012年6月正式通过了新公务员法,并于2013年4月生效。就高级公务员招募、选择、评价和发展而言,新法案将高级公务员与其余公务员区分开来。高级公务员招募、选择、评估和发展的规定于2013年7月生效,从而使参与高级公务员发展项目成为义务,于是终结了自愿主义时代。主要强制要素包括至少每两年提交一次评估的义务,以及强制参加开发活动。

国务卿领导了该规定的准备工作,高层公务员卓越中心、各部和目标群体成员之间进行了磋商和谈判。前些年,高级公务员们在设计和评估开发活动方面变得更积极主动,也参与了该规定草案的讨论。高层公务员卓越中心和高级公务员之间、高级公务员之间的自愿合作已经确立了相互依赖、集体所有和关于高级公务员发展项目未来的共同愿景。此外,那些积极参与开发活动的高级公务员已逐渐成为高级公务员中非正式的意见领袖,并努力强化高级公务员的进一步正式化。

尽管有着这些参与过程,高级公务员规定的准备工作被看作政府办公室自上而下的精心安排(但仍需要大多数高级公务员赞同)。尽管政治层面先前对高级公务员没有多少兴趣，正式内阁会议期间，部长们就高级公务员职位候选人的学历要求提出了一些问题，最终从规定中删除了这些要求。

随着新公务员法和相应的高级公务员规定的正式通过，迄今占优势地位的协调机制——网络化——被科层结构所补充并部分被取代了，该结构也使政府办公室对目标群体拥有一定的权力。高层公务员卓越中心的权力和正式授权在相当大程度上增加了。新通过的高级公务员规定使所有公务员参加开发和评估活动成了义务，这自身也显示了向科层的明显转变。

## 四、讨论

高级公务员发展体制的确立和制度化，使得高级公务员成为爱沙尼亚公务员中的特殊群体。实证研究表明，网络类协调实践逐渐变成带有明显科层元素的协调手段。爱沙尼亚高级公务员发展体制的建立和进一步发展并没有坚实的法律基础，使得政府办公室的可用方法带有很多限制。2004 年，考虑到大众不愿在碎片化行政文化中接受集权化举措，不能基于正式化科层发展与高级公务员的关系(Sarapuu et al.，2011)。高级公务员发展体制科层结构的实施需要强烈的政治意愿，而这种情况很难遇到。在这种情况下，网络方式是唯一的现实选择，因为它是自愿的、非绑定的参与方式：对高级公务员来说这是机遇而非责任。有人认为，政治和行政环境在很大程度上将网络的使用作为最初的协同机制。因此，案例研究表明，由于政治或行政阻力，在碎片化的行政环境中使用科层类方式会很复杂，网络或许为创立新的中央协调手段提供了一个可行的替代方案。

自愿参与是高级公务员中形成支持氛围的关键。它为高层公务员卓越中心和高级公务员之间非正式关系的建立提供了基础，并帮助在网络参与者之间建立了共同价值观。从这个意义上来说，公务员改革的延期对高级公务员之间、政府办公室和高级公务员之间形成相互合作和信任起到一定作用。然而，自愿参与也有其缺点：例如，不同的开发活动的参与率从来没有超过目标群体的 65%(Sarapuu et al.，2011：62)。因此，自愿参与的实际情况由于未能完全覆盖目标群体，阻碍了达成统一结果；这也表明并非所有的高级公务员必定有兴趣开发和评估自己的知识和技能。

同时，自愿合作证明大多数高级公务员能够察觉共同利益，并愿意开发共同活动和目标尽管在高度碎片化的体制中，公众对这样观点和活动通常持怀疑态度。由于自愿参加，高级公务员卓越中心的绩效依赖于其他的参与者——它被迫以极大的尊敬、专业化和精致活动来吸引高级公务员，以使开发活动能对目标群体具有吸引力。不过，高级公务员发展项目的目标和活动越宏伟，中央参与者得到的权力越大。然而，高网络中心性伴随着集权化的沟通渠道和资源分配，在高级公务员看来也没什么不好。政府办公室和各高级公务员在设计、发展和评估高级公务员发展体制中，通过参与过程建立起了一种集体所有权和信任，最终，高级公务员一方赞同将来给予政府办公室更大的权力。这样，自愿参与产生了足够数量的认同的高级公务员，随着大多数高级公务员支持增加网络中心性和最终高级公务员发展管理的科层化，这反过来又给协调手段的逐渐制度化铺平了道路。由于参加的高级公务员的认可和工作制度框架的存在，可能迫使其他高级公务员也加入进来，方式是通过科菲吉博格等(Koffijberg et al.,2012)所谓的“商谈的科层干涉”。

本研究表明，任何基于某一具体协调手段的混合协调机制，很难保持一成不变。不同参与者他们的利益和互动之间的经常平衡——特别是网络的特点——需要用长期的方式来研究协调机制及其组合的动态变化。这个案例代表着一个渐进过程，其中新协调手段不是作为扫除政治权杖的结果出现，而是基于该举措和持续的领导力，领导力来自于政府办公室和国务卿个人。尽管早期发现显示，为了产生有效协调经常需要政治推动力量(Bouckaert et al.,2010)，本案例研究表明，管理扮演的角色至关重要。尽管缺乏正式的法律基础，政府办公室领导们的个人承诺使得构建新协调手段成为可能。然而，在高级公务员发展体制进一步制度化和正式化过程中，政府办公室获得了利益，在行政系统内被确认和证实为策略协调角色。虽然基于网络的协调手段被认为是暂时措施，但是正式化很可能确保了该措施的(财政)可持续性，这明显有利于政府办公室。

高级公务员在那个吸引人的发展项目延续过程中有一定的利益，这解释了他们为什么支持协调手段的集权化和正式化。此外，高级公务员自己认识到，基于能力进行客观评价，并将这一功绩实践强化和制度化，能保护他们免受潜在的政治干涉。这样，政府办公室和高级公务员的利益相互结合，强有力地促进了向科层的转变。总而言之，有效的网络和管理层大部分共识加强了高级公务员的合法性，使政要们更容易通过新法，这使得科层方式得到巩固。

有趣的是，先前研究并没有充分地考虑到协调机制塑造过程中财政资源的作用。例如，当描述科层、市场和网络的特点时，当代协调经典研究之一(Bouckaert et al.,2010)就忽视了财政资源的作用，研究是从参与者的内在权力(权威、信息、信任)角度来考虑“资源”的一般特征，并没有包括资金方面。然而，在分析爱沙尼亚高级公务员发展体制从网络向科层转变时，我们很难不得出这样的结论：相关举措主要基于欧盟结构基金的新的慷慨资助方案。通过结构基金资助新协调手段对欧盟新成员国来说尤其重要，其资助占了国家预算的相当大一部分（在爱沙尼亚占了 1/5），这笔钱通常用来推出新举措。

来自欧盟社会基金的慷慨资助加速了爱沙尼亚高级公务员发展体制的制度化。一方面，财政资源的分配至关重要，不仅在确保资助上，也为高级公务员发展项目提供半正式基础。人们甚至认为，资助（和管理拨款的需要）是建立高层公务员卓越中心的原因之一。这表明在网络中资源依赖的重要性（Rhodes，2007），在缺乏正式授权的情况下，高层公务员卓越中心的权力很大程度上取决于它所掌控的具体预算项目。另一方面，资助的暂时性使高级公务员发展变成了一项基于项目的事业，这也引发了关于财政可持续性的问题。这是新公务员法带来的一个潜在冲突，尽管该法大体上确保了为高级公务员发展设置的永久安排。上述的资助方案适合网络，因为它允许逐渐建立和改进新协调手段。然而，近来向科层的转变开始质疑基于项目资助协调手段的适合性。为了保证实施高级公务员规定，现在必须回答如何确保稳定的资助这一问题。

本案例阐明，在将来研究中，财政资源有可能与不同协调机制更系统地联系起来。基于科层的协调手段本质上假定有稳定的核心资助；而网络能包容更灵活的资助方案，包括基于项目的资助。有人也可能会提出，这种联系是相互的，基于项目的资助更适合建立网络而不是建立科层。

总之，仅就目标群体而言，爱沙尼亚高级公务员发展体制的建立和制度化看来是成功的。然而，当纳入更大范围的公务员政策时，一些缺陷就变得很明显。举例来说，高级公务员发展体制不是总体公务员政策的一部分，因为两个中央协调机构（政府办公室和财政部）的角色和责任联系很弱，对于高级公务员的发展（政府办公室的责任）和其他公务员（财政部负责），他们仅会偶尔共享信息、计划和活动。结果，高级公务员发展在组织层面上没有与人力资源管理相关联。这样，新协调手段带来了新协调问题。通过高级公务员自身整合，新协调手段无意中将他们与其他公务员隔离开来。从网络向科层的转变将这种隔离进一步制度化了。

## 五、结论

第一，迄今为止，有关协调的学术文献表明，混合协调方式是存在的，越来越多不同类型的协调机制组合在一起。但是没有文献全面分析混合协调机制的动态变化。本研究第一个发现与在碎片化的行政环境中创立新协调手段相关。由于缺乏适当的法律基础，开始时科层权力的使用受到限制,爱沙尼亚高级公务员发展体制建立在网络基础上。网络的这种不具约束性、自愿的方式适合爱沙尼亚行政体制,因为它充分反映了公众普遍不愿意接受集权化措施。所以,有人认为,在碎片化的行政环境中,集权化的做法在政治上和管理上都很困难,要进行新协调实践,网络可以替代科层。同时,一旦协调实践成熟,需要科层元素,实现进一步的制度化和正式化,网络就不再有用。

第二,爱沙尼亚案例研究阐明,网络的某些特点为科层干预的引入铺平了道路。自愿参与和参与式决策使网络参与者之间能够建立集体所有权和相互信任,这不仅有利于发挥网络的有效作用,也支持科层干预的引入。

第三,当前研究表明,试图解决某一协调问题也会引起其他问题。通过建立制度上单独的发展单位和高级公务员自己的整合,该协调手段无意中将他们与其他公务员隔离开来。这样,新协调手段带来了两个中央协调结构之间、高级公务员与其他公务员之间的新的协调问题。

第四,本案例研究指出了资助安排的重要性,资助安排成为协调手段发展的基础。在爱沙尼亚案例中,资助计划看来已经成为协调机制转变的重要因素。因此文中建议,财政资源应作为协调机制的必要部分,当研究这些协调机制时,应系统地加以考虑。基于科层的协调手段可能假定了稳定核心资助,网络则考虑到了更灵活的资助方案,包括基于项目的资助。这是将来研究中应关注的研究领域之一。进一步研究的问题是在基本协调机制中如何管控这些变化。这不仅有利于理解网络和科层之间的联系,也有利于理解基本协调机制的本质和它们之间的关系。

**致谢**

本研究得到以下资助:欧盟第七框架项目的资助,资助协议为266887(项目为COCOPS);爱沙尼亚科学研究委员会制度资助IUT19－13;爱沙尼亚科学基金会资助9435。

**蒂纳·兰德玛·利夫(Tiina Randma-Liiv)**,爱沙尼亚塔林科技大学拉格纳·纳克斯创新管理学院教授。她主要的研究兴趣包括行政部门改革、过渡性行政机构(过渡政府)、小国家、公共政策与管理方面的财政危机的影响及协调研究。她与沃尔特·基克特(Walter Kickert)合著了《欧洲管理危机:财政整顿政治》(劳特里奇出版社,2015)。

**安尼卡·尤德尼普(Annika Uudelepp)**,爱沙尼亚政策研究实践中心(爱沙尼亚主要智库)执行总裁,也是爱沙尼亚塔林大学政治管理学院博士生。她的研究兴趣包括中央政府协调、公务员发展、政策过程中公众参与研究。她近期论文探讨了中央政府和公务员体制发展中协调问题。

**库丽·萨拉普(Külli Sarapuu)**，爱沙尼亚塔林科技大学拉格纳·纳克斯创新管理学院研究员。她的研究兴趣包括行政结构、公共部门组织机构管理、公务员系统、小国家行政管理研究。她最近发表了数篇关于协调研究、爱沙尼亚行政系统发展和小国理论的论文。

## 参考文献


Bevir M and Richards D (2009) Decentring policy networks: A theoretical agenda. *Public Administration* 1(87): 3–14.

Bhatta G (2001) Senior management development in the New Zealand public service. *Asian Journal of Political Science* 9(2): 109–132.

Bouckaert G, Peters GB and Verhoest K (2010) *The Coordination of Public Sector Organisations: Shifting Patterns of Public Management*. Basingstoke: Palgrave Macmillan.

Bourgault J (2007) Corporate management at top level of governments: The Canadian case. *International Review of Administrative Sciences* 73(2): 257–274.

Christensen T and Lægreid P (2007) The whole-of-government approach to public sector reform. *Public Administration Review* 67(6): 1059–1066.

Christensen T and Lægreid P (2008) The challenge of coordination in central government organisations: The Norwegian case. *Public Organisation Review* 8(2): 97–116.

Cole A and John P (1998) Sociometric mapping techniques and the comparison of policy networks: Economic decision making in Leeds and Lille. In: Marsh D (ed.) *Comparing Policy Networks*. Buckingham: Open University Press, pp. 132–143.

Diefenbach T and Sillince J (2011) Formal and informal hierarchy in different types of organization. *Organization Studies* 32: 1515–1537.

Dowding K (1995) Model or metaphor? A critical review of the policy network approach. *Political Studies* 43(1): 136–158.

Goes JB and Park SO (1997) Interorganizational links and innovation: The case of hospital services. *Academy of Management Journal* 40(3): 673–696.

Halligan J (2012) Leadership and the senior civil service from a comparative perspective. In: Peters BG and Pierre J (eds) *Handbook of Public Administration*. London: Sage, pp. 115–129.

Hansen MB, Steen T and De Jong M (2012) New Public Management, public service bargains and the challenges of interdepartmental coordination: A comparative analysis of top civil servants in state administration. *International Review of Administrative Sciences* 79(1): 29–48.

Järvalt J and Randma-Liiv T (2010) Public sector HRM: The case of no central human resource strategy. *Baltic Journal of Management* 5: 242–256.

Järvalt J and Veisson M (2005) Developing public sector leaders: An analysis of the competency framework for the Estonian senior civil service. In: NISPAcee Annual Conference, 19–21 May, Moscow, Russia.

Keast R, Mandell M and Brown K (2006) Mixing state, market and network governance modes: The role of government in 'crowded' policy domains. *International Journal of Organization Theory and Behavior* 9(1): 27–50.

Kickert W, Klijn EH and Koppenjan J (1997) *Managing Complex Networks: Strategies for the Public Sector*. London: Sage.

Kim PS (2007) Transforming higher-level civil service in a new age: A case study of a new senior civil service in Korea. *Public Personnel Management* 36(2): 127–142.

Klijn EH and Koppenjan JFM (2000) Public management and policy networks. *Public Management: An International Journal of Research and Theory* 2(2): 135–158.

Klijn EH, Koppenjan JFM and Termeer K (1995) Managing networks in the public sector: A theoretical study of management strategies in policy networks. *Public Administration* 73(3): 437–454.

Koffijberg J, De Bruijn H and Priemus H (2012) Combining hierarchical and network strategies: Successful changes in Dutch social housing. *Public Administration* 90(1): 262–275.

Koppenjan J and Klijn EH (2004) *Managing Uncertainties in Networks: A Network Approach to Problem Solving and Decision Making*. London: Routledge.

McGuire M and Agranoff R (2011) The limitations of public management networks. *Public Administration* 89(2): 265–284.

OECD (2003) *Managing Senior Management: Senior Civil Service Reform in OECD Member Countries*. Background Note, 28th Session of the Public Management Committee, GOV/PUMA(2003)17. Paris: OECD.

OECD (2008) *The State of the Public Service*. Paris: OECD.

OECD (2011) *Estonia: Towards a Single Government Approach*. Paris: OECD Public Governance Reviews.

Rhodes RAW (2007) Understanding governance: Ten years on. *Organization Studies* 28(8): 1243–1264.

Sarapuu K (2011) Post-communist development of administrative structure in Estonia: From fragmentation to segmentation. *Transylvanian Review of Administrative Sciences* 35(4): 54–73.

Sarapuu K, Randma-Liiv T, Uudelepp A and Metsma M (2011) Analysis of a civil service training system and development needs of Estonia. Final report of a study commissioned by the Estonian Ministry of Finance. Tallinn: Praxis Centre of Policy Studies and Tallinn University of Technology.

Tõnnisson K and Randma-Liiv T (2008) Public management reforms: Estonia In: Bouckaert G, Nemec J, Nakrošis N, Hajnal G and Tõnnisson K (eds) *Public Management Reforms in Central and Eastern Europe*. Bratislava: NISPAcee Press pp. 93–120.

Verhoest K and Bouckaert G (2005) Machinery of government and policy capacity: The effects of specialization and coordination. In: Painter M and Pierre J (eds) *Challenges to State Policy Capacity: Global Trends and Comparative Perspectives*. Basingstoke Palgrave Macmillan, pp. 92–111.

Verhoest K, Bouckaert G and Peters BG (2007) Janus-faced reorganization: Specialization and coordination in four OECD countries in the period 1980–2005. *International Review of Administrative Sciences* 73(3): 325–348.

# From network to hierarchy: the evolution of the Estonian senior civil service development system

**Tiina Randma-Liiv**
Tallinn University of Technology, Estonia

**Annika Uudelepp**
Praxis Centre for Policy Studies, Estonia

**Külli Sarapuu**
Tallinn University of Technology, Estonia

**Abstract**

The aim of this article is to explore the opportunities for and constraints of the establishment of a central coordination instrument in a highly fragmented central government. The article is based on a case study which examines the creation of a development system for Estonian senior civil servants. It describes and explains shifts in the coordination mechanisms within this initiative over the last decade. The study concludes that networks may offer an alternative to hierarchy for the creation of new coordination practices in fragmented administrative systems. However, networks may prove to be insufficient and require further institutionalization and formalization through the inclusion of hierarchical elements once the coordination instrument matures. The study also shows that the funding arrangements may trigger a shift in basic coordination mechanisms. It is therefore suggested that future research should systematically examine funding practices as an integral part of coordination arrangements.

**Points for practitioners**

This article shows how civil servants can launch a major coordination initiative without the input of the legislator, and build a governmental 'island of excellence' with the help of the EU's structural funds. The establishment of a sound basis for the initiative in the form of a competency model and subsequently an assessment system was crucial in the evolvement of the senior civil service development system in Estonia. Constant learning and the gradual winning of the target group's trust and support laid the groundwork for institutionalizing a coordination instrument initially designed to operate on a voluntary basis. The article also shows how addressing one coordination problem may raise new issues of accountability, sustainability and coordination.

**Keywords**
coordination, Estonia, hierarchy, network, senior civil service

国际行政科学评论

# 公共组织横向协调中的共同绩效目标:英国公共服务协议制度中的控制理论与本位主义

奥利弗·詹姆斯　　中村绫子
Oliver James　　Ayako Nakamura
翻译:尹晓婧　　审校:崔　玲　孙广厦

【摘 要】 组织间的横向协调问题是公共治理中长期存在的难点,这在中央政府体制中通常被称为本位主义。此前学界对横向协调的一些方法进行过分析,但是部门之间的共同绩效目标受到的关注却相对较少。本文针对部门间横向协调的共同绩效目标制度,建立了一个控制理论,这一理论包括"指挥者"(共同任务与目标的设定)、"监测者"(共同监测进展)、"效应器"(旨在促进实现目标的共同反馈)等几个组成部分;该理论对两种共同目标进行了区分:促进部门间顺序性协作的共同目标和促进部门间同步性协作的共同目标。针对英国采用的《公共服务协议》(PSA),我们评估了控制理论的预期,公共服务协议使部门间共同政策目标的讨论提升了一大步。但是,尽管有这些优点,基本上独立的、在更高层次上的内阁与部门问责制结构,还是导致了模糊的产出目标设定,不完善的绩效报告,以及针对共同目标的碎片化服务。

## 对实践工作者的启示

本研究为谋求在各部门机构之间实施横向共同目标的政策制定者们提供了一个警示。英国政府的《公共服务协议》制度表明,由财政部

**通信作者:**

Ayako Nakamura, University of Exeter, Amory Building, Rennes Drive, Exeter EX4 4RJ, United Kingdom

E-mail: a. nakamura@exeter. ac. uk.

负责监管的部门间共同目标制度,是激励各部门在政策讨论和资源分配的过程中,与其他部门进行合作的一种有效方法。但是,各个部门很难确立具体的横向目标,也很难跨越现行的部门界限提出实际的联合服务提供与绩效报告计划。在很大程度上,这项制度的效果被以部门为中心的资源与问责结构抵消了。在某些情况下,为了适应之前的横向政策挑战,进行更广泛的结构改革,重组部门结构,很必要地依靠了共同目标以实现政策目标,但是这种依靠并不占显著地位。

【关键词】 问责;行政组织与结构;控制;合作关系;绩效;公共部门改革;服务提供

## 一、引言

跨越组织之间的界限进行协作,将各部门的任务和活动带入一个令人满意的总体状态,是公共组织研究长久以来的核心问题。许多主权国家的中央或国家级政府都是由各种部门构成的(通常根据功能领域、所服务的地域或当事人群体来区分)。国家的政治或管理当局的核心人物(通常是总统、首相、财政部长及其他相关的官员),对于实现有效的部门间横向协调格外关心,因为他们必须对于政策及其实施采取宏观的视野,而非狭隘的部门视角(Bogdanor,2005; Christensen and Lægreid,2007a; Dunleavy and Rhodes,1990; James,2004; Mandelson and Liddle,1996)。部门间的协作是避免政策及其实施的有害溢出效应所必需的,它可以确保像系统性的财政紧缩政策等宏观目标得以贯彻,使得需要多部门采取行动的政策得以形成和实施。在处理复杂或"棘手"的政策问题时,对横向协作的需求就尤为紧迫(Rittel and Webber,1973),特别是环境、安全、福利、就业和卫生政策这些常常跨越传统部门界限的问题。

对横向部门协作的关注由来已久,这导致近几十年里出现了一系列措施,这些措施有时被称为"联合政府"(尤其是在英国)、"整体政府"或者一种再整合的政府管理方法。包括共同制定战略目标、预算制度和预算激励、委员会结构、工作人员的流动以及跨组织工作共同规范的发展等在内的一些方法,都被用于尝试和实现横向协作(Bardach,1998; Bogdanor,2005; Christensen and Lægreid,2007b; Halligan,2007; Halligan et al.,2011; Hood et al.,1999; Osborne,2010; Peters,1998; Pollitt and Bouckaert,2011)。然而,共同绩效目标的理论与实践,以及跨越各部门界限的特定政策领域的单个目标和目标集——作为中央政治领导促进中央执行机构内的跨部门横向协作的工具——所得到的关注却相对很少。相反，对于绩效目标的研究大多集中于它们在纵向指挥协调中的运用，以及有关目标的设置、测量有效性和可靠性、汇报、相关奖励措施和潜在的博弈等问题上。

本文借鉴了控制理论和有关绩效目标的一般性文献，来构建一种运用绩效目标进行横向协调的理论。绩效目标是由中央权力机构设立的、为不同的部门所共享。文章下面内容的第一部分阐述了中央的政治与管理领导层如何能够运用共同的绩效目标，来提高部门间的横向协调性。共同目标制度在设置共同目标、监测共同目标进展以及鼓励各部门实现共同目标的过程中，势必会产生领导者、监测者和效应器这三种功能。第二部分通过分析英国政府在1998年至2010年实施的《公共服务协议》中的"交叉性"与部门的共同绩效目标，对控制理论的预期进行评估。《公共服务协议》制度由英国财政部领导，旨在减轻长期存在的狭隘的本位主义问题。最后一部分介绍了研究结论，本研究认为共同绩效目标有助于政策讨论过程中跨部门的横向协调，但是，作为一种协调政策执行的方式，以及在预示这些研究发现的影响与未来研究的途径方面，共同绩效目标的作用非常有限。

## 二、控制理论和共同绩效目标

从广义上看，组织的建构主要是为了实现特定目标，通过人员、技术、信息、操作程序以及其他工作模式和基础设施等多种要素组合而完成。组织的界限，以及设法减少这些界限带来的不良影响的努力，长期以来一直是公共行政的一个核心主题。20世纪30年代，古利克(Gulick)指出，要对工作进行合并同类项，可以根据工作的目标(如供应水、控制犯罪或管理教育)、过程(如工程或医疗)、所涉及和服务的人或事物(如移民或退伍军人)或提供服务的地方(例如某个特殊地域)来进行(Gulick，1937)。众多有关"治理"的当代文献都指出，执行公共政策的组织可以从多个维度进行划分，这表明这个术语优于部分地反映了这一事实的"政府"(Lægreid and Verhoest，2010；Rhodes，1997)。组织间的界限包括与政府级别相关的界限，区分为联邦/中央的、州/地区的以及地方的等各个层级，还包括政策性或执行性机构之间的区别。更深入和复杂一些的话，影响政策结果的团体，可以是公有的或私有的、资助型的或管制型的，而且公私界限是多维的(Bozeman，1987)。

已经有越来越多的研究聚焦于公共组织间的协调、公共组织之间公对公的合作,以及在共同项目上公、私组织之间的合作(Alexander, 1995; Bardach, 1998; Farneti et al., 2010; Padovani and Young, 2008; Sullivan and Skelcher, 2002)。一系列的控制工具——包括层级间的人员流动以及在整个系统中传播共同的战略重点和规范的尝试——受到了研究者们的关注(Bardach, 1998; Christensen and Lægreid, 2007b; Hood et al., 1999; James, 2000, 2003, 2004; Moseley and James, 2008; Osborne, 2010; Pollitt and Bouckaert, 2011)。例如,在澳大利亚,"整体政府"源自于政府针对诸如国家安全这种更为复杂的问题而积极谋求更为综合的解决办法,以及试图在特定政策领域提供综合的服务(Halligan, 2007);同时,加拿大的尝试包含再次聚焦于服务公民(Flumianet Al., 2007)。此外,关于私营部门战略联盟的研究也取得了发展,企业赞同共享其共同的资源、能力、投资与核心竞争力,以促进特定商品与服务的生产或提供以及分配,从而实现共同的商业目标(Bamford et al., 2004; Hitt et al., 1997; Holmberg and Cummings, 2009)。然而,这些文献并没有将共同绩效目标作为一种提高横向协调的方式进行专门研究,因为这种工具的使用比较特殊,这就是为什么英国的《公共服务协议》这个案例特别令人感兴趣的原因。

在本文中,我们不仅构建了这一理论,还对作为一种解决政府"横向"协调问题途径的跨越组织边界的共同绩效目标实践进行了评估。政府"横向"协调问题有时被称为"本位主义",指的是部门之间的界限阻碍了政府有效的政策制定和实施(HMSO, 1999; Mandelson and Liddle, 1996)。横向协调与纵向协调截然不同,纵向协调中涉及的层级协调是在与下级沟通的过程中所必需的。举例而言,政策通常由中央部委单位制定,但它的实施则需要由执行机构或地方服务单位负责(Bogdanore, 2005; Christensen and Lægreid, 2007a, 2007b; HMSO, 1999; James, 2003; Peters, 1998)。与纵向协调相比,横向协调提出了特殊的挑战。政策问题经常会超出部门界限,为了有效解决这些问题,并且解决由于部门间相互影响导致的"外部性"溢出效应,开展多部门的协作很有必要(6 P, 2005; Baradach, 1998; Bogdanor, 2005; HMSO, 1999; James, 2000)。但是,各个部门由不同的部长领导,且各有自己的议程,财政资源的分配是按部门进行而不是按政策领域(Bogdanor, 2005; Heclo and Wildavsky, 1981)。虽然总理和财政部长可以通过共同的政党忠诚或命令,努力建立可持续的跨部门合作伙伴关系,与许多纵向协调的结构不同,不同部门很难被联系成一个清楚的等级体系(Heclo and Wildavsky, 1981; Peters, 1998)。每个部门都有自己与更广泛的公共部门、社会利益和商业利益联系在一起的独特工作文化,因此各部门的工作计划和工作方式与其他部门不同,这使得跨部门协作的难度加大(March and Olsen,2006; Peters,1998)。

正式的共同绩效目标制度——其形式是以跨部门的政策任务为核心的共同目标集和一些单独的共同目标——对于提升横向协作水平究竟有多大作用,研究绩效目标的文献还没有系统地从理论或实证的角度涉及。相反,大部分有关目标和协调问题的研究,关注的都是纵向协调的绩效目标,因为任务与目标往往是在某一部门与中央监管者——作为像医院或学校这种机构或地方实体的监督者——之间垂直共享的(Christensen and Lægreid, 2007a, 2007b; Hood and Bevan, 2006; James,2003)。关于共同目标和横向协作的研究就十分有限,但阿里斯蒂格塔等人(Aristigueta et al.,2001)的研究却是例外。他们通过对美国儿童政策的案例分析,讨论了注重社会效果的措施所支持的部门间共同利益,是如何能够促进多个机构共同行动的。这一案例表明,以共同的任务为基础的合作有利于达到超越组织界限的预期结果。赫克萨姆与范根(Huxham and Vangen,2000)发现,阐明了公共组织之间共同目标的绩效协议取得最大成功的情况,往往都是联合协议产生于组织之间长期的不断互动,以至于在为集体目标而合作的过程中建立起了互信。与之相似,有关战略联盟的研究也强调共同目标质量的重要性,即共同目标要与所涉及的商业利益完全相符,而联盟的成功在很大程度上取决于在实际的绩效控制过程中,商家之间共享什么、共享到什么程度以及采用什么形式(Bamford et al.,2004; Hitt et al.,1997; Holmberg and Cummings,2009)。但是,这些注重结果的措施和绩效协议,却并不是正式的绩效目标体制的一部分。对澳大利亚综合服务提供制度的研究具有更重要的意义,这个研究凸显了纵向的购买者—供应商关系的局限性,以及这种局限性是如何导致了为地方上的公民提供的福利服务在横向上的整合(Halligan,2007)。与之相类似,也有一些人探讨了加拿大、澳大利亚以及英国一些政策领域中的横向联合业务的"共同"目标制度(AGC,2000; GAO,2000; NAO,2005)。我们在这些研究发现的基础上,具体建构了一种控制理论,为的是预测共同绩效目标制度会如何提高横向协作水平,并根据该理论运用于分析英国《公共服务协议》实践的情况,来评估这种理论的预期。

根据控制理论,一个共同绩效目标制度包含三个组成部分:①设定共同的组织任务以及相应的共同绩效目标(指挥者部分);②共同的绩效监测系统,以评估上述目标的进展情况(监测者部分);③反馈系统,主要是激励和鼓励那些在该制度中根据共同的目标提高了绩效的人(效应器部分)(Dunsire,1978; Hood,1983; Hood et al.,1999)。这个制度是在两个层级上运转的,中央权力机构(就英国的《公共服务协议》而言,指的就是财政部)在设置、监测以及回应基于共同目标的绩效结果时,会给予各部门一些垂直控制,各部门自己也会运用这个制度去促进协调它们的活动。我们将横向协作的共同目标区分为两种主要的形式,汇总于图1中。在类型(a)中,每个部门的目标针对的是在一定顺序上发生的活动,这些顺序性的活动促成一个最终的任务,也就是总目标。在类型(b)中,目标是通过各个部门的工作同步促成共同目标的实现。

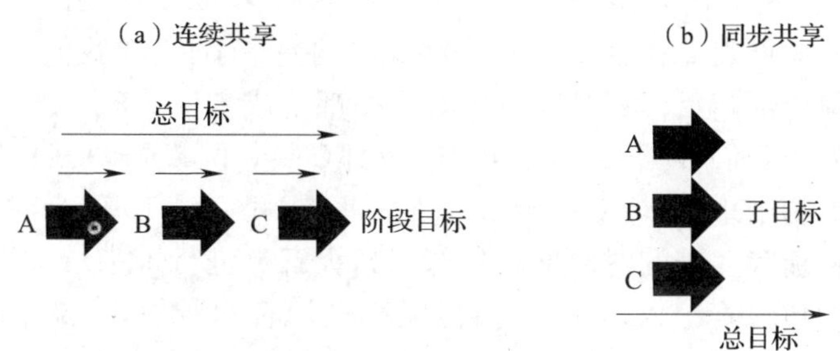


**图1 横向协调的目标共享**

## 三、英国中央政府的《公共服务协议》以及其中的共同目标

英国的《公共服务协议》,使我们能够有非同寻常的机会在整个中央政府体系中评价共同绩效目标这一理论。这个《公共服务协议》制度最初是为了反映当时工党控制下的英国政府的重点优先政策(the key policy priorities),于1998年设置的。这个制度在2000年得到了改善,标志着我们现在所分析的这个《公共服务协议》制度已经得到了完善。在2010年因保守党和自由民主党的联合执政而被废止前,《公共服务协议》的目标作为1998年、2000年、2002年、2004年和2007年财政支出的《开支审核综述(CSRs)》的一部分被公开发布。

此前对于《公共服务协议》的研究注意到,这些协议被英国政务官和事务官中的核心要员们(尤其是财政部)用作领导英国政府的一种新型"治理工具"(James,2004)。人们注意到,中央政府通过从上至下大量地布置任务指标,《公共服务协议》在纵向协作中的作用就是试图将提供服务与政策目标联系起来(James,2003:142—143;2004;Micheli and Neely,2010)。但是,在《公共服务协议》中,部门间横向协作的共同目标的作用,在之前并没有被具体分析过。在本文的这一部分,我们将分析《公共服务协议》的总体制度情况,以及刑事司法制度和就业政策两个具体案例。这些政策领域反映了当时政府的当务之急,使我们可以分析图1中所示的两种主要共同目标的类型。刑事司法制度是共同的顺序性目标的例子[即类型(a)],而就业政策则是共同同步性目标的实例[即类型(b)]。

为了识别公共服务协议目标的结构和细节,我们参考了政府白皮书《2000年开支审核》(Chief Secretary to the Treasury,2000)。根据现有的关于绩效目标文献,我们将《2000年开支审核》中公布的所有目标分为四类(即输入、处理、输出和结果)进行编码(Poister,2003; Pollitt and Bouckaert,2011; 详见表1和表2)。为了将编码偏差最小化,在我们项目组的三个成员就单个部门目标和共同目标的分类都达成了一致时,才对这些目标进行编码的。我们依据部门报告和财政部(HM Treasury)来追踪公共服务协议目标的结果,详情汇总于表3中。此外,我们对10位当时参与公共服务协议构建和实施的财政部和各部门高级官员进行了半结构性的访谈,因为访谈中包含着个人信息,有可能泄露受访者的身份,本文中我们引用的访谈资料均为匿名。

### (一)指挥者部分:共同的组织任务与共同的绩效目标

英国中央政府的大多数部门之间在某些方面是相互影响的,这表明它们需要设定大量的共同任务和目标。但是,公共服务协议主要关注的是单个部门独自活动的目标体系。很多涉及重大共同行动的领域都被忽视了,尤其是医院的健康保障与教育、交通行业为了避免健康不良而进行的潜在健康改善活动的交叉领域,以及环境政策与商业政策的交叉领域。然而,我们采访的10位政策层面的公务员(3位来自财政部,7位来自其他5个部门),全都赞同《公共服务协议》制度使部门间的政策问题讨论上了一个新台阶。他们注意到了在就业/福利政策的实施、刑事司法制度、早期儿童教育以及解决地方冲突等方面的具体进展。这些优先发展的事项反映在《公共服务协议》中的38个跨部门目标之中,设立于2000年的该协议总共有180个目标(见表1)。

表 1　　2000 年《公共服务协议》跨部门的与单一部门的目标类型

| 共同目标与部委名称 | | 目标类型 | | | | 总计 |
|---|---|---|---|---|---|---|
| | | 输入 | 过程 | 输出 | 结果 | |
| 跨部门的目标 | 皇家检察署 | 0 | 2 | 3 | 5 | |
| | DfEE | 0 | 0 | 0 | 4 | 4 |
| | DFID | 0 | 0 | 0 | 2 | 2 |
| | DETR0 | 0 | 0 | 2 | 2 | |
| | DSS | 0 | 0 | 0 | 4 | 4 |
| | DTI | 0 | 0 | 0 | 5 | 5 |
| | FCO | 0 | 0 | 0 | 3 | 3 |
| | HMT | 0 | 0 | 0 | 4 | 4 |
| | HO | 0 | 0 | 2 | 3 | 5 |
| | LCD | 0 | 0 | 1 | 2 | 3 |
| | MOD | 0 | 0 | 0 | 1 | 1 |
| | 小计 | 0 | 0 | 5 | 33 | 38 |
| 单一部委的目标 | 内阁办公室 | 0 | 1 | 5 | 6 | |
| | CPS | 0 | 0 | 2 | 0 | 2 |
| | DCMS | 0 | 0 | 5 | 1 | 6 |
| | DfEE | 0 | 0 | 1 | 8 | 9 |
| | DFID | 0 | 0 | 0 | 4 | 4 |
| | DETR | 0 | 1 | 9 | 7 | 17 |
| | DoH | 0 | 0 | 5 | 5 | 10 |
| | DSS | 0 | 1 | 4 | 1 | 6 |
| | DTI | 0 | 0 | 3 | 4 | 7 |
| | FCO | 0 | 0 | 2 | 7 | 9 |
| | HMCS | 0 | 1 | 7 | 0 | 8 |
| | HMT | 0 | 0 | 4 | 2 | 6 |
| | HO | 0 | 0 | 6 | 7 | 13 |
| | 国内税务局 | 0 | 1 | 4 | 0 | 5 |
| | LCD | 0 | 0 | 3 | 3 | 6 |
| | MAFF | 1 | 1 | 6 | 0 | 8 |
| | MOD | 2 | 1 | 2 | 2 | 7 |
| | Northern | 0 | 0 | 4 | 5 | 9 |
| | Sure Start | 0 | 0 | 4 | 0 | 4 |
| | 小计 | 3 | 7 | 76 | 56 | 142 |
| | 2000 年《公共服务协议》总计 | 3 | 7 | 81 | 89 | 180 |

注释:1. Sure Start(试行)目标对 Sure Start unit(试行单位)而言属于单一部委的目标(Chief Secretary to the Treasury,2000)。2. 缩写词:CPS 皇家检察署;DCMS 文化、媒体和体育部;DfEE 教育与就业部;DETR 环境、运输与地区部;DoH 卫生署;DSS 社会保障部;DFID 国际发展部;DTI 贸易和工业部;FCO 外交和英联邦事务部;HMCS 英国海关与消费税局;HMT 财政部;HO 内政部;LCD 大法官事务部;MAFF 农业、渔业与食品部;MOD 国防部;Northern 北爱尔兰事务办公室。

在《公共服务协议》制度内,具体的"目标"与财政部所认定的各部门的政策"任务"有关联(Chancellor of Exchequer,1998,2004; Chief Secretary to the Treasury,2000)。然而,跨部门目标并不是总能反映相关部门之间完全一致的"任务"。作为同步性共同目标的一个例子,在就业政策中,社会保障部在 2000 年的《公共服务协议》中共有 10 个目标,其中 4 个是跨部门的目标,旨在提高受社会救济者的就业能力。另一个与这一问题相关的主要部门——教育与就业部则共有 13 个目标,其中 4 个是跨部门的目标。在这 4 个跨部门目标中,教育与就业部和社会保障部共有 3 个相同的绩效目标,每个部都与财政部有一个共同的目标。然而,教育与就业部和就业政策相关的任务只是"帮助没有工作的人找到工作"(Chief Secretary to the Treasury,2000: 6),而社会保障部被设置的有关就业任务则覆盖的范围要广泛得多:"在保障最困难人群的生存状况的前提下,促进就业是为正值工作年龄的人提供福利的最好形式。"(Chief Secretary to the Treasury,2000: 33)虽然这两个部门名义上共有三个共同目标,但是这些目标各自所对应的部门任务,却有着看似细微但实质上很重要的差别。

在刑事司法制度的实例中,2000 年《公共服务协议》列出了与逮捕和审查有犯罪行为的嫌犯有关的 8 个政策任务和 9 个目标(Chief Secretary to the Treasury,2000)。内政部、大法官事务部(The Lord Chancellor's Department)以及皇家检察署(The Crown Prosecution Service)的官员和大臣们,被要求共同为这些目标负责,与此同时,他们各自还要为整个过程中他们所管的那个环节负主要责任(Chief Secretary to the Treasury,2000: 50)。然而,在这 9 个涉及刑事司法制度的《公共服务协议》目标中,只有 5 个是跨部门的共同目标,1 个是皇家检察署(the Crown Prosecution Service)的单独部门目标,与一项关于被告人权利的行使司法制度任务相对应,而其他 3 个单独的部门目标是属于内政部的,分别与三个刑事司法制度的任务相对应(即"减少实际的犯罪和骚乱""减少犯罪的经济代价"和"确保司法公正和结果有效")(Chief Secretary to the Treasury,2000: 49)。对于主要由事关其特殊任务的其他部门处理的目标性活动,各部门要进行有效的控制是十分困难的。因此,不可能为整个刑事司法制度设置一整套清晰明确的任务。来自刑事司法部门的受访者认为,这种困难反映了目标的复杂性以及法定司法程序、审查速度、效率、成本、受害者和嫌疑人的权利等这些相互竞争的要求。

公共服务协议设置的这些目标类型,反映了相对于单一部门的目标,设置有意义的跨部门共同目标是困难的(即便是考虑到单一部门的目标往往自身也存在着问题)。首先,单一部门目标和跨部门目标,主要都是输出性目标和结果性目标(见表 1 和表 2),这与鲍克尔特和哈里根（Bouckaert and Halligan，2008）的观点一致，他们注意到，对输出性目标和结果性目标的重视往往反映出在中间层次的政策效果上达成一致的努力。《公共服务协议》被认为是反映出了政策任务，因此，作为完成任务过程中的具体措施，注重结果在某种意义上来说是适当的。尽管如此，对结果性目标的依赖也反映出了《公共服务协议》制度的弱点，因为比起输入性目标或过程性目标，结果性目标不够具体明确，这在跨部门目标中更为明显。在全部 38 个跨部门目标中，有 33 个目标是结果性目标，而只有 5 个被定义为输出性目标。相比之下，在全部 142 个单一部门的目标中，有 76 个是输出性目标，56 个是结果性目标。在就业政策方面，社会保障部和教育与就业部有 4 项共同目标，这 4 项目标都是结果性目标。在刑事司法方面，有一个结果性目标涉及的是，通过缩短犯罪事实与被绳之以法者之间的认知差距来提高"公众的信心"。然而，这一结果性目标只是松散地与警察和法庭活动相关联，很难通过简单的指标进行评估（Bradford and Jackson，2009；Garside，2004；Myhill et al.，2011）。

**表 2　《公共服务协议》制度中共同目标的特征**

| 目标类型 | | 以《公共服务协议》为例对目标类型的描述 |
|---|---|---|
| 输入 | 共同目标 | 涉及为了完成共同任务而使用共同资源（如人员、资金、建筑物或设备）的目标 |
| | 在《公共服务协议》制度中的应用 | 通常并不设置共同的财务或其他输入目标，正式的支出控制制度依然主要以部门分配为基础。在实施《公共服务协议》制度的同时，进行了少量共同预算的实验，例如，在试行教育项目的过程中，创立了一个新的单元，这实际上是一个小型的部门 |
| 过程 | 共同目标 | 为了完成共同任务而设立的有关跨组织协作的内部流程目标（如共同的人力资源系统、共同的财务报告制度、联合 IT 或行政管理系统、联合质量保证过程） |
| | 在《公共服务协议》制度中的应用 | 综合行政一类的目标相对比较少见，这与部门的具体《公共服务协议》目标形成强烈的对比，后者与部门内的服务提供过程有着更显著的联系 |

续表

| 目标类型 | | 以《公共服务协议》为例对目标类型的描述 |
| --- | --- | --- |
| 输出 | 共同目标 | 这种目标为了完成针对客户或其他受益人的共同任务,而作为一个步骤制造出来的一种行动措施(如制作出来的单位,服务接触事件的数目) |
| | 在《公共服务协议》制度中的应用 | 共同输出目标有明显的基准,在某些情况下指示了未来的水平;但是,共同的输出目标一般不会像单一部委的《公共服务协议》目标那样普遍或具体 |
| 结果 | 共同目标 | 与活动和最终结果有关的目标,它们直接有助于实现针对客户或受益人的共同任务(包括社会和经济效果) |
| | 在《公共服务协议》制度中的应用 | 共同的结果性目标相对而言通常关注于有关政策任务的措施,但是,这种目标往往只涉及政策任务的一个方面或者难以进行测量 |

注:为了应用于共同目标,改编自波利特和鲍克尔特(Pollitt and Bouckaert,2011)以及波伊斯特(Poister,2003)。

该制度的输入目标是根据支出控制过程设定的,这与《公共服务协议》有关,设置绩效目标时,既要通告各部委与财政部之间的支出审核讨论,同时又要避免像绩效预算制度那样将绩效与支出完全联系起来。财政部和支出部门的高级官员在接受采访时都认为,财政部在设定各部门的支出水平方面的作用,对于鼓励各部门相互合作讨论共同任务来说是关键性的。但是,由于政治结构的原因,我们不能把《公共服务协议》与绩效预算形式的输入直接联系起来,后者关注的是在支出分配过程中财政部与每个部委之间的双边讨论。

**表3　　2000年《公共服务协议》背景下的绩效:实际结果总结**

| 共同目标的形式和类型 | | 2000年《公共服务协议》的实际结果 | | | | | | | | | | 总计 |
| --- | --- | --- | --- | --- | --- | --- | --- | --- | --- | --- | --- | --- |
| | | 领先 | 满足 | 持续满足 | 在正轨上 | 部分满足 | 未满足 | 下滑 | 未经评估 | 无法评估 | 未知 | |
| 跨部门的目标 | 输出 | 0 | 0 | 1 | 0 | 4 | 0 | 0 | 0 | 0 | 0 | 5 |
| | 结果 | 1 | 1 | 4 | 11 | 5 | 0 | 3 | 3 | 4 | 1 | 33 |
| | 小计 | 1 | 1 | 5 | 11 | 9 | 0 | 3 | 3 | 4 | 1 | 38 |

续表

| 共同目标的形式和类型 | | 2000 年《公共服务协议》的实际结果 | | | | | | | | | | 总计 |
|---|---|---|---|---|---|---|---|---|---|---|---|---|
| | | 领先 | 满足 | 持续满足 | 在正轨上 | 部分满足 | 未满足 | 下滑 | 未经评估 | 无法评估 | 未知 | |
| 单一部门的目标 | 输入 | 0 | 0 | 0 | 1 | 2 | 0 | 0 | 0 | 0 | 0 | 3 |
| | 过程 | 0 | 1 | 0 | 2 | 0 | 0 | 0 | 0 | 0 | 4 | 7 |
| | 输出 | 3 | 8 | 11 | 24 | 4 | 1 | 1 | 4 | 0 | 20 | 76 |
| | 结果 | 0 | 12 | 5 | 12 | 11 | 3 | 7 | 3 | 0 | 3 | 56 |
| | 小计 | 3 | 21 | 16 | 39 | 17 | 4 | 8 | 7 | 0 | 27 | 142 |
| 2000 年《公共服务协议》的总绩效 | 输入 | 0 | 0 | 0 | 1 | 2 | 0 | 0 | 0 | 0 | 0 | 3 |
| | 过程 | 0 | 1 | 0 | 2 | 0 | 0 | 0 | 0 | 0 | 4 | 7 |
| | 输出 | 3 | 8 | 12 | 24 | 8 | 1 | 1 | 4 | 0 | 20 | 81 |
| | 结果 | 1 | 13 | 9 | 23 | 16 | 3 | 10 | 6 | 4 | 4 | 89 |
| | 总计 | 4 | 22 | 21 | 50 | 26 | 4 | 11 | 10 | 4 | 28 | 180 |

### （二）监测者部分：目标的共同绩效监控制度

每个部门都在年度报告中公布了其在《公共服务协议》目标上的进展，它们原则上都使用了标准的绩效实现方法（HM Treasury，2003）。表 3 提供了 2000 年到 2004 年间《公共服务协议绩效》的汇总，揭示了在跨部门目标方面绩效监控制度的不成熟。来自支出部门的受访者认为，有时目标的设定并没有充分考虑是否有可以评估目标进展的足够的绩效措施。据报告，在 38 个跨部门目标中有 4 个目标是“无法评估的”（见表 3），而审计委员会（NAO，2005）则注意到，不同的部门有时是以不同的方法来评估共同目标的。

在就业方面，对“提高经济周期内的就业率”这一结果性目标进行评估测量时，劳动与养老金部（the DWP）引用了国家劳动力调查（LFS）的过去 20 年里的就业率趋势（DWP，2002； ONS，2001，2002）。国家劳动力调查发现，经季节性调整后的年就业率（即已就业的达到劳动年龄的人口比例）在 2000 年至 2002 年是上升的，劳动与养老金部就宣布上述目标已经达到并步入了正轨(DWP,2002; HM Treasury,2003)。然而,从另一种测量方法来看,根据国际劳工组织(International Labour Organization,ILO)所确立的失业标准,则会得到不太积极的绩效评价:考虑到劳动力的增加,在这段时间内,英国的年失业率上升了(ILO,2004)。在刑事司法领域,已经证明很难得到涵盖整个司法制度各个环节的测量方法。例如,提高公众信心这一目标的实现程度,是基于英国犯罪调查中一个关于警察工作绩效好坏的问卷进行评估的(Home Office,2003a),而警察的工作只是整个刑事司法制度中的一部分,所以,这只是对工作结果的一种有限的测量方法(Bradford and Jackson,2009)。

使刑事司法制度加速的目标提供了一个很好的案例,证明了发展一些目标,以便通过各部门顺序性的绩效贡献——如图1中类型(a)所示的那样——完成一个共同任务,是十分困难的。这个加速目标旨在到2004年缩减从逮捕到判刑这一过程所花费的总时间,这与刑事司法制度中"与其他机构合作,及时、有效地处理检控案件"的任务是一致的(Chief Secretary to Treasury,2000)。因此,内政部、大法官事务部(the Lord Chancellor's Department)和皇家检察署(the Crown Prosecution Service)被要求有序地促成该目标。为了给每个部门分配责任,《公共服务协议》为每个部门制定了以下具体的绩效指标:①缩短针对所有被告的从指控到处理的时间,到2001年3月必须拿出一个具体的目标;②在其设定的目标时限内处理80%的青少年法庭案件;③截止到2002年,对于青少年惯犯从逮捕到判刑的时间由142天减半至71天,并在之后保持这个水平(Chief Secretary to the Treasury,2000)。然而,这些子目标并没能有效地促进绩效监控制度中的跨部门协作。在响应子目标①的过程中,各部门到2002年仍不能实现具体的时效目标(CPS,2003; Home Office,2003b)。而在响应子目标2和子目标3时,则于2002年3月完成了关于从逮捕到判刑的期限的临时报告(CPS,2003; Home Office,2003b)。然而,这些目标的最终执行结果和实现程度却从未公布。来自这些部门的受访者认为,信息系统存在的障碍和跨部门工作的方式(特别是在地方层级上的执行部委的职责),再加上宪法原则赋予法官在诉讼中的自主权,阻碍了该制度的充分执行。

### (三)效应器部分:为了促进将来完成共同目标的绩效反馈

《公共服务协议》制度牵涉到定期的绩效检查,高级官员和部长们需要对照目标报告绩效的情况。目标进展的情况会公开报告,公共服务和支出委员会(the Public Service and Expenditure Commettee,PSX)——内阁中的一个分委员会(由财政大臣挂名担任主席而实际上并不主事)——要开会讨论其结果(Noman,2008; Talbot,2010)。然而,委员会并不会向部长们、官员们或他们的部门下达正式的或者法定的有关绩效目标的审核意见。部门间出现相互指责的可能性,在跨部门目标中比在单一部门目标中更为显著。因为在单一部门目标中谁该对政策方案的失败负责更加清楚,所以各部门往往专注于规划单一部门目标的实施方案[James,2004; NAO,2005; Public Administration Select Committee (PASC),2002,2003a]。

为了完成跨部门的《公共服务协议》目标,要几个部门制定联合战略和实施计划,即所谓的《服务提供协议》(Service Delivery Agreements,SDA)是非常困难的。《服务提供协议》往往是由单个部门制定的,并非联合制定的。与就业政策和刑事司法制度相关的高级官员在受访中指出,各部门的运行结构涉及在内部发展起来的特定的工作文化以及针对各自的部长的问责制,中央部委通常是很难改变在地方层级上的许多活动的。这些复杂的服务提供过程阻碍了支持共同目标的某些制度安排的发展和实施。考虑到这些难点,上述关于加快司法程序的目标在2002年的《开支审核综述》中被终止了。内政部(the Home Office,2003b)的结论是,这个目标实现了,而做到让整个刑事司法制度都具有及时性,则仍然是该部门的当务之急;然而,内政部并没有提供充分的资料来帮助人们判断这一结论是否恰当。后来的刑事司法方面的《公共服务协议》不再设立让各部门和各机构务必达到一定的绩效水平的类似目标了。部分有关司法执行速度的目标,在2002年的《支出审核综述》中,被并入到《公共服务协议》中,但是新的目标中不再包括针对司法执行速度的具体绩效水平。

在共同任务难以取得进展的情况下,目标制度有了改变。正如教育与技能部大臣(Secretary of State for Education and Skill)指出的,各部门都希望能在跨部门的目标取得成功时分享荣誉,但没有人愿意为糟糕的结果承担责任(PASC,2003b)。在就业政策方面,相关部门将一些目标推迟到了新的支出年度中(Beattie,2002; DWP,2003,2004)。在刑事司法领域的5个《公共服务协议》中,有4个(犯罪恐惧、保护受害者、司法间隙和公众信心)被推延到以后的年度中完成。这种倾向掩盖了各个目标的最终结果,给一般公众留下了政府一直在"改变规则"的印象。

在支出部门的受访者提到了绩效目标的实现对其个人绩效评估的影响,同时也提到(公共服务与支出委员会的)讨论往往不会因为政策后果而计官员个人的功过,对于跨部门的目标,就更不会如此了。这种状况一般来说都会被认为是合理的,因为政策的结果受多种因素的影响,不能把政策结果归结到官员个人身上。然而,即便如此,有一名受访者表示,个人仍然会对照目标去关注绩效,而且,在绩效方面——在其更广的行动领域需要与另一个部门共同完成的——被明确规定了数量,的确会让他比没有参加协作时更加重视这种行动。高级官员们陷入到了一个由来已久的英国政府人际关系网中,因此官员卷入到可能损害其长期合作关系的公开争议中就不太明智。作为更广泛的政策部门的一部分,议会中的各个委员会和议员们对于在目标参照下的绩效感兴趣,因为它是政策部门更广泛的讨论话题的一部分(Johnson and Talbot,2007)。但是,激励效应主要还是局限在政府系统中,公众很少直接关注该制度的运作过程和成果(Grice,2008;Walker,2008)。

有时,在《公共服务协议》目标合作中参与分量最重的部门会成为领导部门,这样,就部分地解决了责任问题。在刑事司法领域,领导部门通常是内政部。然而,这种方法的代价是,它会把一个原本是跨部门的制度安排,变成一个只注重某个单独部门的制度安排。在就业领域,随着时间的推移,共同的《服务提供安排》发展成了一个更加彻底的解决办法,将教育、就业两个部门及相关机构合并为一个由单一部门监管的新“工作年龄机构”(Working Age Agency),这项改革通过改变部门的组织边界,而不是通过促进跨越部门边界的工作,“解决”了协作问题,而不是促进跨越部门边界的工作,这说明了共同绩效目标本身作为一种横向协调工具,具有局限性。

## 四、结论

英国《公共服务协议》制度中的跨部门任务及其相关的目标,作为一种“指挥者”机制,能够使各部门关注政府优先发展的领域,并进行政策的共同讨论,在这方面它无疑是成功的。财政部门通过其在政府支出分配中的作用而牵涉到各部门的利益,横向协调是在这种控制的影响下展开的。这个制度中公务员聘用的共同协议,提供了一套工作规范和职业激励机制,至少在一定程度上促进了协同工作的发展。这种合作超过了预期的政府在各部门与各层级之间的合作,以及公共部门和私营部门之间的合作。然而,正式的共同目标制度不能从根本上应付一些基本的制度特征,如各部门由不同部长控制,有不同的使命,以及有不同的政治和行政支持基础。这些特征使事情变得难上加难:政策反映了复杂且经常相互矛盾的价值追求,并体现了难以重新设计的特殊工作方式。在许多情况下,这些困难体现在缺乏共同的输入目标和过程目标,以及难以确定明确的跨部门的共同服务提供方案上面。为共同目标制定有效的共同绩效“监测者”这种监控制度也十分困难,这些制度的设计反映了部门当务之急是,将实现自己部门的目标放在了实现共同活动的目标之前。在就业政策的实例中,要实现政策任务,必须进行更彻底的功能重组,创造一个新部门,这表明了共同绩效目标运行中的局限性。

在激励公务员和部长们重视共同任务的各种形式中,共同目标绩效只有微弱的"效应器"反馈作用。在刑事司法领域，尽管这个涉及逮捕、审讯和拘留的过程的各个时间段，可以使不同的行动环节具有各自具体的目标，但是却很难将它们联合起来融入整个司法系统的总目标中。像就业和福利保障政策的情况那样，在共同任务牵涉到同步工作的地方，不同的部门结构过于分化，不能促进共同工作。横向的目标制度所取得的经验，与地方公共服务机构的绩效目标制度所取得的经验截然不同，地方公共服务机构与它们的目标设定者处于纵向的联系中，并处于等级制的隶属关系之中。在通过目标进行纵向协调时，人们关注的是目标的实质性激励效果。这被描述为对地方公务员而言是一种恐惧方法，会导致博弈行为，过度关注目标的实现，以致排斥非目标性活动，造成虚假绩效的现象（Hood and Bevan，2006）。相比之下，共同目标并没有产生促进他们从根本上改变行为、实现目标高动力激励。各部门通过与财政部协商确定它们自己的目标，改变它们自己的制度和行为的能力是有限的，通过采用模糊的目标而不是具体的输入或过程目标来逃避责任以及延迟报告绩效的能力也是有限的。

共同目标制度更深入地说明，为了改变行为和绩效，将控制结构长期制度化很重要。与这一结果相反，《公共服务协议》制度在 2010 年政府换届后被正式取消了。这是一种倒退，标志着政府不再为了减少预算而在政策领域的结果方面设定明确的志向。不过，自 2010 年开始，政府确立了一个包括一些跨部门共同目标在内的联合协议；在本质上，这个协议的部分功能相当于《公共服务协议》制度。在让部门共同讨论制定共同目标方面，《公共服务协议》取得了成功。这个制度反映了一种要解决复杂问题的大胆尝试，共同目标引发这类讨论的潜力，在几个有着潜在的部门交叉关系的政策领域中尚未被充分地探讨，特别是卫生预防/卫生保健和环境政策领域。为了反映跨部门的工作而重新设计这些制度，可以节约成本和更有效地执行政策。难以在绩效制度上实现跨党派共识，则是抑制包括共同目标在内的绩效目标在这些方面发展和运用的更深层障碍。

**致谢**

本文作为社会经济科学与人文学科，欧盟第七框架计划，公共管理创新协调实践，社会凝聚力治理："为未来公共部门的凝聚力而协调（COCOPS）"工作组 5 的一部分而受到了资助。我们要感谢为本项研究而受访的高级官员们，也感谢来自 COCOPS 团体的其他研究人员给出的评论。

**奥利弗·詹姆斯（Oliver James）**，英国埃克塞特大学的政治学教授，主要研究公共服务中的政治、组织和管理。近期的研究包括：《绩效测量与民主：在实地考察和实验室中信息对公民的影响》一文，发表于《公共行政研究与理论学报》21：399—418(2011)；以及《管理公民对公共服务绩效的期待——来自对地方政府的观察和实验证据》一文，发表于《公共行政》89(4)，1419—1435(2011)。参见 http://socialsciences. exeter. ac. uk/politics/staff/james。

**中村绫子(Ayako Nakamura)**，是英国埃克塞特大学的副研究员，主要研究政府控制机制、比较政府研究的文化理论以及政府内部的审查效果。最近，她与奥利弗·詹姆斯(Oliver James)一起撰写了《公共部门的组织协调：来自欧洲12个国家的经验与教训》一书中的一章(该书由 Lægreid, P.，Tiina Randma-Liiv, T.，Rykkja, L. H. and Sarapuu, K 等人主编，帕尔格雷夫·麦克米伦出版社2014年出版)。参见 http://socialsciences. exeter. ac. uk/politics/staff/nakamura。

## 参考文献


6 P (2005) Joined-up government in the west beyond Britain: A provisional assessment. In: Bogdanor V (ed.) *Joined-Up Government*. Oxford: Oxford University Press, pp.43–106.

AGC (Auditor General of Canada) (2000) Managing departments for results andmanaging horizontal issues for results. Report of the Auditor General of Canada, December. Available at: http://www.oag-bvg.gc.ca/internet/English/parl_oag_200012_e_1139.html (accessed 22 July 2013).

Alexander EA (1995) *How Organizations Act Together*. Luxembourg: OPA.

Aristigueta MP, Cooksy LJ and Nelson CW (2001) The role of social indicators in developing a managing for results system. *Public Performance and Management Review* 23(3): 254–269.

Bamford J, Ernest D and Fubini DG (2004) Launching a world-class joint venture. *Harvard Business Review* 82: 90–100.

Bardach E (1998) *Getting Agencies to Work Together*. Washington, DC: Brookings Institution Press.

Beattie J (2002) Government 'failing' on public services targets. The Scotsman 19 November.

Bogdanor V (ed.) (2005) Introduction. In: Bogdanor V (ed.) *Joined-up Government*. Oxford: Oxford University Press, pp.1–18.

Bouckaert G and Halligan J (2008) *Managing Performance*. London: Routledge.

Bozeman B (1987) *All Organizations are Public*. London: Jossey-Bass.

Bradford B and Jackson J (2009) Contact and confidence: Revising the impact of public encounters with the police. *Policing and Society* 19(1): 20–46.

Chancellor of the Exchequer (1998) *Comprehensive Spending Review: New Public Spending Plans 1999–2002*. Cm 4011. London: TSO.

Chancellor of the Exchequer (2004) *2004 Spending Review: Public Service Agreements 2005–2008*. Cm 6238. London: TSO.

Chief Secretary to the Treasury (2000) *Spending Review 2000*. Cm 4808. London: TSO.

Christensen T and Lægreid P (2007a) Introduction. In: Christensen T and Lægreid P (eds) *Transcending New Public Management*. Aldershot: Ashgate, pp. 1–17.

Christensen T and Lægreid P (2007b) The whole-of-government approach to public sector reform. *Public Administration Review* 67(6): 1059–1066.

Crown Prosecution Service (CPS) (2003) *The Crown Prosecution Service Target Delivery Reports, 2002/2003*. Cm 5758. London: TSO.

Dunleavy P and Rhodes RAW (1990) Core executive studies in Britain. *Public Administration* 68(3): 3–28.

Dunsire A (1978) *Implementation in a Bureaucracy*. Oxford: Robertson.

DWP (2001) *Service Delivery Agreements for the Department of Work and Pensions*, No. 82931. London: DWP.

DWP (2002, 2003, 2004, 2006) *DWP Autumn Performance Reports*. London: TSO.

Farneti F, Padovani E and Young DW (2010) Governance of outsourcing and contractual relationships. In: Osborne S (ed.) *The New Public Governance?* London: Routledge, pp. 255–269.

Flumian M, Coe A and Kernaghan K (2007) Transforming service to Canadians: The Service Canada model. *International Review of Administrative Sciences* 73(4): 557–568.

GAO (General Accounting Office) (2000) Managing for Results: Barriers to Interagency Coordination. GAO/GGD-00106, March 2000.

Garside R (2004) Crime, persistent offenders and the justice gap. The Crime and Society Foundation Discussion Paper, No. 1. London: Crime and Society Foundation.

Grice A (2008) Ministers have missed 122 of 346 Whitehall performance targets. *The Independent* 14 January.

Gulick L (1937) Notes on the theory of organization, with special reference to government. In: Gulick L and Urwick L (eds) *Papers on the Science of Organization*. New York: Columbia University Press.

Halligan J (2007) Reintegrating government in third generation reforms of Australia and New Zealand. *Public Policy and Administration* 22(2): 217–238.

Halligan J, Buick F and O'Flynn J (2011) Experiments with joined-up, horizontal and whole-of-government in anglophone countries. In: Massey A (ed.) *International Handbook on Civil Service Systems*. Cheltenham: Edward Elgar, pp. 74–99.

Heclo H and Wildavsky A (1981) *The Private Government of Public Money*. London: Macmillan.

Hitt MA, Ireland RD and Hoskisson RE (1997) *Strategic Management: Competitiveness and Globalization*, 2nd edn. London: West Publishing.

HMSO (1999) *Public Service for the Future*. London: HMSO.

HM Treasury (2003) *Autumn Performance Report 2003*. London: TSO.

Holmberg R and Cummings L (2009) Building successful strategic alliances. *Long Range Planning* 42: 164–193.

Home Office (HO) (2003a) *Police Performance Monitoring Report 202/03*. London: Home Office.

Home Office (2003b) *Home Office Targets Delivery Reports*. Cm 5754. London: Home Office.

Hood C (1983) *The Tools of Government*. London: Macmillan.

Hood C and Bevan G (2006) What's measured is what matters: Targets and gaming in the English public health care system. *Public Administration* 84(3): 517–538.

Hood C, James O, Jones G, Scott C and Travers T (1999) *Regulation inside Government*. Oxford: Oxford University Press.

Huxham C and Vangen S (2000) Leadership in the shaping and implementation of collaboration agendas: How things happen in a (not quite) joined-up world. *Academy of*

International Labour Office (ILO) (2004) ILO-comparable Annual Employment and Unemployment Estimates. Available at: http://www.ilo.org/global/statistics-and-databases/WCMS_087893/lang–en/index.htm (accessed 4 April 2013).

James O (2000) Regulation inside government: Public interest justifications and regulatory failures. *Public Administration* 78(2): 327–343.

James O (2003) *The Executive Agency Revolution in Whitehall*. New York: Palgrave Macmillan.

James O (2004) The UK core executive's use of public service as a tool of governance. *Public Administration* 82(2): 397–419.

Johnson C and Talbot C (2007) The UK Parliament and performance: Challenging or challenged? *International Review of Administrative Sciences* 73: 113–131.

Lægreid P and Verhoest K (2010) *Governance of Public Sector Organizations*. London: Palgrave.

Mandelson P and Liddle R (1996) *The Blair Revolution: Can New Labour Deliver?* London: Faber and Faber.

March J and Olsen J (2006) The logic of appropriateness. In: Moran M, Rein M and Goodin R (eds) *The Oxford Handbook of Public Policy*. Oxford: University of Oxford Press, pp. 689–708.

Micheli P and Neely A (2010) Performance measurement in the public sector in England: Searching for the golden thread. *Public Administration Review* 70(4): 591–600.

Moseley A and James O (2008) Central state steering of local collaboration: Assessing the impact of tools of meta-governance in homelessness services in England. *Public Organization Review* 8(2): 117–136.

Myhill A, Quinton P, Bradford B, Poole A and Sims G (2011) It depends what you mean by 'confident': Operationalizing measures of public confidence and the role of performance indicators. *Policing* 5(2): 114–124.

NAO (National Audit Office) (2005) *Joint Targets*. London: TSO.

Noman Z (2008) Performance budgeting in the United Kingdom. *OECD Journal on Budgeting* 8(1): 75–90.

ONS (Office for National Statistics) (2001) *Labour Force Survey Employment Status by Occupation. April–June 2001*. London: ONS.

ONS (2002) *Labour Force Survey Employment Status by Occupation. April–June 2002*. London: ONS.

Osborne S (ed.) (2010) *The New Public Governance?* London: Routledge.

Padovani E and Young DW (2008) Toward a framework for managing high-risk government outsourcing: Field research in three Italian municipalities. *Journal of Public Procurement* 8(2): 215–247.

PASC (Public Administration Select Committee) (2002) *Minutes of Evidence for Thursday 18th July 2002 Lord Macdonald of Tradeston CBE, Minister for the Cabinet Office; Mr Douglas Alexander MP Minister of State*. Cabinet Office The New Centre. HC 262-iv, Session 2001–02. London: TSO.

PASC (2003a) *Minutes of Evidence for 16th January 2003 Presented by Rt Hon Clare Short, MP Public Service Targets*. HC 62-vii. London: TSO.

PASC (2003b) *Minutes of Evidence for Monday 24 March 2003 Rt Hon Estelle Morris, a Member of the House, former Secretary of State for Education and Skills*. HC 62-x Session 2002–03. London: TSO.

Peters BG (1998) Managing horizontal government: The politics of coordination. *Public Administration* 76(2): 295–311.

Poister TH (2003) *Measuring Performance in Public and Nonprofit Organizations*. San Francisco, CA: Jossey-Bass.

Pollitt C and Bouckaert G (2011) *Public Management Reform: A Comparative Analysis – New Public Management, Governance and the Neo-Weberian State*, 3rd edn. Oxford: Oxford University Press.

Rhodes RAW (1997) *Control and Power in Central–Local Government Relationships*. Brookfield, VT: Ashgate.

Rittel HWJ and Webber MM (1973) Dilemmas in a general theory of planning. *Policy Sciences* 4: 155–169.

Sullivan H and Skelcher C (2002) *Working across Boundaries: Collaboration in Public Services*. Basingstoke: Palgrave Macmillan.

Talbot C (2010) Performance in Government: The Evolving System of Performance and Evaluation Measurement, Monitoring, and Management in the United Kingdom. OECD Working Paper Series No. 24. Washington, DC: World Bank.

Walker D (2008) Society: Public eye: Time is running out for this half-baked initiative. *The Guardian* 4 June.

# Shared performance targets for the horizontal coordination of public organizations: control theory and departmentalism in the United Kingdom's Public Service Agreement system

**Oliver James and Ayako Nakamura**
University of Exeter, UK

**Abstract**
Coordinating organizations horizontally is a longstanding difficulty of public governance, often called departmentalism in central government systems. Several tools for horizontal coordination have previously been analysed but shared performance targets across departments have received relatively little attention. This article develops a control theory of shared performance target systems for horizontal coordination of departments consisting of 'director' (shared objective and target setting), 'detector' (shared monitoring of progress), and 'effector' (shared feedback to promote achievement of targets) components. The theory distinguishes between two kinds of shared targets: those promoting sequential coordination and simultaneous coordination among departments. The expectations of control theory are assessed for the Public Service Agreement (PSA) adopted in the United Kingdom. PSAs enabled a step change increase in discussion of shared policy objectives across departments. However, despite these benefits, the fundamentally separate broader ministerial and departmental accountability structures led to the setting of vague outcome targets, underdeveloped performance reporting, and fragmented delivery arrangements for shared targets.

**Points for practitioners**

The findings provide a cautionary tale for policy-makers seeking to implement horizontally shared targets across departmental organizations. The UK Government's Public Service Agreement (PSA) system reveals that shared target systems for departments supervised by a finance ministry are a useful tool for incentivizing departments to collaborate with other departments in policy discussions and resource allocation. However, it was difficult for departments to set specific cross-cutting targets and to develop practical joint delivery and performance reporting strategies across existing departmental boundaries. The effects of the system were, for the most part, counteracted by departmentally focused resource and accountability structures. In some cases, broader structural reform to reorganize departmental structures to align with the formerly cross-cutting policy challenge was necessary rather than predominantly relying on shared targets to pursue policy goals.

**Keywords**
accountability, administrative organization and structures, control, partnerships, performance, public sector reform, service delivery

国际行政科学评论

# 南非公共行政本科专业的信息技术能力培养课程

丽萨·塞西尔·范·加尔斯维尔特　　雅各布斯·S. 韦塞尔斯
Liza Ceciel van Jaarsveldt　　Jacobus S. Wessels

翻译:李　欣　　审校:崔　玲　庞　诗

【摘　要】 本文汇报的是南非的大学里本科公共行政课程是否应当培养学生的信息和通信技术(information and communication technology, ICT)能力,如若是,那么这些大学是否切实地培养了学生们的这种能力。公务员的工作环境及其所必需的职业和专业特性都已经显示了支持这个预期,即信息和通信技术能力的学习应当被纳入到南非大学的本科公共行政课程之中。然而,在南非,只有那些授予公共管理国家文凭的大学才包含单独的信息和通信技术能力教学模块。研究结果证实,由于相关背景以及公共服务的职业性和专业性要求,信息和通信技术能力的培养确实应当被纳入公共行政专业本科课程中。因此,本文建议高等教育机构按照这些课程要求对自己的公共行政专业本科课程进行评估,特别是南非的大学更要如此。

## 对实践工作者的启示

本文的研究所要解决的问题是,公共行政课程对于公共服务职业和事业的信息和通信技术要求的重要性。研究的重点是公共行政课程所面临的相关背景,以及满足公共服务的专业与职业要求背景。

---

**通信作者:**

Liza Ceciel van Jaarsveldt, University of South Africa, Pretoria, South Africa, Department of Public Administration, PO Box 392, UNISA, Muckleneuk Ridge, Pretoria, Gauteng 0003, South Africa

E-mail: vjaarlc@unisa. ac. za

【关键词】 电子政务;信息和通信技术;职业水准/职业;公共行政;科学行政;服务提供

## 一、引言

世界各国政府都承受着为本国公民提供具有先进技术支持的公共服务的压力。信息和通信技术不仅被认为"作为公民已经认识并熟悉的政府职能的拓展——而非替代——具有非凡意义"(Nam,2012: 364),而且人们看到它在公共行政与管理改革中也发挥着重要作用(Shim and Eom,2009: 100)。由于人们普遍认为,具备信息和通信技术支持的公共服务更有潜力提高生产率、促进善治以及强化政府责任感(Shim and Eom,2009: 100),因此,基于信息和通信技术支持高质量的公共服务就成为人们的追求目标。这意味着,当公务员和管理者们在履行其预期的公共职能时,需要具备"某些特殊种类的能力"(Awortwi,2010: 725)。在这方面,格雷斯勒(Greisler,2008: 318)提到了"一套技能,它所有可能的组合可以适用于众多类型的专业环境,无论是公共的还是私营的;国内的还是国际的;大型的还是小型的;服务型的还是生产型的"。人们期待,大学里的公共行政教育,通过科学合理的职业教育方式(Pauw,1995: 10—11),能够在向当前或未来的公务员(Cepiku,2011:380)提供必要的信息和通信技术能力作为一套通用技能(Greisler,2008: 518)方面发挥关键作用。在南非,这种职业教育在本科层次上就已经开始了(Department of Higher Education and Training,2012: 72—75)。鉴于本科生数量众多,及其对职场的后续影响,本文着重关注这一层次的职业教育 (Department of Higher Education and Training,2012)。

在这种情况下,本文引入了三个关键概念,来探讨高等教育机构(higher education institutions,HEIs)在帮助学生准备踏入职场方面的角色与任务,这些概念是毕业能力(graduateness)、就业能力(employability)和数字化素养(digital literacy)。就本文的研究目的而言,毕业能力被认为是"毕业生在大学课程学习过程中获得的一系列品质"(Chetty,2012: 9),而就业能力是指"毕业生进入国内外职场的能力"(Chetty,2012: 12)。

职场要求雇员必备的品质之一是数字化素养(Ungerer,2012: 496—498)。昂格尔(Ungerer,2012: 497)从三方面界定了数字化素养所包含的技能,即信息技能、转化技能以及信息和通信技术技能。信息技能的内容涉及搜集、处理和传播信息的能力,而转化技能的内容涉及将技能应用于各式各样、复杂多变的环境中的能力(Greisler,2008: 520)。信息和通信技术技能是指在管理和处理信息过程中运用信息和通信技术的相关能力

(ITAA,2007)。

本文评估的是南非大学里的公共行政专业本科课程应否提供,以及是否确实提供了为本国公民进行具有技术支持的公共服务所需的信息和通信技术能力培养。

本文所采用的研究方法将在下节简要说明。本文接下来将报告用以确定南非大学里的本科公共行政课程应否包含信息和通信技术技能的理论视角,以及对南非大学里的公共行政课程所面临的环境背景和该课程内容的定性评估。最后一部分总结了本研究结果的理论意义。

## 二、方法

本文采用定性案例研究法将南非大学公共行政课程作为一个"有界系统"(Plano Clark and Creswell,2010: 243)进行研究。本文首先对有关高等教育机构课程研究的学术文献进行了回顾梳理。通过对公共行政课程开发方面的有限文献、关于毕业能力、就业能力以及课程设计方面的大量丰富文献进行回顾梳理,本文在论证课程开发和评估方面确定了三个宽泛的主题,以此作为研究的理论视角。这三个主题被用作本研究定性评估对象的分析框架,这个评估对象就是设有公共行政这一学科的20所南非大学里的公共行政课程。

有两位学者进行了两个阶段的评估。第一,通过"问题—空间分析"(problem-space analysis)探讨了南非大学里的公共行政课程所面临的环境背景;第二,通过定向的内容分析(Hsieh and Shannon,2005: 1281),研究了被选定的20所大学官方教学校历中公共行政专业本科课程的教案。内容分析主要集中于章节题目是否包含"信息"或"技术"等关键词汇。这种分析的主要目的在于确定学生的信息和通信技术能力是否从根本上得到了发展,而不去深究它如何充分地得到了发展。

## 三、课程评估的理论视角

根据当前全球化的发展趋势,我们在寻求评估公共行政课程的理论视角过程中,以格林伍德和罗宾斯(Greenwood and Robins,1998)的一部开创性著作作为起点。在文章中,他们探讨了两种课程开发的模式,即"外部影响模式:意识形态(政府)—文化(专家)周期"(Greenwood and Robins,1998: 410)和"内部影响模式:合理的课程变革周期"(Greenwood and Robins,1998: 411)。由威尔肯(Wilken,1996: 68)所提出的外部模式包含四个阶段,即①意识形态干预;②课程调整;③出于专业利益的选择性课程谈话；④意识形态上可接受的课程。

内部模型包括五个阶段，即①确立课程目标；②为达成目标进行必要创新；③对创新的评估与评价；④为了进一步改善创新进行反思；⑤将创新纳入课程或拒绝纳入创新(Greenwood and Robins，1998：411)。根据格林伍德和罗宾斯(Greenwood and Robins，1998：419)的研究结论，这两个模型都没能将公共行政课程开发阐述得清楚明白。伍德里奇(Wooldridge，2004：385—403)提出的“管理培训的战略权变方法”与格林伍德和罗宾斯所讨论的“外部模式”具有一定的相似性，但由于它无法为公共行政课程评估提供一个清晰明了的模型，因此它可能更适合基于咨询的短期培训课程。而格雷斯勒“转换技能”的案例，特别是他所提到的“认识—理解路径”与课程开发(Greisler，2008：518—535)的讨论密切相关，其案例能够很容易地与格林伍德和罗宾斯(1998：410)所描述的外部模式的“出于专业利益的选择性课程设置”阶段相适应。尽管格雷斯勒所建议的公共管理核心课程不包含信息通信技术能力的培养，但是他提出应该开设一门课程，以便提供“被证明是有利于提高效率、效能以及经济性的技术”(Greisler，2008：533)，这实际上为格林伍德和罗宾斯(Greenwood and Robins，1998：410)所建议的课程设置打开了一扇门。

为了找到一个恰当的模型，本文的文献综述被扩展到有关课程设计、毕业能力以及就业能力的非公共行政文献。米施克(Mischke，2010：145—163)、诺斯林等人(Nöthling et al.，2009：3.4)、切迪(chetty，2012：5—24)、马克汉雅(Makhanya，2012：25—44)、普林斯露(Prinsloo，2012：89—102)、库切(Coetzee，2012：119—152)、霍尔特豪森(Holtzhausen，2012：185—206)和昂格尔(Ungerer，2012：493—514)的文章直接为本文发展一个恰当的评估模型赋予了灵感。同时，通过对这些文献进行梳理也确定了研究课程开发和评估的三大主题。这些主题与诺斯林等人在南非大学的一份未公开的内部工作文件中所提出的“设计课程的简化过程”中的一些步骤产生共鸣。这些主题将在下文探讨，关系到课程所面临的环境背景(也被称为“问题—空间分析”)、职业特点以及学习者所需要的能力(课程内容)。

### (一)与课程相关联的形势背景

20世纪80年代中期以来，在公共行政学科内部，由于课程设计的外部影响(职业和实践)日渐增强，课程所面临的环境背景已经成为一个重要的考虑因素(Greenwood and Robins，1998：419)。此外，人们已经意识到学生和未来的雇员的生活、学习及工作的环境在设计课程时都需要被考虑到——即格雷斯勒所雄辩地提到的“积极的未来预设”(Greisler，2008：

519)。未来公务员的环境背景主要包括国家性质(如发展型国家)、地点、具体形势或范围、具体的角色扮演者、所遇到的典型问题以及影响环境背景的社会力量(Greisler,2008：533；Nöthling et al.,2009：3.5；Wessels,2012：164)。在课程开发方面,米施克(Mischke,2010：152)使用了"回应性"的概念来描述"一种对社会期望的敏感度和持续性认知,当它们对我们的学生和社会所面临的需要与挑战作出回应时,这反映在我们的资格证书和课程中"(UNISA,2010：12)。她特别提到了南非大学课程政策(UNISA Curriculum Policy)要求课程必须适应本地、非洲大陆以及国际背景(UNISA,2010：12)。正是她所强调的"南非大学学生形象不断增强的国际特色"以及"课程应用背景的日益全球化",才需要被着重考虑(Mischke,2010：159)。全球的、非洲大陆的、本地的环境以及这种学习环境所蕴含的技术特征,对着眼于未来公务员职场的课程构成了明确的挑战。这些挑战主要包括缺乏学术写作技巧、没有把理论知识应用到实践工作的能力以及掌握不断变化的技术的探索能力 (Wessels,2012：166)。而后者,决定了高等教育机构必须提供给学生们能够满足未来职场所需的信息和通信技术能力(Makhanya,2012：31)。从全球背景的角度来看,公共行政课程应当把使未来公务员获得信息和通信技术能力列入在内,这一点是毫无疑问的。

### (二)未来职场人员的专业特征

课程开发研究的第二个主题涉及学生们以及引申而来的未来公共职业从业人员的专业特征。关于课程与学生们的未来职业之间的联系,文献中使用的概念有"毕业能力"和"就业能力"。切迪(Chetty,2012:12)认为毕业能力就是毕业生的技能、知识和理解力,而就业能力则涉及"毕业生进入国内外职场的能力"。库切(Coetzee,2012：126)给毕业能力下了一个更加全面的定义,即"毕业生的内在特征(可以转换的元技能和个性),具有这种能力的毕业生会成为反应灵敏的、负责任的、称职的、有道德的以及有进取精神的公民和被职场选定的雇员"。她针对就业能力所下的定义也比切迪的更全面,即"那些涉及职业的品质和性格,这些品质和性格能够提高适应性的认知、行为和情感,同时能够为了合适的和长久的就业机会而调整个人适应性"(Coetzee,2012：126)。那些研究毕业能力和就业能力的专家们似乎在"毕业能力"概念所反映的一个基本特征方面达成了共识,即"毕业能力"是"提供和运用信息的能力"(Coetzee,2012：126；Holtzhausen,2012：194；Ungerer,2012：496—497)。昂格尔(Ungerer,2012:497)将毕业能力的这种特性归为"数字化素养"的一部分,数字化素养是这样一种能力,它"能够认识到信息和通信技术具有支持工业、商业、学习以及创造性过程中的创新的潜能”。她同时还指出,学习者“需要有自信心、技术和辨别力,用一种恰当的方式适应信息和通信技术的发展”(Ungerer,2012:497)。本文对第一个主题的探讨集中于学习者的环境背景,而此处讨论的具体主题则集中于课程的专业或职业要求。关于毕业能力和就业能力方面的文献已经表明,课程需要提供给学习者某些一般性的元技能(包括信息和通信技术技能)与个人品质,还要提供一些特定的工作技能,使学习者为公共服务领域的工作进行适当的准备。这些要求需要被转化为课程内容,我们将在下面讨论这个问题。

### (三)学习者需要的能力

在对课程的环境背景以及课程所需要满足的毕业能力与就业能力要求进行了探讨之后,本文就进入了所要讨论的第三个主题,即课程培养学习者应对未来职业的特定技能的能力。在环境背景、毕业能力以及就业能力的框架内,一门课程需要提供给未来的就业者在职场中能够有效履行自身职责的各种能力(Hager and Butler,1996)。布林克霍夫·J. 和布林克霍夫·D. (Brinkerhoff·J. and Brinkerhoff·D.,2006:6—7)将这种能力分为三类:①关于从总体上认知事情是如何运作的“了解情况”能力;②技术能力;③人际交往能力。而未来公务员们所需要的信息和通信技术能力属于“技术能力”的范畴。

根据上述情况,我们可以推断出,在确定是否把信息与通信技术能力的培养纳入公共行政专业本科课程时,应当考虑适用于公务员的特殊环境背景和职业要求。本文下一部分将汇报对南非公务员的工作环境进行问题—空间分析的情况。

## 四、通过问题—空间分析确定课程的环境背景

高等教育课程的环境背景主要包括宏观调控机构的制度和政策要求、全球化的社会背景、典型的学习者将来工作场所的多样性、影响学习者现在或未来工作环境的主要角色以及在该环境中会遇到的典型问题(Wessels,2012:164)。因此,有必要判断一下公务员的工作环境是否要求具备公共行政专业本科课程中所培养的信息与通信技术能力。

然而,公共行政课程的宏观调控环境比特定的专业或职业的环境更宽泛。与英国的国家职业资格证书相似(Greenwood and Robins,1998:417),南非的大学课程,也是在高等教育质量委员会和南非资格证书管理局的宏观制度框架下发展起来的。高等教育质量委员会是高等教育理事会的常设机构,负责促进和保证高等教育的质量(CHE,

2009)。包括公共行政课程项目在内的所有高等教育课程项目，在其被公立或私立教育机构实施之前，都必须得到高等教育质量委员会的认证(CHE,2009)。因此，南非高等教育机构中公共行政课程中可能会有信息与通信技术内容，主要取决于高等教育质量委员会的质量保障的管制性质和认证环境。

由于本文所汇报的研究主要聚焦于公共行政课程中的信息与通信技术内容，因此，厘清在“问题—空间”环境背景下决定公务员的信息与通信技术能力的角色主体是必要的。在这个特定的环境背景下，经济合作与发展组织(OECD,2002)、非洲经济委员会(2003)和电子政务工具包(e-Government Toolkit,2009)全都将信息与通信技术视为实现某些政府战略的关键，这些政府战略包括改革和完善公共服务提供与公众问责制、拓宽公民更有效地参与全球信息经济、社会与政府的机会。在政府部门中运用信息与通信技术的其他好处还包括节约时间和金钱、简化工作流程、使信息获取更便捷、改善决策以及提高数据的安全性(Brown and Brudney,1998：423；Lodge and Kalitowski,2009：39)。

知识经济和信息社会是公务员的“问题—空间”环境背景中的社会维度(DTI,2009a)。在全球知识经济和信息社会中，对信息与通信技术的需求与使用已经促使政府越来越多地通过运用该技术为公民提供更多信息与更好的服务 (DTI,2009b)。在提供公共服务的环境背景下，特米尼等人(Termini et al.,2011：191)发现，信息与通信技术是强化问责制的一个有效工具，因为它能够为公民提供准确、完整、易懂和可靠的信息以迫使政府负责任。在这方面，南(Nam,2012)提到了政府与公民之间的双向互动，如在线聊天与博客。

这种双向互动互动被纳入到了南非政府推出的各种信息与通信技术举措之中，诸如在线纳税申报(SARS,2013)、工业贸易署的“广义南非黑人经济许可网站”(DTI,2009c)，以及“支付城”(PayCity,2013)网站——它帮助市民以一种安全快捷的方式为一些服务向地方政府支付费用，如收费与税收、车辆牌照费或预付的电费等。目前，所有的国家级和省级政府部门以及越来越多的地方政府都拥有了自己的网站和电子邮件地址(Farelo and Morris,2006)。有些政府部门甚至开通了博客和社交媒体，例如克里斯哈尼区当局就有一个官方博客，在这个博客上，当地居民可以对当局发表评论或发起新的讨论话题(Chris Hani District Municipality,2010)。

根据上述情况，很显然，在所谓的“知识经济”背景下工作的公务员不仅肩负着向公民和政府提供准确、完整、易懂和可靠信息的期望，同时还承担着更多地采用信息和通信技术来提供公共服务的职责。这种情况就要求公务员具备能够熟练地使用这些技术的能力。

## 五、毕业能力和就业能力的要求：信息与通信技术能力是典型的公务员核心职业特征

可以肯定地说，设置公共行政专业的目的，就是为了给未来的公务员提供专业或职业方面的准备。国际行政院校联合会(IASIA)的观点证实了这个假设，它们认为，当公众寻求高质量的服务时，会期待公共服务有专业化的表现。专业的公共服务意味着公务员要具备较强的能力水平。因此，本部分的目的在于确认，一个典型的公务员的核心职业特征中，是否像具体的全球毕业能力与就业能力要求所表述的那样，包含着信息与通信技术能力。

与海格和巴特勒(Hager and Butler，1996)一样，我们用“能力”(competence)的概念表示“一个人胜任某项工作的才干”(the ability of a person to fulfil a role effectively)。这个含义与《公共服务条例》[Public Service Regulations，2001：B. 2(b)]中对“能力”的概念密切相关，即“……一个人能够应用到工作环境中的知识、技能、行为以及天赋的总和，它表明一个人具备了满足特定的工作岗位要求的能力”。

对于未来公务员的毕业能力和就业能力，人们普遍期望高校通过提供高水平的公共行政教育来提升学生们的专业能力(IASIA，2009)。国际行政院校联合会希望世界各地的大学公共行政课程都能在以下这些方面增强学生们的专业能力，它们是：价值观、道德行为、知识、对生命的敬畏、透明度、问责制、对全球一体化的认识、分析和批判性思维、对复杂性和不确定性情况的处理、终身学习、国际化与全球化、新型沟通模式以及协同政府等诸方面(IASIA，2009)。

以能力为基础公共行政教育方法，使得我们认为一个专业的公务员必须具备一定的基础或核心能力，而实现卓越教育也要求公共行政的学位课程必须围绕这些能力进行建设。罗森鲍姆(Rosenbaum，2007)在一份清单上列出了他认为公务员应当具备的技术能力，这些能力也与上述我们的假设相一致。特米尼等人(Termini et al.，2011：191－192)认为，技术进程通过随之而来势在必行的信息和通信技术能力直接影响到公务员的工作，因而他们支持培养清单中应包含信息和通信技术能力。与此同时，这些学者也表明，信息与通信技术能力能够增强公共机构的透明度和责任感(Termini et al.，2011：191－192)。

从上述情况可以看出，国际行政院校联合会和众多学者都将信息与通信技术能力视为支撑公务员所必备的专业能力的基础。出于这种考虑，我们理所当然地期待南非大学里的公共行政专业本科课程，将把信息与通信

技术能力的培养作为公务员职业准备的一部分。

## 六、信息和通信技术能力被纳入课程之中的情况:对南非大学公共行政课程进行定向的定性内容分析

上文强调,南非大学里的公共行政专业本科课程应当把提高信息与通信技术能力列入在内。既然有这样的预期,我们就必须考察事实上是否的确如此。在南非,有20所大学将公共行政作为一门学科,其中6所是综合性大学,10所是传统型大学,4所是技术型大学。为了辨认出那些含有“信息”或“技术”词汇的课程单元标题,本文对公共行政专业本科课程文件进行了定向的内容分析,这些文件来自设有公共行政学科的20所大学的官方教学校历。因此,这项研究的目的在于判定,公共行政课程是否促进了学生的信息与通信技术能力,而不是去判断它是如何促进这种能力的。

以下是根据上述划分出的不同大学类别汇总的定向内容分析情况。

### (一)综合性大学

综合性大学是结合了前工学院(即现在的技术型大学)课程和传统大学课程的高等教育机构(UNISA-HEQC,2008: 3)。南非共有6所综合性大学,它们全都设有公共行政这个学科。其中只有3所大学的公共行政专业本科课程中显示出包含与信息与通信技术能力相关的教学模块(见表1)。

表1　公共行政专业本科课程中包含信息与通信技术教学模块的综合性大学

| 大学 | 资格证书 | 课程/教学模块 | 参考文件 |
| --- | --- | --- | --- |
| 纳尔逊·曼德拉城市大学 | 国家文凭:公共管理<br>非学位课程 | 公共信息服务Ⅰ<br>公共信息实践Ⅱ<br>信息管理Ⅲ | 纳尔逊·曼德拉城市大学政治和政府研究系(2010) |
| 约翰内斯堡大学 | 非学位课程 | 不适用 | 约翰内斯堡大学人文学院本科学位与文凭条例(2009:58—60) |
| 南非大学 | 国家文凭:公共管理<br>非学位课程 | 公共信息服务Ⅰ<br>公共信息实践Ⅱ<br>信息管理Ⅲ | 南非大学教学校历第2部分:学科与教学大纲(2010: 127—128)<br>南非大学教学校历第4部分:经济与管理科学学院(2010: 76—77) |

续表

| 大学 | 资格证书 | 课程/教学模块 | 参考文件 |
|---|---|---|---|
| 文达大学 | 非学位课程 | 不适用 | 文达大学，公共行政与发展管理系；系主任的电子邮件(2010) |
| 祖鲁兰大学 | 非学位课程 | 不适用 | 祖鲁兰大学，政治学与公共行政系(2010) |
| 沃尔特·西苏鲁大学 | 技术类的国家文凭：公共管理<br>但属于非学位课程<br>非学位课程 | 公共信息服务Ⅰ<br>公共信息系统Ⅱ<br>信息管理Ⅲ | 沃尔特·西苏鲁大学，商业、管理科学和法律学院章程(2010：71—80) |

很显然，从表1可以看出，只有在授予公共管理国家文凭的课程中才含有与信息与通信技术能力相关的教学模块，而且并不是所有的综合性大学学位课程都含有这种教学模块。这些教学模块分别是公共信息服务Ⅰ、公共信息实践Ⅱ和信息管理Ⅲ。

(二)传统型大学

在南非11所所谓的传统型大学中有10所设立了公共行政学科。这些大学把这门学科作为众多学位课程的一部分，其中包括艺术学士学位(BA)、管理学士学位(BAdmin)或商务学士学位(BCom)。对当时这些学校的教学校历所进行的分析表明，它们的公共行政专业本科课程，并没有将促进学生的信息与通信技术能力作为一个单独的教学模块。

(三)技术型大学

南非的技术型大学(即以前的工学院)是在2004年高等教育机构合并重组的过程中建立的。这些大学与德国、匈牙利、澳大利亚、美国和伊朗等国家的一些大学相似，其建立的主要目的是通过技术的推广、实践和转化为学生从事特定职业或行业奠定基础(Committee of Technikon Principals，2004：18—25；Wessels，2007：535)。在南非的5所技术型大学中，有4所设立了公共行政这一学科(见表2)。

这4所技术型大学只在本科阶段提供公共行政课程，并将其作为公共管理国家文凭的一部分。这4所大学的公共行政课程全都包含着有关信息与通信技术能力培养的教学模块。

表2 公共行政专业本科课程中包含信息与通信技术教学模块的技术型大学

| 大学 | 资格证书 | 课程/教学模块 | 参考文件 |
|---|---|---|---|
| 中央科技大学 | 国家文凭：公共管理 | 公共信息服务Ⅰ<br>公共信息实践Ⅱ<br>信息管理Ⅲ | 中央科技大学，政府管理学院(2010) |
| 开普半岛科技大学 | 国家文凭：公共管理 | 公共信息服务Ⅰ<br>公共信息实践Ⅱ<br>信息管理Ⅲ | 开普半岛科技大学，公共管理学院(2010) |
| 德班技术学院 | 国家文凭：公共管理 | 公共信息服务Ⅰ<br>公共信息实践Ⅱ<br>信息管理Ⅲ | 德班技术学院，公共管理与经济系(2010) |
| 茨瓦尼科技大学 | 国家文凭：公共管理 | 公共信息服务Ⅰ<br>公共信息实践Ⅱ<br>信息管理Ⅲ | 茨瓦尼科技大，公共管理系(2010) |

## (四)对与信息与通信技术能力培养相关的教学模块的评估

对与信息与通信技术能力培养相关的教学模块进行定向的定性内容分析显示，这些教学模块确实为本科生们提供了大量的信息技术技能的培养，这些信息技术技能是在公共服务领域取得成功的必要条件。在由诺斯洛普(Northrop，1999)、经济合作与发展组织(OECD，2002，2007)、技术学习网(Techlearning. com，2009)和技术评估网(Evalutech ，2009)所要求的11项信息技术能力中，只有6项(终端用户技能、数据信息管理技能、电子邮件/通信工具、互联网技能、信息技术技能和信息社会技能)被纳入公共行政教学的三个教学模块之中。这些教学模块并没有为学生们提供有关电子表格程序、问题处理、图片展示、图形信息系统和采集等方面的信息与通信技术能力。

以上关于综合性大学、传统型大学和技术型大学中公共行政专业本科课程的分析已经表明，只有那些授予公共管理国家文凭的大学才将信息与通信技术能力的培养作为其课程的一个独立教学模块。我们在评估过程中还发现，这些课程的内容需要进一步完善。因此，尽管这些大学只是提供学位课程，没有一所传统型大学的公共行政课程包含对学生信息与通信技术能力的培养。

## 七、结论

从全球来看，人们普遍认为，政府应当为公民提供由先进技术支持的公共服务，而且人们相信，高等教育机构应当为负责公共服务事务的公务员提供更加科学合理的职业教育。因此，本文所报告的研究项目，是要判断南非大学里的公共行政专业本科课程是否应当为学生提供信息与通信技术能力的培训。

本文对课程发展方面的文献进行了回顾之后，围绕本文的研究目的，确定了对职业和专业教育课程的两种要求，即环境相关性和专业相关性。这些要求意味着在确定公共行政专业本科课程是否应当提供信息与通信技术能力的培养时，应当考虑到公务员的特定环境背景和职业与专业要求。

研究表明，公务员的环境背景主要由所谓“知识经济”构成，在这种语境下，人们期望公务员能为公民和政府提供准确、完整、易懂和可靠的信息，并且通过运用信息与通信技术来开展公共服务。这就要求公务员必须具备熟练使用这些技术的能力。

在公共行政课程的职业和专业相关性方面，值得注意的是，为公共行政教育设定标准的国际机构——国际行政院校联合会，以及众多学者所做的研究，都将信息与通信技术能力视为是支撑公务员几乎全部必备的专业能力的必要前提。我们的研究表明，公务员的工作环境以及他们所必备的职业和专业特征证实了我们的假设，即信息与通信技术能力的培养应当被纳入南非的大学本科公共行政专业课程之中。

通过对南非不同类型大学（综合性大学、传统型大学和技术型大学）里的公共行政专业本科课程进行定向的定性内容分析表明，传统型大学的公共行政课程中并不包括信息技术能力的培养，只有那些授予公共管理国家文凭的技术型大学和综合性大学，才会通过单独的教学模块形式为学生提供信息与通信技术的能力的培养。将这种能力培养纳入到学位课程之中，证实了学位课程具有人们所预期的职业性质。然而，既然公共行政的学位课程已经被证明具有一定的专业和职业特征，那么，我们就可以料定这些课程，既会受到环境和职业要求的影响，也会受到学位规划的影响。虽然有人可能会认为，学位规划由不同学科领域的教学模块组成,而有些教学模块的目的可能就是促进信息与通信技术能力,但具体公共服务工作的环境背景和职业要求却未必会体现在一般性的模块中。

本文的研究将环境背景的需求以及职业与专业需求作为考察公共行政课程内容的决定性标准,从而使公共行政课程开发方面有限研究成果得到了丰富。通过把这些要求应用于公共行政教育,本文证明了信息与通信技术能力的培养确实应当被纳入到公共行政专业的本科课程之中。由于培养信息与通信技术能力的教学模块并不属于本科公共行政的学位课程组成部分,本文认为将信息与通信技术能力的培养纳入公共行政本科学位课程势在必行,这是由公共服务的环境背景要求以及公共服务特定的职业与专业要求所决定的。因此,我们建议高等教育机构,特别是南非的高等教育机构,应该运用这些课程要求来评估它们的公共行政专业本科课程。

**丽萨·塞西尔·范·加尔斯维尔特(Liza Ceciel van Jaarsveldt)**,是南非大学(University of South Africa)公共行政与管理系副教授。她的研究主要集中于信息和通信技术、公共行政教育和电子政府方面。她提交了多篇国内和国际的会议论文,是超过 16 篇同行评议刊物文章和会议论文集的作者或合作者。

**雅各布斯·S. 韦塞尔斯(Jacobus S. Wessels)**,是南非大学经济与管理科学学院公共行政学教授、研究生学习与研究办公室主任。他的主要研究领域是研究方法、研究伦理和研究生科研的管理。他联合主编的书有:《反思公共行政:背景、知识与方法》(Unisa Press,2014)、《反思公共行政:伦理》(Unisa Press,2014)和《南非公共部门的人力资源管理》(Juta,2011)。他是 30 余篇同行评议期刊文章的作者或合作者。

## 参考文献

Awortwi N (2010) Building new competencies for government administrators and managers in an era of public sector reforms: The case of Mozambique. *International Review of Administrative Sciences* 76: 723–748.

Brinkerhoff J and Brinkerhoff D (2006) Preparing people for international public service in a changed world: The continued relevance of the MPA. *PA Times International Supplement* March: 6–7.

Brown MM and Brudney JL (1998) Public sector information technology initiatives: Implications for programs of public administration. *Administration & Society* 30(4): 421–442.

Cepiku D (2011) Public administration PhD programmes in Italy: Comparing different disciplinary approaches. *International Review of Administrative Sciences* 77: 379–396.

CHE (Council on Higher Education) (2009) Available at: http://www.che.ac.za (accessed 3 April 2009).

Chetty Y (2012) Graduateness and employability within the higher education environment: A focused review of the literature. In: Coetzee M, Botha J, Eccles N, Holtzhausen N and Nienaber H (eds) *Developing Student Graduateness and Employability: Issues, Provocations, Theory and Practical Guidelines*. Randburg: Knowres Publishing.

Chris Hani District Municipality (2010) Sustaining growth through our people: Blog. Available at: http://www.chrishanidm.gov.za/admin.panel/blog.asp (accessed 1 May 2010).

Coetzee M (2012) A framework for developing student graduateness and employability in the economic and management sciences at the University of South Africa. In: Coetzee M, Botha J, Eccles N, Holtzhausen N and Nienaber H (eds) *Developing Student Graduateness and Employability: Issues, Provocations, Theory and Practical Guidelines*. Randburg: Knowres Publishing.

Committee of Technikon Principals (2004) *Universities of Technology in South Africa: Position, Role and Function*. Vaal University Press.

CPUT (Cape Peninsula University of Technology) (2010) Public Management. Available at: http://info.cput.ac.za/prospectus_3/qual_new.php?q=93&f=1 (accessed 3 March 2010).

CUT (Central University of Technology) (2010) School of Government Management. Available at: http://www.cut.ac.za/web/academics/faculties/man/sgm/homepage (accessed on 3 March 2010).

Department of Education (1997) *A Programme for Higher Education Transformation*. Pretoria: Government Publishers.

Department of Higher Education and Training (2012) *Annual Performance Plan 2012–2013*. Republic of South Africa. Available at: http://www.dhet.gov.za (accessed 5 November 2013).

DIT (Durban Institute of Technology) (2010) Department of Public Management and Economics. Available at: http://www.dut.ac.za/pages/22618 (accessed 3 March 2010).

DPSA (Department of Public Service and Administration) (2001) *Public Service Regulations, (2001) as amended 31 July 2012*. Available at: http://www.dpsa.gov.za/dpsa2g/documents/acts®ulations/regulations1999/PSRegulations_13_07_2012.pdf (accessed 19 September 2012).

DPSA (Department of Public Service and Administration) (2005) *Public Service Middle Management Competency Framework*. Available at: http://www.dpsa.gov.za/dpsa2g/documents/ep/2006/MMCF.pdf (accessed 19 September 2012).

DPSA (Department of Public Service and Administration) (2009) *Public Management and Political Studies at Tertiary Education Institutions in South Africa*. Available at: http:www.dpsa.gov.za/links.asp (accessed 8 June 2009).

DTI (Department of Trade and Industry) (2009a) Available at: www.thedti.gov.za (accessed on 2 December 2009).

DTI (2009b) *South African ICT Sector Development Framework*. Available at: www.thedti.gov.za/saitis/docs/html/chap03.html (accessed 2 December 2009).

DTI (2009c) The DTI B-BBEE Website. Available at: http://196.31.61.237/17htm (accessed 2 December 2009).

Economic Commission for Africa (2003) *Public Sector Management Reforms in Africa*. Online available at: www.uneca.org/publications/dpmd/public_sector_mangt.pdf (accessed 2 December 2009).

e-Government Toolkit (2009) *Identifying Benefits*. Available at: http://www.egpv.onfodev.org/en/Section.173.html (accessed 2 December 2009).

Evalutech (2009) *What are 21st Century Skills?* Available at: www.evalutech.sreb.org/21stcentury/whatare.asp (accessed 2 December 2009).

Farelo M and Morris C (2006) *The Status of E-government in South Africa*. Available at: http://www.researchspace.csir.co.za/dspace/bitstream/.../1/Farelo_2006_D.pdf (accessed 1 May 2010).

Greenwood J and Robins L (1998) Public administration curriculum development in Britain: Outsider or insider influence? *International Review of Administrative Sciences* 64: 409–421.

Greisler DS (2008) Positioning public administration curriculum to add value: The case for 'transferrable skills'. *International Journal of Organization Theory and Behavior* 11(4): 518–535.

Hager P and Butler J (1996) Two models of educational assessment. *Assessment and Evaluation in Higher Education* 21(4): 367–378.

Holtzhausen N (2012) Graduateness in the design of a curriculum in an Open Distance Learning environment. In: Coetzee M, Botha J, Eccles N, Holtzhausen N and Nienaber H (eds) *Developing Student Graduateness and Employability: Issues, Provocations, Theory and Practical Guidelines*. Randburg: Knowres Publishing.

Hsieh HF and Shannon SE (2005) Three approaches to qualitative content analysis. *Qualitative Health Research* 15(9): 1277–1288.

IASIA (International Association of Schools and Institutes of Administration) (2009) Available at: http://www.iiasiia.be/schools/aequestc.htm (accessed 6 May 2009).

ITAA (Information Technology Association of America) (2007) Available at: http://www.itaa.org (accessed 30 September 2007).

Lodge G and Kalitowski S (2009) Lost in translation? International perspectives on civil service reform. In: Mather RR (ed.) *Glimpses of Civil Service Reform*. Hyderabad: ICFAI University Press.

Makhanya M (2012) Student graduateness. In: Coetzee M, Botha J, Eccles N, Holtzhausen N and Nienaber H (eds) *Developing Student Graduateness and Employability: Issues, Provocations, Theory and Practical Guidelines*. Randburg: Knowres Publishing.

Mischke G (2010) Towards effective curriculum design in ODL. *Progressio* 32(2): 145–163.

Nam T (2012) Citizens' attitudes toward open government and government 2.0. *International Review of Administrative Sciences* 78: 346–368.

NMMU (Nelson Mandela Metropolitan University) (2010) Department of Political and Governmental Studies. Available at: http://www.nmmu.ac.za/documents/arts/2010%20Arts%20Prospectus.pdf (accessed 4 March 2010).

Northrop A (1999) The challenge of teaching information technology in public administration graduate programmes. In: Garson GD (ed.) *Information Technology and Computer Applications in Public Administration: Issues and Trends*. Hershey, PA and London: IDEA Group Publishing, pp. 7–22.

Nöthling M, Goodwin-Davey A and Van Rensburg E (2009) How do you design a curriculum framework for a programme or a module? Focus 3 of the dynamics of educational transactions in an ODL context: What every academic should know about ODL at UNISA (unpublished documents as part of induction for new academic staff). Directorate, Curriculum and Learning Development. Pretoria: University of South Africa.

NQF (National Qualifications Framework) (2009) Available at: http://www.nqf.org.za/html/ext/nqf_overview04.htm (accessed 3 July 2009).

Organization for Economic Cooperation and Development (OECD) (2002) *Measuring the Information Economy: ICT in Education and Government*. Available at: www.ingentaconnect.com/content/.../2002/00002002/.../9202151ec006 (accessed 2 December 2009).

Organization for Economic Cooperation and Development (OECD) (2007) *UNU: Human Capacity Development for e-Government*. Available at: www.iist.unu.edu/newrh/III/1/docs/techreports/report362.pdf (accessed 2 December 2009).

Pauw JC (1995) Wat is die Verskynsel Publieke Administrasie en Wat moet 'n Student aan die Universiteit in die Vak met Dieselfde naam leer? *SAIPA Journal of Public Administration* 30(1): 28–52.

PayCity (2013) Welcome to payCity. Available at: https://www.paycity.co.za/Default.aspx (accessed 15 March 2013).

Peninsula Technikon (2006) Available at: http://www.pentech.ac.za/facbusiness/ndpublic-management.asp (accessed 1 June 2006).

Plano Clark VL and Creswell JW (2010) *Understanding Research: A Consumer's Guide*. Boston, MA: Pearson.

Prinsloo P (2012) Graduateness as counter-narrative: Gazing back at Medusa. In: Coetzee management.asp (accessed 1 June 2006).

Plano Clark VL and Creswell JW (2010) *Understanding Research: A Consumer's Guide*. Boston, MA: Pearson.

Prinsloo P (2012) Graduateness as counter-narrative: Gazing back at Medusa. In: Coetzee M, Botha J, Eccles N, Holtzhausen N and Nienaber H (eds) *Developing Student Graduateness and Employability: Issues, Provocations, Theory and Practical Guidelines*. Randburg: Knowres Publishing.

Rosenbaum A (2007) Enhancing the quality of education and training for the public service. In: IASIA *Excellence and Leadership in the Public Sector: The Role of Education and Training*. NISPAcee, Slovakia, 11–24.

SAQA (South African Qualifications Authority) (2003) *Unit Standards for Public Administration and Management*. Available at: http://www.saqa.org.za/show. asp?include= docs/legislation/notice/2003/publicadmin.htm (accessed 6 June 2003).

SAQA (South African Qualifications Authority) (2009) Available at: http://www.saqa.org.za/about/about.htm (accessed 7 May 2009).

SARS (2013) E-filing of tax. Online available at: http://www.sarsefiling.co.za/ (accessed 15 March 2013).

Shim DC and Eom TE (2009) Anticorruption effects of information communication and technology (ICT) and social capital. *International Review of Administrative Sciences* 75: 99–116.

South Africa (2001) Public Service Regulations, 2001. Government Notice No. 1 of 5 January 2001. As amended. Available at: http://www1.chr.up.ac.za/undp/domestic/docs/SouthAfrica_LP20.pdf (accessed on 11 July 2013).

Techlearning.com (2009) *21st Century Skills*. Available at: www.techlearning.com/article/13832 (accessed on 2 December 2009).

Termini V, Mattarella BG and Pizzicannella S (2011) *IASIA faces the 21st century. Public Administration in a global context: IASIA at 50*. Brussels: Bruylant.

TUT (Tshwane University of Technology) (2010) Department of Public Management. Available at: http://www.tut.ac.za/.../facultiesdepartments/.../departments/.../Public%20Management.pdf (accessed 3 March 2010).

Ungerer L (2012) The contribution of e-education in enhancing graduateness in an open distance learning environment. In: Coetzee M, Botha J, Eccles N, Holtzhausen N and Nienaber H (eds) *Developing Student Graduateness and Employability: Issues, Provocations, Theory and Practical Guidelines*. Randburg: Knowres Publishing.

UNISA (University of South Africa) (2010) *UNISA Curriculum Policy*. Pretoria: University of South Africa.

UNISA– HEQC (2008) *Self-evaluation Portfolio for the HEQC Institutional Audit*. Pretoria: UNISA.

University of Johannesburg (2009) *Faculty of Humanities Regulations for Undergraduate Degrees and Diplomas*. University of Johannesburg.

University of Venda (2010) Department of Public and Development Administration. Head of department: Jaco Vermaak. Emailed 3 March 2010 at Jaco.Vermaak@univen.ac.za

University of Zululand (2010) Department of Political Science and Public Administration. Available at: http://www.uzulu.ac.za/com_dpt_pspa.php (accessed 24 February 2010).

Walter Sisulu University (2010) *Faculty of Business, Management Sciences and Law Prospectus*. Walter Sisulu University.

Wessels K (2007) Public Administration at a comprehensive university. *Tydskrif vir Geesteswetenskappe* 47(4): 531–542.

Wessels JS (2012) A core curriculum for Master of Public Administration (MPA) qualification: Some considerations for a developmental state. *Administratio Publica* 20(2): 157–175.

Wilken M (1996) *Initial Teacher Training: The Dialogue of Ideology and Culture*. London: Falmer Press.

Wooldridge B (2004) Preparing public administrators for an era of globalization and decentralization: A strategic approach. *International Review of Administrative Sciences* 70(2): 385–409.

# Information technology competence in undergraduate Public Administration curricula at South African universities

**Liza Ceciel van Jaarsveldt**
University of South Africa, Pretoria, South Africa

**Jacobus S. Wessels**
University of South Africa, Pretoria, South Africa

**Abstract**
This article reports on research on whether undergraduate Public Administration curricula at South African universities should provide for information and communication technology (ICT) competence and, if so, whether universities actually provide such competence. Both the context within which public servants work and their required vocational and professional characteristics have been shown to support the expectation that the learning of ICT competence be included in the undergraduate Public Administration curricula at South African universities. However, only those universities offering a National Diploma in Public Management include ICT competence as a separate module. The research findings confirm that ICT competence should indeed be included in undergraduate Public Administration curricula due to the need for contextual relevance, and the specific professional and vocational requirements of the public service. It is thus suggested that institutions of higher education, specifically in South Africa, assess their undergraduate Public Administration curricula by applying these curriculum requirements.

## Points for practitioners

The study on which this article is based addressed the relevance of Public Administration curricula to the information and communication technology (ICT) requirements of vocations and careers in the public service. The need for contextual relevance of curricula as well as meeting the professional and vocational requirements of public service receive specific attention.

**Keywords**
e-government, ICT, professionalism/professions, public administration, science administrative, service delivery